广东省基础教育学科教研基地项目（韶关高中音乐）建设成果

基于大单元教学的
高中音乐鉴赏学历案

陈亿红　曾群 ◎ 主编

人民文学出版社　天天出版社

图书在版编目（CIP）数据

基于大单元教学的高中音乐鉴赏学历案 / 陈亿红，曾群主编. -- 北京：天天出版社，2023.12
ISBN 978-7-5016-2209-2

Ⅰ.①基… Ⅱ.①陈… ②曾… Ⅲ.①音乐课—教案（教育）—高中 Ⅳ.①G633.951.2

中国国家版本馆CIP数据核字（2023）第247069号

责任编辑：罗曦婷　　　　　　　　美术编辑：曲　蒙
责任印制：康远超　张　璞

出版发行：天天出版社有限责任公司	
地　　址：北京市东城区东中街42号	邮　编：100027
市 场 部：010-64169902	传　真：010-64169902
网　　址：http://www.tiantianpublishing.com	
邮　　箱：tiantiancbs@163.com	

印　刷：北京政采印刷服务有限公司	经销：全国新华书店等
开　本：710×1000　1/16	印张：20.75
版　次：2023年12月北京第1版	印次：2023年12月第1次印刷
字　数：357千字	
书　号：978-7-5016-2209-2	定价：58.00元

版权所有·侵权必究
如有印装质量问题，请与本社市场部联系调换。

编委会

主　编：陈亿红　曾　群

副主编：杨　珂　邱　婷　谭国兵

编　委：曾佩玲　黄　兰　张丽雯　蓝凤仪　刘　熠
　　　　石　颖　杨文慧　徐婷婷　李琼丹　张　亚
　　　　吴光欣　李　文　邹丽怡

序 言

　　学科核心素养的提出和《普通高中音乐课程标准（2017年版）》的颁布，促使中小学音乐教师教学理念有了更新，教与学的思维方式也逐步发生改变。但目前在高中音乐教学中存在以下几个方面的问题：第一，教师在备课研读教材时更关注单个作品，而较少关注学生知识、思维、能力的前后联系。第二，教学设计只是对作品的音乐要素进行挖掘，忽视了作品的人文内涵。第三，在课堂教学中更注重知识的传授与记忆，而较少关注学生在真实情境中的体验、收获以及习得的方式。第四，更关注"是不是教过了，有没有讲完"，而较少关注学生"真的学会了吗"，即使在教学中设计了评价，这些评价与教学目标、实践活动在内容、形式上也不相匹配，缺乏"教—学—评一致性"的思考。

　　基于上述问题，我们教研基地团队以人民音乐出版社普通高中新教材《音乐鉴赏》为研究内容，尝试在高中音乐鉴赏课中，以"深度学习"理念为指导，以"大单元教学"为视野，对照《普通高中音乐课程标准（2017年版）》，围绕单元主题、单元学习目标、任务驱动、设计体验活动、评价任务等方面进行了大单元教学设计与实践。通过大单元整合，将单个作品融入相对完整的长线学习当中，找到作品之间的关联性，帮助学生建立起从一首作品到一类作品的学习方法，加深对音乐的理解，形成知识的系统性建构，完成从"学会"到"学以致用"的转变；将评价活动嵌入教学活动和学习活动中，教师的教、学生的学以及多元主体的评价融为一体，共同指向教学目标的实现。教研基地团队经过反复实践、修改和不断完善，完成了《基于大单元教学的高中音乐鉴赏学历案》的撰写，以期给一线高中音乐教师提供参考和借鉴。

　　本书聚焦"单元学历案"，从"教案"到"单元学历案"，设计理念发生了变化。以学生的学为出发点，将人民音乐出版社普通高中《音乐鉴赏》（2019年版）教材整合为五个主题单元，共31课时，分别是：中国民族民间音乐（共7课时）、外国民族民间音乐（共2课时）、中国音乐发展历程（共6课时）、外国音乐发展历程（共9课时）、音乐与姊妹艺术（共7课时）。

每篇单元学历案包含"单元内容结构及课时安排""单元整合思路""单元学习目标""学习内容""内容出处""课时建议""内容分析""学情分析""学习目标""学习重、难点""评价要点""实践活动建议""学后反思""课堂学业质量评价单""课后拓展任务单""拓展资源"等内容。

"评价要点"是将评价融入课堂教学过程中，每一个实践活动对应1—2个学习目标，通过完成实践活动检测学生学习目标是否达成。

"实践活动建议"是给教师们提供可选择的体验活动，教师们在教学中可直接借鉴，也可替换成其他活动。每一个体验活动都设计了"活动评价"表，根据"评价要求"，教师和学生可分别在表格中的"完成""基本完成""未完成"项画"√"，检测完成实践活动的效果。

"课堂学业质量评价单"是与学习目标相匹配的用于课堂教学过程中的评价单，教师可将其贯穿于教学中，以任务驱动教学，巩固和检测学生学习效果，促进深度学习的发生。

"课后拓展任务单"是课堂学习内容的延伸，有利于教师安排需学生合作完成和可探究的学习任务。

"拓展资源"是为教师提供的课外丰富的教学素材与资源。

我们又在每篇学历案后增加了从教师教学角度设计的"教学流程"内容，以便教师在拿到学历案时能更清晰地把握每节课上课过程中的细节。

单元学历案记录了学生学习过程中的表现，它既是学生学习的认知地图，也是教师进行评价检测的依据。

目 录

第一单元　中国民族民间音乐

第1课时　汉族民歌 ··· 5
第2课时　少数民族民歌（第一课）··· 17
第3课时　少数民族民歌（第二课）··· 27
第4课时　多彩的少数民族民歌··· 38
第5课时　鼓乐 ··· 44
第6课时　丝竹乐 ··· 52
第7课时　流行民族风 ··· 65

第二单元　外国民族民间音乐

第1课时　印度与非洲民间音乐 ··· 76
第2课时　欧洲与印第安民间音乐 ··· 86

第三单元　中国音乐发展历程

第1课时　高山流水志家国 ·· 100
第2课时　西出阳关无故人 ·· 108
第3课时　学堂乐歌 ··· 117
第4课时　新音乐初放——人民音乐家 ··· 129

第5课时　峥嵘岁月 …………………………………………………… 138

第6课时　光荣与梦想 ………………………………………………… 145

第四单元　外国音乐发展历程

第1课时　巴赫 ………………………………………………………… 156

第2课时　莫扎特 ……………………………………………………… 163

第3课时　贝多芬 ……………………………………………………… 171

第4课时　舒伯特 ……………………………………………………… 180

第5课时　柏辽兹 ……………………………………………………… 191

第6课时　肖邦 ………………………………………………………… 199

第7课时　民族乐派——斯美塔那与西贝柳斯 ……………………… 209

第8课时　色彩斑斓的印象派 ………………………………………… 216

第9课时　传统风格的解体 …………………………………………… 226

第五单元　音乐与姊妹艺术

第1课时　京剧传统戏 ………………………………………………… 238

第2课时　京剧现代戏 ………………………………………………… 252

第3课时　中外影视音乐 ……………………………………………… 263

第4课时　中外民间舞蹈音乐 ………………………………………… 273

第5课时　中外舞剧音乐 ……………………………………………… 285

第6课时　爵士乐 ……………………………………………………… 298

第7课时　融合西方经典的流行音乐 ………………………………… 311

后　记 …………………………………………………………………… 321

第一单元
中国民族民间音乐

一、单元内容结构及课时安排

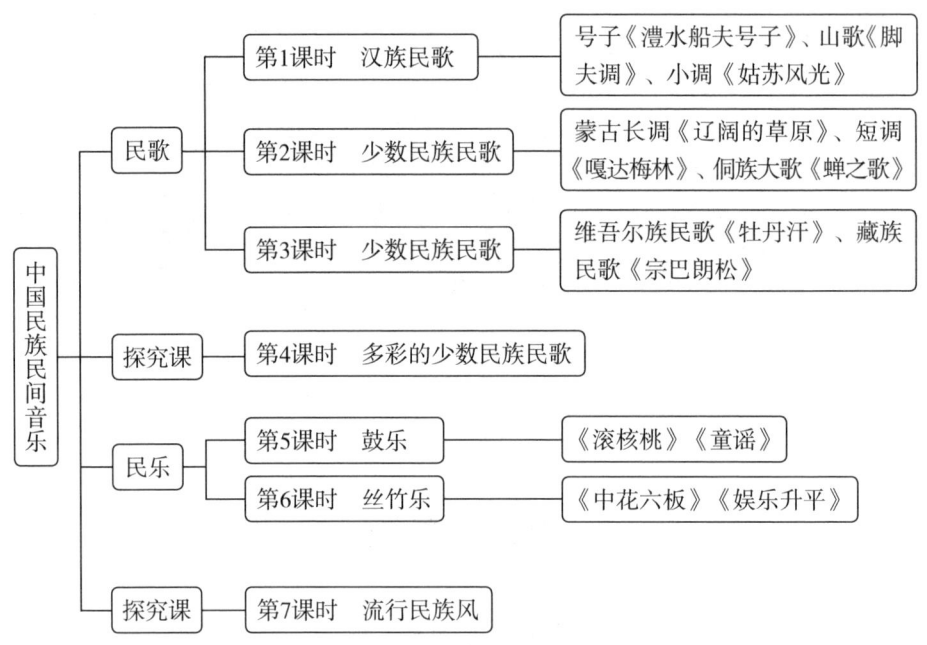

二、单元整合思路

中国民族民间音乐编写组通过参照教材、教参、课标和课标解读，对教材进行重组和整合，在整合的过程中，本组成员形成了一个共识：走马观花不如学好有限的内容，教知识不如培养能力。所以，"中国民族民间音乐"单元课程就是在这种共识下整合出来的。

本单元内容分为民歌（汉族民歌和少数民族民歌）、多彩的少数民族民歌、民乐（鼓乐和丝竹乐）和流行民族风四个部分，整合了普通高中《音乐鉴赏》的第二单元"腔调情韵——多彩的民歌"、第三单元"鼓舞弦动——丰富的民间器乐"两个单元的内容，并在此基础上增加了"多彩的少数民族民歌""流行民族风"这两节探究课。其中两节探究课是为了培养学生鉴赏音乐的能力而增加的课时。

我国民歌分为汉族民歌和少数民族民歌，其中汉族民歌安排一个课时，少数民族民歌安排两个课时。汉族民歌部分我们按照汉族民歌三大体裁各选取了一首作品，剩余的《弥渡山歌》《孟姜女》和《幸福歌》作为课后作业留给学生自己完成。少数民族民歌安排两个课时，每个课时选取了两个民族的民歌进行讲解。教学实践证明，这样安排使得课堂教学很从容，学生也可以深入体验。为了培养学生鉴赏民歌的能力，第一单元还安排了一节"多彩的少数民族民歌"探究课，让学生在课堂上分享和讲解自己收集的少数民族民歌，这样既激发了学生的兴趣，也让学生在收集的过程中积累和拓展了更多的少数民族民歌知识，用有限的课堂给学生提供了一个无限的学习空间。

民乐部分分为鼓乐和丝竹乐，各一个课时。丝竹乐没有变动，但鼓乐这个课时，考虑到《滚核桃》更容易设计体验活动，也更容易让学生感受到鼓乐的魅力，所以在安排《滚核桃》的内容同时，设计了较多的活动，留下《锦鸡出山》交给学生课下自己学习。

为了培养学生对民族音乐的鉴赏能力，第一单元增加了一节"流行民族风"探究课，引导学生探究身边的民族元素。实践过程中发现，在上这种探究课时，起初布置任务给学生，学生总是不情愿的，提出各种理由推托，但真正上课时，学生收集的资料却非常丰富，讲解得也很到位，有些甚至表演得非常精彩。实践证明，这种探究课不但有利于激发学生的积极性，还能锻炼学生的合作能力和表现能力，非常有意义。

三、单元学习目标

1. 审美感知目标

（1）聆听作品，分析作品的音乐要素，感受、体验中国民族音乐的风格特征和独特魅力。

（2）学习本单元中国民族音乐作品的基本知识：认识民歌的分类和体裁；能说出中国器乐作品中的主奏乐器并能辨别其音色特点；知道京剧的基础知识。

2. 艺术表现目标

（1）模仿、学唱、背唱中国民族音乐作品主题旋律；能运用舞蹈律动、情境创设以及多学科融合等方式对作品进行创意表达。

（2）在参与实践表现的过程中，学习中国民族传统民歌的方言腔调、节奏等。

3. 文化理解目标

（1）从作品中探究中国民族音乐的音乐体裁、演唱（奏）形式及风格特征形成的原因，理解其艺术价值与社会功能。

（2）知道中国民族音乐所承载的人文内涵，形成健康向上的音乐审美观，树立正确的道德观、价值观。

（3）学会用不同的方式、从不同的角度理解和欣赏民族音乐，弘扬民族音乐文化、尊重文化的多样性。

第1课时 汉族民歌

【学习内容】

号子《澧水船夫号子》、山歌《脚夫调》、小调《姑苏风光》。

【内容出处】

人民音乐出版社普通高中《音乐鉴赏》第二单元第三节。

【课时建议】

1课时。

【内容分析】

唱民歌是人们日常生活中无意识的行为,但民歌却是人们在日常生活中有意识积累的成果,它朴实无华、真实自然、生动感人。"腔调情韵——多彩的民歌"这个单元,旨在引导学生感受、体验民歌的不同地域风格及不同的民族风格,认识民歌中常见的一些体裁形式,进而认识我国民歌是我国传统文化中重要的精神财富,是世界优秀音乐文化中的绚丽瑰宝,也是人类精神文明的智慧结晶。新时代中国青少年,应该肩负传承保护、继承创新和发扬光大我国民族音乐文化的重任。本课是这个单元的第一课,鉴赏内容为汉族民歌。教材按照汉族民歌的三种体裁(号子、山歌和小调)共选取了6首民歌,分别是:号子《澧水船夫号子》、山歌《脚夫调》《弥渡山歌》、小调《姑苏风光》《孟姜女》和《幸福歌》。

1. 号子

号子作为一种由来已久的民间音乐形式,早在《淮南子·道应训》中就有

"今夫举大木者，前呼'邪许'，后亦应之，此举重劝力之歌也"对其进行描写。号子又称为劳动号子，是产生并应用于劳动，具有协调与指挥劳动实际功用的民间歌曲。最常见的歌唱方式是一领众和，领唱者往往就是劳动的指挥者。

《澧水船夫号子》经过几百年的发展，已经形成了自己独特的音乐特点和浓厚的地方色彩，它历史悠久、题材多样，具有丰富的旋律音调、复杂的节奏变化和多声部的音乐织体，是中国劳动号子的重要组成部分。这首歌曲由引号、平水号子、过滩号子及平板构成了联套体结构。引号又称为"三幺台"，降B调、慢速，由于是在风平浪静的时候演唱的，节奏比较平稳，曲调舒缓、悠扬，富有歌唱性。平水号子舒展优美，这一部分有着很明显的湖南方言特色，并且有较多的上滑音、下滑音，这是这首号子结合了湖南苗族飞歌和当地方言的结果，因此这一部分可以用来引导学生体验、探究民歌与方言和当地文化的关系。过滩部分是整板低腔，也称为数板，节奏紧凑，乐曲结构短小精悍。

2. 山歌

山歌部分，主要是帮助学生理解为什么山歌中大量运用上扬的自由延长音，继而引导学生探究民歌和劳动环境的关系。

《脚夫调》又名《拉骆驼》，是陕北"信天游"的代表性曲目，主要流行于陕北的绥德、米脂一带。它的旋律起伏较大，表现了脚夫激动的心情。

《弥渡山歌》是一首赞美爱情的山歌。弥渡地区山清水秀，这首山歌旋律平缓，歌词创作运用了比兴的修辞手法，非常含蓄，表现手法巧妙而充满美感。

3. 小调

小调部分，主要是引导学生感受小调规整的特点，帮助学生理解民歌与环境的关系。

《姑苏风光》是苏州民歌中最具有代表性的一首大型叙事性套曲，具有委婉、细腻、缠绵的特点。歌曲中一字多音使音乐听起来悠长婉转，仿佛江苏连绵不断的水，"叠断桥"曲牌像拱桥一样，歌曲一叠一桥，又断又连。

【学情分析】

本课的教学对象是高一的学生，高一学生已经初步具备了音乐鉴赏能力和部分音乐知识储备，高中学生的文化素养也可以支撑本节课所学的知识和文化内容。但是由于高中音乐课是"鉴赏"课，不再是初中时的"欣赏"课，又由于本课是高一的第一单元，学生还没有建立起鉴赏音乐的知识和能力框架，因此需要老师为学生建构知识框架，逐步培养其鉴赏能力，这也是高中音乐核心素养在课堂上的落实。

【学习目标】

（1）聆听《澧水船夫号子》《脚夫调》以及《姑苏风光》，感受民歌在方言、旋律、节奏等音乐要素方面的特点，探究号子、山歌、小调三种不同体裁的汉族民歌的风格特征及其作用。

（2）学习两首汉族民歌的一句至两句旋律，对比其旋律和节奏的异同，模仿方言腔调，演唱中国汉族传统民歌的片段；引导学生创设"劳动号子"情境活动，提升学生的艺术表现力。

（3）了解汉族民歌的文化背景，理解民歌与人们的生活地域、生活方式、文化传统、语言语调等因素的关系，认识到我国汉族民歌的价值和魅力。

【学习重、难点】

（1）学习重点：能通过分析音乐要素和关键特征，说出所听到的汉族民歌的体裁。

（2）学习难点：能理解汉族民歌与地域、语言和生活习俗之间的关系。

【评价要点】

（1）分析汉族民歌三种体裁的特点及作用。（完成"实践活动一""实践活动二""实践活动三"，检测目标1、2）

（2）引导学生喜爱民歌并自觉传承。（完成"实践活动四"，检测目标3）

（3）检测学生学习效果。（完成"课堂学业质量评价单2"，检测目标1）

【实践活动建议】

活动一：号子体裁

1. 活动目的

感受和体验号子的速度、力度，了解号子"一领众和"的表演形式。

2. 活动过程

（1）聆听《澧水船夫号子》音频，分析演唱形式和节奏特点。

（2）教师与学生分声部共同体验"一领众和"的演唱形式，总结劳动号子的特点。

（3）分小组创编劳动号子，并进行表演。

3. 活动评价

表1-1-1

评价要求	完　成	基本完成	未完成
能积极参与聆听和体验活动，并准确、有力地表演号子			

活动二：山歌体裁

1. 活动目的

对比两首歌曲的节奏、旋律、音色，探究不同民歌色彩区山歌的不同之处。

2. 活动过程

聆听、学唱《脚夫调》和《弥渡山歌》：

（1）跟随动态谱学唱歌曲的第一句。

（2）聆听完整的两首歌曲，同时给每首歌曲的第一句画旋律线，手打拍子感受节奏特点，填写"课堂学业质量评价单1"。

（3）朗诵两首歌曲的歌词，分析南北方山歌歌词差异，小结山歌音乐特征，填写"课堂学业质量评价单1"。

《脚夫调》体裁：（　　）；节奏：（　　）；旋律：（　　）；歌词：（　　）。

《弥渡山歌》体裁：（　　）；节奏：（　　）；旋律：（　　）；歌词：（　　）。

（4）用装饰音和方言演唱两首歌曲，体验两个不同民歌色彩区山歌的风格差异。

3. 活动评价

表1-1-2

评价要求	完　成	基本完成	未完成
能比较准确地归纳出山歌具有曲调高亢嘹亮、节奏自由悠长、多滑音、节拍不规整等特征			

活动三：小调体裁

1. 活动目的

从节奏、旋律、音色三方面寻找歌曲与地域的联系，总结小调音乐的特点。

2. 活动过程

（1）聆听歌曲，通过画旋律线和打拍，分析旋律一字多音、弯弯曲曲、节奏规整的特点。

（2）细品歌词，感受吴侬软语的细腻及小桥流水的意境，了解曲牌"叠断桥"。

3. 活动评价

表1-1-3

评价要求	完 成	基本完成	未完成
能总结小调具有曲调细腻柔美、节奏规整、旋律起伏不大等特征			

活动四：合作探究

1. 活动目的

探究地域对汉族民歌的影响。

2. 活动过程

（1）带着问题观看视频，分析三个省份的《茉莉花》艺术特色不同的原因。

（2）分组讨论。

（3）总结不同地域特征、生产方式、性格特征、语言特点对汉族民歌音乐风格的影响，完成"课堂学业质量评价单2"。

3. 活动评价

表1-1-4

评价要求	完 成	基本完成	未完成
能准确感受地域对音色、调式的影响，语言对旋律、节奏的影响			

【学后反思】

（1）根据民歌的发展历程以及不同民歌的特点，是否能区分汉族民歌的三种体裁？

（2）汉族民歌不同色彩区产生的原因是什么？

【课堂学业质量评价单】

1. 写出《脚夫调》和《弥渡山歌》的特征

《脚夫调》体裁：山歌；节奏：自由；旋律：起伏大；歌词：直白。

《弥渡山歌》体裁：山歌；节奏：自由+规整；旋律：起—平—落；歌词：比兴。

2. 聆听音乐，填写教材第29页第一题

第一首：《采花调》_____；第二首：《羊工号》_____；

第三首：《槐花几时开》_____；第四首：《绣荷包》_____；

第五首：《放马山歌》_____。

【课后拓展任务单】

课后在每个班级教学平台上传"广东省乐昌市《九峰山歌》采风视频"，请同学们观看，并思考同年龄阶段的我们应该怎样传承汉族民歌。

【拓展资源】

（1）学唱《脚夫调》第一句简谱。

（2）学唱《姑苏风光》第一句简谱。

（3）出示江苏省《茉莉花》简谱图片；出示河北省《茉莉花》简谱图片；出示东三省《茉莉花》简谱图片。

（4）可参考龚琳娜演唱的《东西南北茉莉花》。

（5）可参考广东省乐昌市《九峰山歌》。

【教学流程】

（一）导入

（1）出示中国民族分布图，问：这是什么地图？

（2）教师：从地图上可以看到我国有56个民族，多元的民族文化孕育出了丰富多彩的民歌文化，今天这节课，老师就和同学们一起来学习我国的汉族民歌。我们在初中时已经初步地了解了汉族民歌，这节课我们再一起来对汉族民歌进行深入的探究和学习（出示课题）。

（3）问：汉族民歌有哪三种体裁？

（4）教师：汉族民歌有号子、山歌和小调三种体裁，我们首先从号子开始学习。同学们回忆一下，大家初中学过关于号子的哪些知识呢？（引出号子）

设计意图：回顾所学，引出课题。

（二）新课内容

1. 号子

（1）引号。

① 出示号子基本知识课件。

教师：号子是劳动人民在进行体力劳动时编唱的歌曲，它有5个种类（出示号子的种类），其中，船渔号子是劳动人民在行船时演唱的。在湖南省澧水县有一首号子，它有着深厚的文化底蕴，经批准列入了第一批国家级非物质文化遗产名录，它就是《澧水船夫号子》。我们现在从引号开始学习。

设计意图：引出《澧水船夫号子》。

② 出示引号乐谱，问：从谱子上你能得到什么信息？

③ 聆听引号，分析音乐要素。

表1-1-5

节　奏	旋　律	情　绪	演唱环境

（2）平水号子。

① 聆听音乐，分析音乐要素。

问：节奏和旋律有何特点？感受到怎样的情绪？

② 学唱第一句（不唱出装饰音），感受平水号子的旋律。

a. 问：我们刚才唱的第一句和我们聆听到的第一句一样吗？有什么不一样？

b. 学习装饰音（上、下滑音和波音）。

③ 探究装饰音对情绪表达有什么作用。

④ 教师：那么，为什么平水号子会有这些装饰音呢？是因为它融合了苗族飞歌中的音乐元素，我们一起来听一句苗族飞歌。

学生聆听并比画出上、下滑音。

⑤探究平水号子的语言和旋律的关系。

a. 问：《澧水船夫号子》是用什么语言演唱的？

教师播放用湖南话念的第二段歌词的音频，学生聆听。

b. 师生一起念、唱第一句。

问：平水号子的语言和旋律有什么关系？

问：通过刚才的学习，我们发现《澧水船夫号子》融合了苗族飞歌中的音乐元素，方言影响了歌曲旋律的特征，那么语言和当地少数民族的音乐元素都可以称为当地的什么？因而民歌与什么紧密相连？

设计意图：探究民歌与当地的方言和文化的关系。

（3）过滩。

①聆听过滩号子，分析音乐要素。

a. 问：哪位同学来说说过滩号子的速度和力度是怎样的？

b. 问：渐快和渐强使歌曲的情绪发生了什么变化？

②探究一拍对一拍的创作方式。

a. 教师：智慧的劳动人民除了利用音乐要素来使歌曲的情绪发生变化，还用了一个绝招。请同学们仔细看看乐谱，过滩号子部分是 $\frac{2}{4}$ 拍，我们来打一下节拍。

学生边打 $\frac{2}{4}$ 拍的节拍，边看课件的变化。

问：有哪位同学发现了这个绝招？

学生回答，教师及时补充，并总结。

b. 教师：一拍对一拍的方式让歌曲的情绪更为高涨、热烈，其实这种方式我们在日常生活中也经常会用，同学们想一想，什么时候我们也用这种方式？

教师：我们现在来用"2班加油"这句话试一下，老师领，你们和，请同学们跟随老师，并作出速度和力度的变化。

师生合作，体验一拍对一拍的创作方式以及音乐要素的变化对歌曲情绪的影响。

设计意图：探究一拍对一拍的创作方式。

（4）小结。

教师：请一位同学为我们小结一下关于号子的知识。

学生回答，教师及时补充，并总结。

2. 山歌

教师：接下来，我们学习山歌（出示课件）。大家一起说说，山歌分为哪三种类型？我们韶关的客家人演唱的是哪种山歌？

学生回答，教师及时补充，并总结。

（1）探究山歌的自由延长音及自由延长音对抒发感情的作用。

聆听《脚夫调》。

教师：请同学们聆听陕北的《脚夫调》，说说你听到的这首歌曲有什么特点？

学生回答，教师及时补充，并引导学生总结出上扬的自由延长音。

教师：我们刚才听到的很长的音，在谱子上是这样标记的，请同学们把它写在导学案中。这个延长音是自由的还是很规整的？

学生回答。

教师：我们来哼唱一下歌曲第一句的前半句，注意把延长音拉到最长。

师生一起演唱，感受延长音的作用。

教师：同学们觉得，这样的延长音有什么作用？

学生回答，教师总结归纳学生的回答。

教师：我们再来一起哼唱一下前两句旋律，感受一下旋律线是怎样的。

师生一起哼唱前两句旋律，同时用手画出旋律线。

教师：请同学们说说，旋律线是怎样的？

学生回答。

教师：起伏这么大的旋律让这首歌呈现出怎样的风格？

学生回答，教师及时补充，并引导学生总结出风格特点。

教师：脚夫相当于我们现在的搬运工，他们搬运着货物行走在这样的环境中（出示陕北地貌图片），请同学们想象一下，如果你们常年搬运着货物行走在这样的环境中，你们的情绪是怎样的？为什么脚夫们喜欢在路途上演唱《脚夫调》？

学生回答，教师及时补充。

（2）探究南北方山歌的色彩各异。

聆听《弥渡山歌》，分析音乐要素。

教师：听完了陕北地区的山歌，我们再来听听云南弥渡地区的山歌《弥渡山歌》。

教师播放音频，学生聆听。

教师：这首山歌的风格是怎样的呢？和《脚夫调》一样粗犷吗？你感受到了怎样的情绪呢？

学生回答。

教师：为什么这首山歌给我们的感受不同呢？我们一起来哼唱一下旋律，并画一画旋律线。

师生一起哼唱旋律并画出旋律线。

教师：这首歌曲的旋律线起伏大吗？平缓的旋律线让歌曲的情绪委婉、含蓄。同样是山歌，为什么云南的山歌与陕北的山歌风格迥异呢？

教师出示弥渡地区的风景图片。

教师：同学们看一下图片，这是一幅怎样的风景呢？

教师出示陕北和弥渡地区的风景对比图。

教师：同学们发现了什么呢？

学生回答，教师引导学生总结民歌与地理环境的关系（出示课件）。

设计意图：探究民歌与地理环境的关系。

3. 小调

（1）学习小调的风格特征。

教师：劳动人民在劳动时喜欢唱歌，在休闲娱乐时也喜欢唱歌，汉族民歌中，小调就是劳动人民在休闲娱乐时演唱的。接下来，我们就来学习小调。小调也分为三种，分别是吟唱曲、谣曲和时调。现在我们一起来聆听这首具有浓郁江南风味的小调《姑苏风光》，请同学们跟随音乐，用手指在桌面上把节拍敲出来。

播放《姑苏风光》音频，边聆听歌曲边敲击节拍。

教师：小调的节奏特点是什么？

学生回答，教师归纳小调的节奏特点：规整。

（2）探究一字多音。

教师：请同学们仔细观察乐谱，这首歌曲是以一字一音为主还是以一字多音为主？

学生回答。

教师：我们来感受一下一字一音和一字多音各会给歌曲带来什么影响。

教师哼唱《姑苏风光》第一句和《落水天》第一句进行对比，并请学生说出二者的区别。（探究一字多音的填词方式让歌曲更加绵长，风格更婉转含蓄。）

设计意图：探究小调风格特征。

4. 反馈练习

聆听五首汉族民歌，并说出其正确的体裁。

设计意图：评价课堂。

（三）课堂小结

（1）学生分享本课所学或感受。

（2）教师：感谢分享的同学，老师也分享一下自己的备课感受。为了准备这节课，老师查阅了大量的资料，在这个过程中，老师被汉族民歌深厚的文化底蕴深深震撼了，我们这节课学习和探究的只不过是冰山一角。汉族民歌是我国劳动人民的智慧结晶，是我国宝贵的文化资源，是值得我们去保护和传承的宝藏。

（四）教学反思

层层分析，从有限中学到无限

深度教学，从会欣赏到懂鉴赏

最开始设计这节课时，笔者走入了误区，总想着怎么才能让学生很好地体验音乐，于是把课带入了为了体验而体验的境地，学生在课堂上体验得很开心，但是一做反馈练习，结果就难以使人满意，评价中的5道题最多能答对3道题。通过自我反思和分析，笔者发现，这种体验流于形式，并没有起到让学生真正学到知识的效果，学生体验完了，但并没有掌握汉族民歌的关键特征和文化内涵。通过反思和调整实践，课堂效果越来越好，学生做反馈练习很容易达到全对。通过这节课，笔者得出以下几点心得：

1. 体验的目的是掌握汉族民歌的风格特征

设计体验活动要有很强的目的性和针对性，首先要想清楚自己要达到什么目的和效果，只有做到这些才能让体验有效果，为了体验而体验的教学环节很容易成为无效教学。

2. 层层递进地分析音乐，学生才容易懂得音乐的特征

引导学生一层一层、循序渐进地分析音乐，每一层分析都针对一个音乐要素或一个问题，这样的分析更清晰、有序，学生容易掌握，教学更有效。通过这样分析音乐，不仅能教会学生课堂上的几首汉族民歌，还能让学生掌握分析音乐的方式，为他们后续的学习提供了无限的可能，这才是音乐鉴赏课应该做到的。

3. 高中音乐鉴赏教学必须有深度，不能肤浅

笔者最初的设计过于肤浅，在备课时，总觉得学生这也不会，那也不懂，根本不敢深入分析音乐，备课内容停留在旋律线、为什么要一领众和等问题上。虽然上课时学生回答得很好，但是他们并没有真正地听懂音乐。经过调整，笔者发现，引导学生深入分析音乐并没有想象中那么难，而且会让学生有一种茅塞顿开的感觉。通过这次教学，笔者发现：学生学会了分析音乐，就更容易懂得音乐的内涵，对汉族民歌油然升起一种敬佩之情。因此，要想让学生懂得音乐，就必须让学生学会分析音乐，会分析才能"懂得"。

学历案撰写人简介：刘熠，女，高中高级教师，毕业于湖南省吉首大学音乐学专业，就职于广东省乐昌市第二中学。从事一线高中音乐教学工作17年，撰写的8篇学术论文发表在省级刊物上，教学设计获韶关市级一等奖，辅导课外活动多次获奖，本人多次参加县、市级教学基本功比赛，多次被评为县级优秀教师。在QQ音乐、网易云、全民K歌等平台发布原创音乐《逆行者》。

教学设计撰写人简介：邱婷，女，40岁，高中一级教师，广东省韶关市始兴县始兴中学音乐教师，华南师范大学音乐学院音乐学本科毕业，湖北师范大学音乐教育在读硕士，韶关市教育学会艺术专业委员会（音乐学科）第三届理事会理事，韶关市钢琴学会会员。从教18年以来，热爱音乐教学，撰写的多篇教学论文发表并获奖。多次获得市、县级音乐教师基本功大赛一等奖，多次被评为"优秀教师"。

第2课时　少数民族民歌（第一课）

【学习内容】

蒙古族长调《辽阔的草原》、短调《嘎达梅林》、侗族大歌《蝉之歌》。

【内容出处】

人民音乐出版社普通高中《音乐鉴赏》第二单元第四节。

【课时建议】

1课时。

【内容分析】

《辽阔的草原》是一首蒙古族"长调"歌曲，流传在内蒙古呼伦贝尔地区。"长调"是一种具有鲜明游牧文化和地域文化特征的独特演唱形式，多流行于蒙古族牧区，音乐特点为音调高亢、音域宽广、曲调优美流畅、节奏自由悠长、旋律起伏较大、极富装饰性，尤其以"诺古拉"（蒙古音译，意为波折音或装饰音）演唱方式所形成的华彩唱法最具特色，给人以气息宽广、颇具草原特色的印象，被称为"草原音乐的活化石"。

《嘎达梅林》是蒙古族长篇叙事民歌，唱的是20世纪20年代左右，蒙古族英雄嘎达梅林领导人民群众武装起义的故事。歌曲建立在蒙古族常用的五声羽调式基础上，是一首由上、下两个乐句构成的短调民歌。短调民歌篇幅短小，曲调紧凑，节奏整齐、鲜明，音域较窄，节拍固定，流行于半农半牧区。

《蝉之歌》是一首侗族大歌，侗族人民通过模仿蝉鸣声，将内心的情绪表达在歌声里。多声部、无指挥、无伴奏是其主要特点，属于民间支声复调音乐的范畴。模拟鸟叫虫鸣、高山流水等自然之音，是大歌编创的一大特色。侗族大歌的结构严谨而完整，一曲侗族大歌包含若干角，每一角又分为起顿、更夺、拉嗓子三个部分。《蝉之歌》共有三角，其多声部织体进行方式为支声复调、拖腔式主调。散紧结合、灵活多变是其节奏的重要特点。其演唱采用原生态唱法，声音质朴自然、清澈纯净。

【学情分析】

本课执教对象是粤北的高一学生，大部分学生音乐基础较差，存在不识谱、音准差等问题，且比较害羞，给教学带来一定的难度。经过上节课对汉族民歌的学习，学生对民歌有了初步的了解。学生对少数民族民歌接触比较少，但通过媒体等渠道也知道一些少数民族的基本情况，有较强的学习欲望。本课教学要积极创设教学情境，从学生熟悉的知识点入手，激发其学习兴趣，引导学生积极参与课堂实践活动，循序渐进地了解、感受、体验少数民族民歌的音乐特点，探究各民族音乐特征的成因及其文化内涵，提升学生的审美感知和文化理解。

【学习目标】

（1）聆听蒙古族长调民歌《辽阔的草原》，从歌曲的曲调、节奏、节拍、语言腔调等方面感受长调的音乐风格，能通过长调对比短调，感受体验二者的不同之处。知道蒙古族最具代表性的乐器马头琴和世界非物质文化遗产呼麦。

（2）聆听侗族大歌《蝉之歌》，从歌曲的节奏、节拍、曲式结构、演唱形式等方面体验侗族大歌的音乐风格特征。

（3）学唱蒙古族长调和侗族大歌的典型音调，模仿"柔臂"等蒙古族代表性的舞蹈动作，并能在课堂上自信地展示。

（4）了解蒙古族和侗族民歌与人们生活地域、生活方式、经济形态、文化传统、语言的联系，知道长调和大歌各自的形成环境及其原因，懂得其艺术价值和文化内涵。

【学习重、难点】

（1）学习重点：①感受长调的音乐风格特征，学唱长调的特色唱法"诺古拉"装饰音；②体验侗族大歌的"蝉鸣声"和多声部织体的演唱形式。

（2）学习难点：探究长调和大歌各自的形成环境及其音乐特点的成因。

【评价要点】

（1）对比分析不同民歌风格特征。（完成"实践活动一"，检测目标1、2）

（2）深入体验不同民族的唱腔特点和舞蹈风格。（完成"实践活动二""实践活动三"，检测目标3）

（3）探究蒙古族民歌和侗族民歌的风格特征及形成原因。（检测目标4）

【实践活动建议】

活动一：聆听探究

1. 活动目的

对比聆听不同风格、不同民族的少数民族民歌，从中找出其基本音乐特征。

2. 活动过程

（1）聆听《辽阔的草原》和《嘎达梅林》，从旋律、节拍、节奏、速度、歌词、演唱特点等方面进行对比聆听，感受长调和短调的风格差异。

（2）聆听《蝉之歌》，从唱腔、音色、演唱形式等方面进行感受。

3. 活动评价

表1-2-1

评价要求	完　　成	基本完成	未完成
能对比说出蒙古族长调和短调的风格特征；能辨别侗族大歌的演唱形式和音色特点			

活动二：演唱实践

1. 活动目的

用歌声深入体验少数民族民歌的旋律、节奏、语言、唱腔等特点。

2. 活动过程

（1）用蒙古语学唱《辽阔的草原》第一乐句，感受长调的特色唱腔"诺古拉"装饰音。学唱过程中，可以用"哈哈笑"的方法模仿"诺古拉"装饰音，尽量在不换气的情况下，自由演唱一句歌词，体验不受限制的自由节拍和悠长的气息。

（2）用舌尖颤音"ne"模仿《蝉之歌》的"蝉鸣声"，要求舌尖在硬腭和上牙之间快速颤动，运用鼻腔共鸣。演唱时要用真声（原生态唱法），将声音靠在一起，以形成听觉上的统一性。探究如何使用循环呼吸的方式感受较长的衬词演唱。

（3）和老师一起合作"拉嗓子"片段：学生用舌尖颤音和持续音演唱低声部，老师演唱高声部，体验侗族大歌多声部织体的演唱形式。

3. 活动评价

表1-2-2

评价要求	完　成	基本完成	未完成
能积极参与到学唱活动中，歌声能模仿出民族特性，能和老师配合多声部演唱			

活动三：律动实践

1. 活动目的

用肢体动作感受蒙古族舞蹈的特点，体会艺术来源于生活。

2. 活动过程

模仿蒙古族舞蹈基本动作——柔臂。动作要求：用肘关节带动手臂、手腕，手臂尽量拉长、柔软。配合长调民歌，用肢体感受长调的魅力。

3. 活动评价

表1-2-3

评价要求	完　成	基本完成	未完成
能配合音乐跟随老师跳出基本动作，模仿舞蹈动作尽量神似（草原上飞翔的雄鹰）			

【学后反思】

表1-2-4

学后反思	内 容
本节课学习的蒙古族长调和短调,你能区分它们的风格差异吗	
老师教的长调"诺古拉"装饰音和侗族大歌的"蝉鸣音",你学会了吗?再试着和同学一起唱唱吧	
对于这两个少数民族民歌的音乐特点,你还有其他疑惑吗?能在课后尝试收集相关的民族文化并和大家一起分享吗	

【课堂学业质量评价单】

（1）观看视频,说出这是蒙古族的哪种歌唱形式和代表性乐器。（　　）表现为一个人在歌唱时同时发出两个高低不同的声部。

（2）（　　）在蒙古语中被称作"潮尔",是蒙古民间拉弦乐器,有梯形的琴身和雕刻成马头形状的琴柄。

（3）聆听两首蒙古族民歌,对比长调和短调的旋律、节奏、节拍、速度、歌词和演唱特点有什么区别。

（4）聆听《蝉之歌》片段,说出以下三个部分分别采用了什么演唱形式,并选出正确答案。

起顿（　　）　　　更夺（　　）　　　拉嗓子（　　）

A. 合唱　　　　　B. 独唱　　　　　C. 齐唱

（5）侗族的代表性民歌称为（　　）,侗语称"嘎劳",《蝉之歌》模仿（　　）的叫声自娱自乐,是一种无指挥、无（　　）、（　　）声部的合唱歌曲。

（6）侗族大歌在2009年被列入联合国教科文组织"人类非物质文化遗产代表作名录",请试着说出它的音乐形态特征和文化内涵。

【课后拓展任务单】

课后收集蒙古族民歌元素的创作歌曲，和同学们分享。

表1-2-5

歌曲名称	演唱者	风格特点

【拓展资源】

视频：①《辽阔的草原》（男生版长调）；②呼麦、马头琴演奏；③《五月蝉之歌》；④《侗族的历史》。

【教学流程】

(一) 导入

(1) 接续上节汉族民歌，直接引入本课课题《少数民族民歌》。

(2) 提问：你知道哪个少数民族？听过哪个民族的民歌？

设计意图：回忆上节汉族民歌知识点，直接引入课题，让学习有接续性，激发学生的学习兴趣。

(二) 新课内容

1. 蒙古族民歌

(1) 播放马头琴和呼麦视频，提问：视频中出现了什么乐器和哪种歌唱方式？它们属于哪个少数民族？

设计意图：用学生比较熟悉的马头琴和呼麦引入蒙古族民歌，为下面的学习做好铺垫。

(2) 出示蒙古族民歌及其体裁的课件：长调和短调。

(3) 播放《辽阔的草原》音频，思考：歌曲的旋律、节奏、节拍、速度、歌词、演唱有什么特点？

（4）体验长调：带领学生用蒙语演唱歌曲第一乐句，学唱"诺古拉"装饰音。

设计意图：学习长调中特殊的演唱技巧——"诺古拉"装饰音，让学生通过蒙语演唱，感受歌曲的音乐情绪，深入体验蒙古族长调的演唱特点。

（5）提问：为什么长调会如此开阔悠长、绵延起伏？

设计意图：深入分析歌曲的音乐要素，能让学生更好地了解长调的音乐风格特征及其形成原因。

（6）聆听短调民歌《嘎达梅林》，对比长调和短调的音乐风格差异。

设计意图：通过长调对比了解短调，并能从歌曲旋律、节奏、节拍、速度、歌词、演唱特点等方面感受到二者的不同之处，以及各自独特的艺术魅力。

（7）探究：为何蒙古族民歌会有长调和短调之分？

小结：

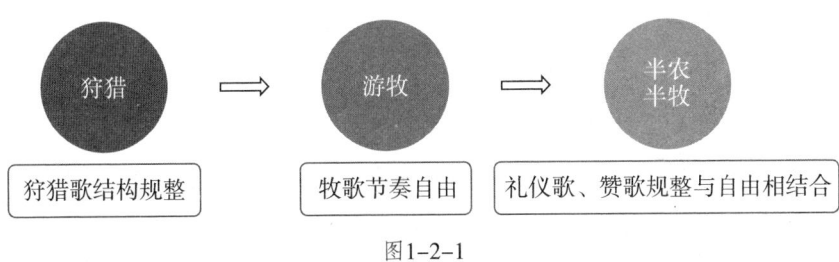

图1-2-1

设计意图：利用历史知识跨学科探究蒙古族民歌的发展历程，有助于学生深入了解长调和短调的成因，提升文化理解素养。

（8）舞蹈律动：教师示范一段蒙古族舞蹈，提问：舞蹈动作有何特点？
带领全体学生学习蒙古族舞蹈手臂动作"柔臂"。

设计意图：通过身体律动，感受蒙古族舞蹈自由、舒展的特点，认识蒙古族的能歌善舞。

2. 侗族大歌

（1）聆听《蝉之歌》，提问：这是哪个民族的民歌？歌种是什么？模仿了哪种动物的鸣叫？

（2）观看视频，了解侗族的文化和历史。提问：在视频中，你了解到关于侗族的哪些重要信息？

设计意图：侗族对于学生来说是个比较陌生的少数民族，先用歌声引入，让学生直观感受侗族的民歌特点，接下来的视频让学生初步了解侗族的生活文化和历史，有助于接下来对知识点的学习。

（3）初步体验模仿大歌中的"蝉鸣声"。

① 播放《蝉之歌》的音乐片段，提问：这首歌的音色有什么特点？

② 用舌尖颤音发出"ne"的声音，用真声演唱（原生态唱法），使用鼻腔共鸣。

③ 再次聆听"蝉鸣声"，体验大歌中低声部（长音拖腔）的循环呼吸。

设计意图：让学生体验以真声为主的原生态唱法，学习特殊演唱技巧——舌尖颤音，自主探究"循环呼吸"，初步感受侗族大歌的演唱特点。

（4）认识侗族大歌的基本结构、节奏特点。

① 介绍侗族大歌的基本结构：枚—角—起顿、更夺、拉嗓子。

② 播放音频，引导学生关注这三个部分分别采用了什么演唱形式？节奏有什么特点？（起顿——独唱；更夺——齐唱；拉嗓子——合唱）

③ 师生共同总结侗族大歌的节奏特点：散紧结合、自由多变。

提问：这种节奏特点的成因是什么？

设计意图：从演唱形式入手，学习侗族大歌的基本结构，加深学生对这一音乐知识的理解。通过地理学科知识的融合分析其节奏特征的成因，提升文化理解素养。

（5）体验、探究侗族大歌的多声部进行方式。

① 师生合作"拉嗓子"。

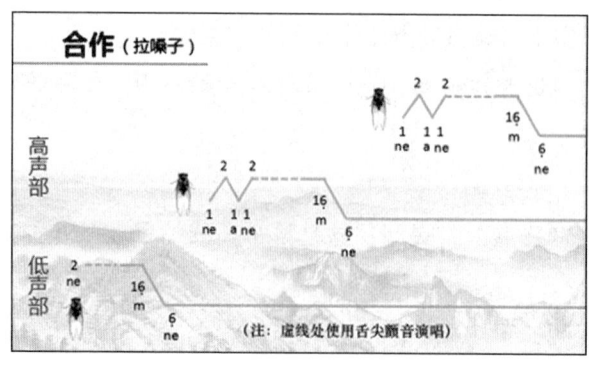

图1-2-2

② 探究分析《蝉之歌》为何采用这种多声部结合的形式。

设计意图：体验微型"拉嗓子"，深入学习侗族大歌的演唱形式，让学生感受侗族大歌的多声织体的音乐特点。

（6）侗族大歌的音乐特点和价值。

① 提问：侗族大歌的演唱形式有什么特点？（无伴奏、无指挥、多声部）

② 侗族大歌的价值。（演示文稿展示）

设计意图：让学生了解侗族大歌的音乐特点和艺术价值，有助于增强学生的民族自豪感和文化理解力。

（三）课堂小结

师生共同回顾本节课的学习内容。

设计意图：小结本节课所学内容，有助于巩固学习知识点，提升学生的民族自豪感和文化价值观。

（四）课后作业

收集蒙古族民歌元素的创作歌曲，和同学们分享。

设计意图：拓宽学生的视野，提升学习主动性，为下节课的内容做好准备。

（五）教学反思

本节课以《普通高中音乐课程标准（2017年版）》为指导，以提升学生综合素质、发展学生核心素养为目标，弘扬中华美育精神，强化中华优秀传统文化教育引导。通过蒙古族和侗族两个少数民族民歌的聆听、体验、律动、探究等教学环节，从不同的角度让学生感受了少数民族民歌的音乐风格特征和独特的魅力，理解其风格成因、艺术价值和人文内涵，形成了健康向上的音乐审美观，达成了课堂教学目标。

（1）两个少数民族都采用了以视频引入教学的方式，让学生通过视频了解该民族的艺术、文化、生活方式等，循序渐进，有助于后面的知识建构。

（2）为了让学生深入体验蒙古族和侗族的民歌音乐风格特征和韵味，提高其参与度，教师在教学环节中注重"唱"的教学，特别是用蒙语演唱，能让学生更好地体验民歌的腔调情韵。

（3）文化理解对于高中生的音乐欣赏过程是一个提升。因此在本课中除了各种音乐实践活动，还让学生利用历史、地理知识跨学科深入探究蒙古族民歌风格成因和侗族大歌的人文内涵，学生在理解、欣赏音乐作品的同时，可领会不同民族的音乐文化。通过文化理解素养教育，引导学生要重视中国传统的音乐文化，热爱中华民族优秀音乐成果，增强民族自豪感。

本课存在的问题：反思本课的教学环节，内容过满，上课节奏控制得不够紧凑，导致最后的环节教学时间有些赶。在教唱环节要注意提高学生的音准。教学语言要注意再精练一点儿。

撰写人简介：曾佩玲，女，高中高级教师，毕业于华南师范大学音乐教育专业，就职于广东省乐昌市第一中学。从事一线音乐教学工作25年，执教的课例、微课和编排的文艺节目多次获省市级一、二等奖，并在全市中学音乐学科送教下乡活动中多次承担示范课。在教学上始终围绕高中音乐课程标准理念，以提升学生综合素质、发展学生核心素养为目标，在教学实践中不断探索、提升。

第3课时　少数民族民歌（第二课）

【学习内容】

维吾尔族民歌《牡丹汗》、藏族民歌《宗巴朗松》。

【内容出处】

人民音乐出版社普通高中《音乐鉴赏》第二单元第四节。

【课时建议】

1课时。

【内容分析】

《牡丹汗》是维吾尔族的一首爱情歌曲，它的唱词是对女性恋人的深情赞美，唱词本身充满了哲理，气势宏大，反映了维吾尔族人开阔博大的胸怀。正词共4句，衬词也是4句，使篇幅大大扩充，并富有变化。曲调因唱词的特定结构也相应变为8句，最终结束在"Re"音上。旋律明朗奔放、感情充沛、风格浓郁、特色鲜明，体现了维吾尔族人的精神气质和特殊个性。

《宗巴朗松》是流传于西藏的一种传统歌舞囊玛中的一首歌曲。囊玛是藏族歌舞艺术中具有独特风格的一种艺术形式，其结构分为三部分：引子、歌曲、舞曲。其表演形式通常是在一段独唱或合唱之后进行舞蹈。其节奏由慢渐快，慢板时只唱不舞，曲调平稳抒情；快板时只舞不唱，节奏跳跃，气氛热烈。《宗巴朗松》的音乐只由引子和歌曲两部分组成，旋律典雅、柔美、婉转，歌词蕴含着深刻的哲理。

【学情分析】

本课执教对象是高一学生，部分学生音乐基础较差，存在不识谱、音准差等问题，且比较害羞，给教学带来一定的难度。经过汉族民歌和少数民族民歌（第一课）两节课的学习，学生对汉族民歌和少数民族民歌有了初步的了解。特别是上节课对蒙古族、侗族两个少数民族民歌的学习，让学生产生了浓厚的学习兴趣，有进一步了解其他少数民族民歌的学习欲望。本节课教学继续积极创设教学情境，从学生已学的知识点入手，融合大单元教学手段，温故而知新，引导学生积极参与课堂实践活动，感受、体验维吾尔族和藏族民歌的音乐特点，探究民族音乐特征的成因及其文化内涵，提升学生的审美感知和文化理解。

【学习目标】

（1）聆听维吾尔族民歌《牡丹汗》，从歌曲的旋律、节奏、速度、节拍、调式等方面感受维吾尔族歌曲独特的音乐风格；知道维吾尔族乐器手鼓、弹布尔、热瓦普等，简要了解世界非物质文化遗产"十二木卡姆"。

（2）聆听藏族民歌《宗巴朗松》中典型的囊玛音调，体验囊玛音乐的风格特征，了解囊玛的结构形式；认识藏族最具代表性的乐器扎木聂；等等。

（3）学唱《牡丹汗》第一乐句，掌握维吾尔族音乐的麦西热甫节奏型；模仿"移颈""绕腕"等维吾尔族舞蹈基本动作，体验其音乐舞蹈的风格特点。

（4）了解维吾尔族和藏族民歌与人们生活地域、生活方式、文化传统、语言的联系，知道其音乐风格的形成环境及其原因，尊重民族文化的多样性。

【学习重、难点】

（1）学习重点：①感受藏族传统歌舞囊玛的音乐风格特征，了解囊玛三部分音乐结构的区别。②感受体验维吾尔族民歌的音乐风格特征和麦西热甫节奏型。

（2）学习难点：维吾尔族独特音乐风格的成因。

【评价要点】

（1）分析两首民歌的节奏、节拍、旋律、速度、调式等音乐要素，说出其民族音乐风格特点。（完成"实践活动一"，检测目标1、2）

（2）感受维吾尔族音乐风格和舞蹈特点。（完成"实践活动二""实践活动三""实践活动四"，检测目标3）

（3）分析维吾尔族民歌和藏族民歌的风格特征及形成原因。（检测目标4）

【实践活动建议】

活动一：聆听探究

1. 活动目的

探究两个少数民族民歌的音乐风格特征，在听觉上感知其民族音乐特性。

2. 活动过程

（1）聆听《牡丹汗》，从歌曲的旋律、节奏、节拍、调式等方面了解、感受维吾尔族民歌独特的音乐风格特征。

（2）聆听《宗巴朗松》，从速度上分辨囊玛的引子、歌曲、舞曲三部分的区别，感受藏族民歌的音乐风格特征。

3. 活动评价

表1-3-1

评价要求	完　成	基本完成	未完成
能说出维吾尔族民歌和藏族民歌的音乐风格特征			

活动二：演唱实践

1. 活动目的

通过"唱"，深入体验维吾尔族民歌的音乐特点。

2. 活动过程

视唱、模唱、背唱《牡丹汗》第一乐句，跟着老师的示范演唱，注意唱准乐句中出现的弱起节拍和附点节奏。

3. 活动评价

表1-3-2

评价要求	完　成	基本完成	未完成
能跟着伴奏有感情地演唱，当中的弱起节拍和附点节奏要准确掌握			

活动三：节奏拍击

1. 活动目的

根据达卜谱敲击麦西热甫固定节奏型的基本形态，主动寻找体现强弱力度的音色。

2. 活动过程

跟着老师学习维吾尔族音乐的节奏特点，感受音乐强烈的律动感和维吾尔族热情奔放的民族性格。拍击要求：右手敲击重拍，发出浑厚的"咚"音；左手敲击弱拍，发出清脆的"嗒"音，要注意强弱对比。在麦西热甫基本形态的基础上，可以加大难度，学习其变化形态。熟练后可在自己的身体上寻找强弱音色进行声势律动。

3. 活动评价

表1-3-3

评价要求	完　成	基本完成	未完成
能配合音乐按强弱拍击节奏型，并能根据基本节奏型进行变化拍击和进行身体的声势律动			

活动四：舞蹈体验

1. 活动目的

模仿维吾尔族舞蹈具有代表性的舞蹈动作：移颈、绕腕。感受维吾尔族舞蹈动作细腻、柔美、热情的特点。

2. 活动过程

维吾尔族舞蹈的体态特征要求：昂首、挺胸、直腰。律动过程中，要时刻注意保持基本体态特征。移颈：注意身体和肩膀保持不动，放松脖子，下巴收回，眼神跟着左右移动。绕腕：指尖带动腕部绕一周至翘腕。绕腕要灵活、饱满、流畅，切忌肩肘部主动。跟随教师和着《牡丹汗》的音乐节奏一起律动。

3. 活动评价

表1-3-4

评价要求	完成	基本完成	未完成
能跟随教师和音乐跳出基本动作，注意表情和眼神的变化			

【学后反思】

表1-3-5

学后反思	内　容
通过本节课的学习，如果播放一段你没听过的维吾尔族或藏族民歌，你能通过音乐风格特征分辨出来吗	
你掌握了麦西热甫节奏型吗？请拍一拍试试看	
你能说出囊玛的结构特征吗	
你喜欢这节课学习的两个少数民族民歌吗？对于这节课你还有什么更好的建议，欢迎来和老师沟通	

【课堂学业质量评价单】

（1）《宗巴朗松》是流传在西藏的一种传统歌舞——（　　）中的一首歌曲。

（2）囊玛的音乐由三部分组成，即：中速的引子、（　　）的歌曲、（　　）的舞曲。

（3）《牡丹汗》属于（　　）歌曲题材，歌曲中运用的（　　）节奏型，使得音乐具有强烈的律动感，体现出维吾尔族热情、奔放的民族性格。

（4）聆听四首少数民族民歌片段，按照先后顺序写出其所属的民族：（　　）（　　）（　　）（　　）。

（5）观察下面的乐器图，说出它们是哪个民族的乐器及名字。

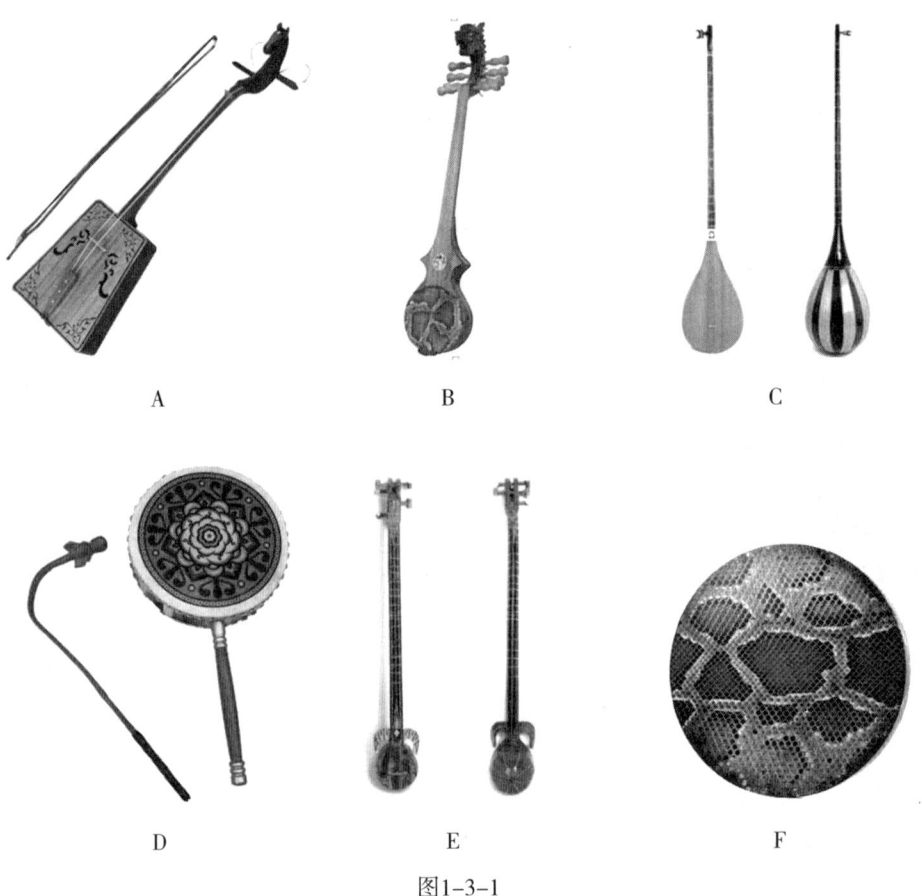

图1-3-1

【课后拓展任务单】

探究你喜爱的两个少数民族，把其民歌音乐风格、生活方式、文化传统等记录下来，下节课和同学们一起分享。

表1-3-6

民族	音乐特点 （旋律、节奏、节拍、速度、演唱特点）	生活地域	生活方式	风俗习惯	服饰美食

【拓展资源】

视频：①《牡丹汗》视频；②《手鼓敲击方法》视频；③《扎木聂弹唱》视频。

微课：《认识新疆民族乐器》。

【教学流程】

（一）导入

（1）对比聆听，说出旋律片段属于哪个少数民族。（蒙古族、藏族）

（2）引出课题：藏族民歌。

设计意图：复习上节课的蒙古族长调《辽阔的草原》，实现大单元教学内容的接续，间接引入新的知识点，温故而知新，引起学生的学习兴趣。

（二）新课内容

1. 藏族民歌——囊玛

（1）出示图片，介绍"囊玛岗"，引出藏族传统歌舞囊玛。

（2）介绍囊玛的音乐结构：引子、歌曲、舞曲。

设计意图：学生对囊玛这种歌舞形式是非常陌生的，有必要直接介绍新的学习内容，为后续的学习做好知识铺垫。

（3）聆听《宗巴朗松》：

① 播放《宗巴朗松》音频，思考：歌曲的旋律、节奏、速度有什么特点？

（旋律起伏较大、悠长高亢；节奏舒展；引子中速，歌曲慢板）

② 跟着老师哼唱第一乐句。

③ 朗读歌词，找出歌词有什么特点？

（歌词衬词较多，多为"呀哈啦尼"）

设计意图：深入分析歌曲的音乐要素，能让学生更好地了解囊玛的引子和歌曲部分的音乐风格和特征。

（4）观看囊玛视频：

① 舞曲部分有何特点？（旋律热情活泼、节奏紧凑密集、速度较快）

② 引出藏族踢踏舞——堆谐。

③ 视频中出现了哪些乐器？

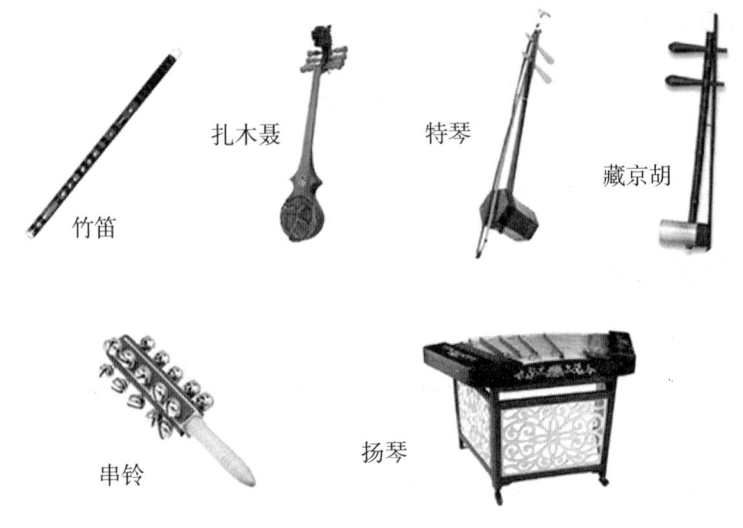

图1-3-2

  设计意图：《宗巴朗松》只体现了囊玛的引子和歌曲部分，囊玛是由三部分组成，因此此环节加入了囊玛的舞曲部分，让学生对囊玛的结构有完整的体验，加深对囊玛音乐的印象。观看视频，学生能直观地感受舞曲的动作特点，了解舞曲部分是来源于藏族踢踏舞堆谐，同时认识囊玛的伴奏乐器。

（5）小结囊玛的结构特点：引子——中速，歌曲——慢板，舞曲——快板。

（6）简单介绍藏族音乐的分类。

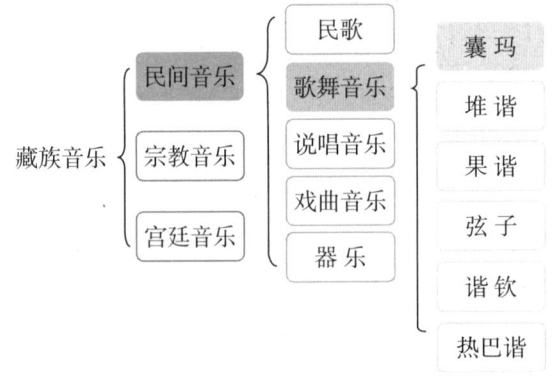

图1-3-3

  设计意图：让学生进一步了解藏族音乐分类，知道藏族有着丰富灿烂的民族音乐文化，增强民族自豪感。

2. 维吾尔族民歌

（1）观看视频，说说里面出现了什么乐器？（手鼓、热瓦普）这是哪个少数民族的乐器？（维吾尔族）

（2）出示课题：维吾尔族民歌。

设计意图：观看视频，聆听音乐，初步感受维吾尔族音乐的特点和认识维吾尔族具有代表性的乐器。

（3）聆听维吾尔族民歌《牡丹汗》：

① 聆听音频，思考：歌曲的旋律、节拍、节奏有什么特点？

② 哼唱《牡丹汗》第一乐句，唱准乐句中的弱起节拍和附点节奏。

③ 朗读歌词，说说歌词有什么规律？属于什么题材？

④ 观察结尾谱例，找出歌曲的调式。

设计意图：分析歌曲的音乐要素，哼唱歌曲乐句，能让学生更好地了解维吾尔族民歌的音乐风格和特征。

（4）学习麦西热甫节奏型：

① 根据达卜谱敲击麦西热甫固定节奏型的基本形态。（详见学历案"实践活动三"）

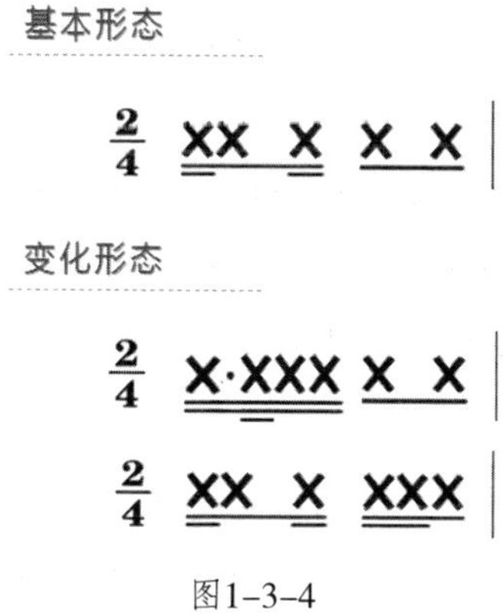

图1-3-4

② 配合《牡丹汗》音频，师生共同敲击麦西热甫节奏型。

设计意图：麦西热甫节奏型是维吾尔族音乐中的一种固定节奏型，具有浓郁的民族节奏特色，有着鲜明的强弱之分，让学生拍击并在身体上寻找强弱音色，能激发学生的学习探索欲望和创造力,更能加深对维吾尔族音乐风格的印象。

(5)分组探究:维吾尔族音乐独特风格形成的原因。

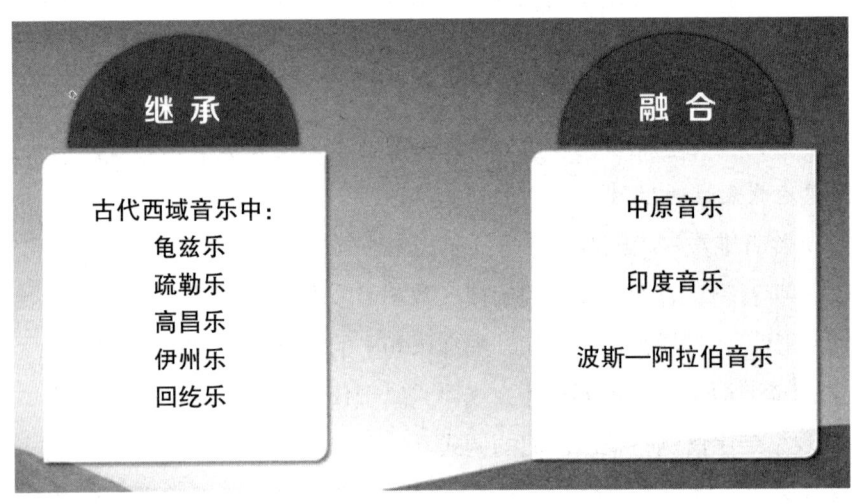

图1-3-5

设计意图:利用储备知识探究维吾尔族音乐独特风格的成因,有助于提升学生的思考能力和文化理解素养。

(6)维吾尔族舞蹈体验。(详见学历案"实践活动四")

设计意图:维吾尔族是能歌善舞的民族,舞蹈也是其民族音乐文化的一部分,让学生体验维吾尔族舞蹈动作,能对其音乐文化加深了解,并活跃课堂学习气氛。

(7)认识世界非物质文化遗产——新疆十二木卡姆。

设计意图:木卡姆是新疆音乐文化的一部分,同时也是世界非物质文化遗产,有必要让学生知道并了解,提升文化知识素养,增强民族自豪感。

(三)课堂检测

聆听四首少数民族民歌,说出其所属民族。

设计意图:两节课的学习内容涉及四个少数民族,这个环节能检测学生对两节课知识点的掌握情况,也能进一步巩固所学知识。

(四)课后作业(详见学历案"课后拓展任务单")

设计意图:通过课后拓展学习,提升学生学习主动性,拓宽学生知识面,让学生自觉继承并弘扬民族文化,提升其文化素养。

（五）教学反思

本节课是少数民族民歌的第二课时，教学设计与实施始终围绕高中音乐课程标准理念，以提升学生综合素质、发展学生核心素养为目标，弘扬中华美育精神，强化中华优秀传统文化教育引导。由于少数民族民歌学生接触较少，了解渠道主要来源于媒体、网络，所以在学习过程中充满了未知和好奇。因此，本课运用了聆听、分析、模唱、律动、探究等教学手段，调动学生参与课堂实践活动的积极性，多角度去欣赏和体验维吾尔族民歌《牡丹汗》和藏族民歌《宗巴朗松》的音乐风格特征，使学生既有感性的体验，也有理性的思考，紧扣学科核心素养，积极达成教学目标。

高中生对课堂实践活动充满热情，但又有些害羞，在活动体验过程中，应该多关注学生的水平差异，多鼓励。一节课了解两个少数民族民歌，涉及的内容较多，还需要把课堂教学过程环节打磨得再精练一些。

撰写人简介：曾佩玲，广东省乐昌市第一中学。

第4课时　多彩的少数民族民歌

【学习内容】

可选取除蒙古族、藏族、侗族、维吾尔族以外的其他少数民族的民歌。

【内容出处】

人民音乐出版社普通高中《音乐鉴赏》第二单元第四节拓展课。

【课时建议】

1课时。

【内容分析】

教材选取了蒙古族、藏族、侗族、维吾尔族4个少数民族的民歌，我国共有56个民族，本课为少数民族民歌拓展课，请学生分成4个组，分别选取教材外的一首少数民族民歌为代表，探究民歌与民族文化之间的关系。

【学情分析】

本节课是本单元民歌教学的最后一节课，此设计为学生自主探究课型。学生已学习了民歌的历史、民歌的体裁、民歌的地域性，以及少数民族音乐特性。基本明白如何用音乐要素分析音乐特点，如何结合风土人情、地理位置、方言特征等分析音乐风格。分组合作是检验学生配合、默契程度的一种方式，课堂为学生的分享提供了表现平台。

【学习目标】

（1）通过聆听四首曲子，感受音乐四要素和四个民族的音乐特点。

（2）通过分组展示、学唱，感受音乐情绪，在参与实践中，学会少数民族民歌的部分片段。

（3）通过拓展学习少数民族民歌，进一步认识民歌的起源与地域性，进而认识到少数民族民歌的艺术价值和魅力，尊重各民族音乐文化，加强民族团结。

【学习重、难点】

探索少数民族民歌的音乐风格。

【评价要点】

（1）分辨不同少数民族的音乐。（完成"实践活动一"，检测目标1）

（2）学生自主学习，介绍本组选取的少数民族民歌的艺术价值和魅力。（完成"实践活动二"，检测目标2、3）

【实践活动建议】

活动一：听辨民歌、判断民族

1. 活动目的

分辨学生收集的四首少数民族民歌分别属于哪个民族。

2. 活动过程

（1）聆听乐曲。

（2）请同学回答，并说出判断依据。

3. 活动评价

表1-4-1

评价要求	完　成	基本完成	未完成
能认真聆听并用音乐思维判断民族风格			

活动二：瑶族民歌

1. 活动目的

聆听学唱韶关地区最具代表性的乳源瑶族民歌，知道按演唱方式可分为呕歌（喊歌）和念歌两种。

2. 活动过程

（1）聆听《灯戳》带谱例版本，分析节奏特点。

（2）小组代表介绍收集的瑶族资料，重点讲解何为呕歌、何为念歌。

呕歌，也称喊歌，高八度起全音量、共鸣歌唱，节奏自由绵长，旋律起伏大，如《盘王歌》《过山瑶人歌》等。

念歌，以传授和背诵歌词为主，节奏较为规整，是呕歌的基础，如民间传说、台面歌、敬酒歌、师爷歌等。

（3）判断歌曲类型。

（4）观看乳源高级中学大课间视频资料，感受同年龄段的朋友是如何传承非物质文化遗产的。

3. 活动评价

表1-4-2

评价要求	完成	基本完成	未完成
能积极参与到聆听和判断活动中，并准确地分辨（根据各班学生收集的资料确定活动目的，从而制定活动过程，评价步骤可同上，也可以加入学唱、创编等其他活动及相应评价内容）			

【学后反思】

表1-4-3

学后反思	内容
同学们对小组长的讲解是否满意	
能否快速判断各地区、各民族的音乐，是否清楚民歌色彩性的判断依据是什么	
请回忆本单元的民歌知识	

【课堂学业质量评价单】

表1-4-4

民　族	地理位置	文化习俗	范例歌曲	歌曲特点
瑶　族				

【课后拓展任务单】

我国共有56个民族，请同学们选取一首民歌为代表，探究民歌与民族文化之间的关系。

【拓展资源】

（1）《灯戳》音视频资料。

（2）《灯戳》谱例。

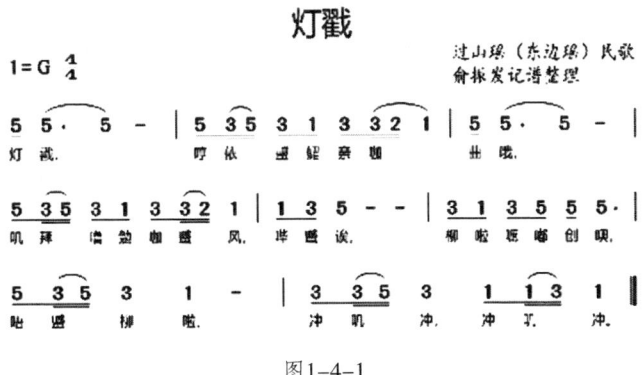

图1-4-1

（3）播放乳源电视台拍摄的乳源高级中学大课间视频。

（4）瑶族民歌歌词、节奏、旋律特点与演唱方式。

乳源瑶族传统民歌歌词体系有两种。第一种为近代古典体系，古典歌词主要用于祭祖或"拜盘王"，以五字、七句诗体为主。第二种为生活散歌体系，现代散歌是即兴作词、即兴演唱，多为描写生活的山歌。乳源过山瑶山歌歌词以比兴为主，上下句对仗，多衬词，如"呵""呃""噢""哦""乌""哎""嘿""喝""衣"等。

乳源瑶族传统民歌旋律常以"135"和弦音为主展开变化，民族五声、六声调式为多。格调与旋律较为单一，节奏多为自由，按照演唱者感情抒发的需要而任意延长或缩短，多装饰音。

歌曲的演唱强调延长音的起声与收音，对气息要求较高，讲究技巧。其演唱方式分为呕歌和念歌两种。

（5）小组长介绍瑶族民歌稿件。

我们组可厉害了，老奶奶那个视频就是我们组的！她是乳源瑶族民歌的传承人。我们再来听一遍乳源高级中学俞老师演唱的版本，大家好好听听方言。请老师播放音频。

俞老师唱的是瑶语。我想考一考大家，瑶族民歌按演唱方式可分为呕歌和念歌两种。我们听的《灯戳》是哪一种？

听明白了吗？赞成呕歌的同学请举手。不知道大家有没有注意到我们刚刚那段话的关键区别之处——节奏！节奏自由是呕歌，节奏规整是念歌！所以我们要恭喜没举手的同学。

这首即兴演唱的民歌，讲的是勤奋的人一学就会，愚钝的人过了一年又一年也没有学会。最后，我们一起来看看乳源高级中学的同学们是如何传承中国传统文化的。请老师播放视频。

看完视频大家有何感想呢？

我的介绍就到这里，谢谢大家的聆听！

【教学流程】

（一）导入

分辨学生收集的四首少数民族民歌分别属于哪个民族。

设计意图：开门见山，直奔主题。

（二）新课内容

1. 瑶族民歌

（1）聆听《灯戳》带谱例版本，分析节奏特点。

（2）小组代表介绍收集的瑶族资料，重点讲解何为呕歌、何为念歌。

（3）判断歌曲类型。

（4）观看乳源高级中学大课间视频资料，感受同年龄段的朋友是如何传承非物质文化遗产的。

设计意图：了解韶关本土少数民族民歌，观看乳源高级中学是如何传承传统文化的。

2. 其他少数民族民歌

内容略（各班选取内容不一样）。

（三）教学反思

学生为主导，做课堂的主人，他们课前收集资料、整理资料、制作课件，课中小组长展示成果，整个过程中教师的课外指导很重要。前期的磨合，让学生对彼此有了更深的了解，克服重重困难让他们有一定的成就感，但其大多数在讲解、分析时容易抓不准重点，教师在课堂上的引导须及时。

撰写人简介：刘熠，广东省乐昌市第二中学。

第5课时　鼓乐

【学习内容】

山西绛州鼓乐《滚核桃》、北京民间乐曲《童谣》。

【内容出处】

人民音乐出版社普通高中《音乐鉴赏》第三单元第五节。

【课时建议】

1课时。

【内容分析】

让学生聆听、体验两首民乐，引导学生掌握主奏乐器音色的辨别方法，了解中国民族乐器的分类。

《滚核桃》是一首根据山西绛州鼓乐改编的、采用多种演奏技法的作品，包括头、身、尾三个部分，表现农民秋收时节在房顶晒核桃的劳动情景，以及丰收时的喜悦心情。

《童谣》以"吹歌"的形式出现，是根据北京儿歌《打花巴掌》转化而来的民间器乐曲，管子在其中发挥了重要作用，表现了一种欢快、活泼、诙谐的音乐情绪。

【学情分析】

高一学生对中国的民族乐器种类和区分音色的知识技巧比较缺乏了解，聆听和学习演奏中国民间器乐的机会甚少，对不同地域、不同体裁的民间器乐曲音乐风格的辨别能力有待提升。但他们的学习认知能力较强，有在实践中获新知的学习欲望。

【学习目标】

（1）聆听《滚核桃》，学习中国鼓文化相关历史，掌握"锣鼓乐"知识，理解音乐内容和情绪，感受不同的演奏方式表现出来的音乐效果。对比聆听《童谣》，掌握"吹歌"的表现形式，认识民间乐器"口嚼子"。

（2）体验演奏绛州鼓乐"花敲干打"及学会演唱《童谣》中的部分旋律；通过对节奏的模仿、对旋律和方言的探究（注意北京方言的发音特色）等音乐实践活动，运用图表对比锣鼓乐、吹歌两种音乐体裁表现形式；引导学生以生活场景为情境简单编创打击乐合奏或合作演奏模拟情境，结合生活经验亲身实践了解音乐表现手法。

（3）通过对民间器乐的音乐体裁、演奏形式、风格特征的了解，探究其形成的原因，理解其艺术价值与社会价值，弘扬民族文化，尊重文化多样性。

【学习重、难点】

聆听《滚核桃》清锣鼓音乐，感受、体验其音乐情绪，理解音乐内容。引导学生参与打击乐合奏、演唱节奏谱和旋律谱的艺术实践，把握演唱的准确性，了解、实践打击乐的演奏方法，并体验其乐趣，了解乐曲的表现方法。拓展对比聆听《童谣》，感受不同的音乐表现形式。

【评价要点】

（1）观看视频，能准确地将民族乐器按照演奏方式进行分类，记住1~2个中国鼓文化历史知识和鼓乐相关知识。（完成"课堂学业质量评价单"任务一，检测目标1）

（2）模仿演奏"花敲干打"演奏技法，掌握2~3种以生活场景为情境简单编创打击乐合奏或合作演奏模拟情境的方法。（完成"实践活动二""实践活动五"，检测目标2）

（3）学唱《童谣》吹歌部分旋律，辨别"吹歌"与"口嚼子数板"。（完成"实践活动三"或"实践活动四"，检测目标2）

（4）以填写对比表格的方式小结"鼓乐"的音乐体裁、演奏形式、风格特征，小组讨论探究其形成的原因。（完成"实践活动一"，检测目标3）

【实践活动建议】

活动一：聆听体验活动

1. 活动目的

通过聆听体验，分析两首作品在主奏乐器、演奏形式、体裁上的区别。

2. 活动过程

①聆听《滚核桃》；②聆听《童谣》；③按要求填写以下表格。

表1–5–1

乐　曲	主要演奏乐器	主要演奏形式	体　裁
《滚核桃》			
《童谣》			

3. 活动评价

表1–5–2

评价要求	完　成	基本完成	未完成
能辨别两首乐曲的主奏乐器、演奏形式和体裁			

活动二：演奏体验活动

1. 活动目的

体验中国鼓的魅力，感受"花敲干打"技法所表现的不同音色和音乐情绪的变化。

2. 活动过程

①观看视频，了解"花敲干打"的特有技法；②体验敲击鼓梆和鼓面、闷击鼓面、交替敲击鼓槌和鼓梆、单手滚奏等不同演奏技法。

3. 活动评价

表1–5–3

评价要求	完　成	基本完成	未完成
能慢速演奏"花敲干打"部分技能，感受到音色变化带来的不同情绪体验			

活动三：演唱体验活动

1. 活动目的

理解不同表现方法表现出来的音乐效果，了解其创作手法所表现的音乐内容，感受音乐情绪和充满童趣、诙谐的旋律色彩。

2. 活动内容

①有节奏地诵读"口嚼子数板"；②演唱《童谣》旋律谱（吹歌部分）；③注意北京方言的发音特色，分辨是"口嚼子数板"还是"吹歌"打击乐部分；④小组合作或师生合作演唱。

3. 活动评价

表1-5-4

评价要求	完　成	基本完成	未完成
能准确掌握"口嚼子数板"，能演唱旋律部分并进行合作演唱			

活动四：律动体验活动

1. 活动目的

建立"口嚼子数板"稳定拍子和四个固定协调动作。

2. 活动过程

①学习声势动作（双手击掌—双手拍腿—双手击掌—右手拍腿，左手拍腿—右手拍腿—双手击掌—双手拍腿—双手响指）；②跟随《童谣》做独立声势律动；③合作完成律动，间奏时可转身准备与不同的同学进行打花巴掌的声势练习。

3. 活动评价

表1-5-5

评价要求	完　成	基本完成	未完成
口头交流合作过程，能分辨律动时属于"口嚼子数板"的部分			

活动五：创作实践

1. 活动目的

联系生活，感受音乐（打击乐）在生活中的应用。

2. 活动过程

①用打击乐进行情景编创，我打你猜，分组出示相应的生活情景图或关键词（如小雨、海浪、快跑、拌嘴……），编创相关的打击乐表演，相互竞猜情境；②请为《猫和老鼠》动画片段编创合适的打击乐。

3. 活动评价

①能以小组为单位合作创编打击乐并展示片段；②能即兴配乐并口头相互评价。

【学后反思】

表1-5-6

学后反思	内　容
你能够说出锣乐和鼓乐的不同之处吗	
你能够说出学习过程中有疑惑或印象最深的环节吗	
本次学习还让你联想到哪些相关的内容？（如果没有，请选择一种途径去搜索相关内容并记录下来）	

【课堂学业质量评价单】

（1）以（　　）乐器、（　　）乐器为主的民间器乐（　　）形式，称为鼓乐。

（2）流传在（　　）地区的鼓乐作品《滚核桃》，里面运用了（　　）演奏技法，音响音色丰富多彩。

任务一：为刚才记录下来的乐器分类。

打击乐器：

弹拨乐器：

拉弦乐器：

吹管乐器：

你知道的与鼓相关的知识：

任务二：观看和聆听《滚核桃》各个片段，描述劳动过程。

【课后拓展任务单】

探究1~2个新学习的鼓乐作品,把其音乐特点、演奏风格、主奏乐器、流传区域等记录下来。

表1-5-7

作品	音乐特点	演奏风格	主奏乐器	流传地域	其他

【拓展资源】

(1)"花敲干打"视频:闷击鼓面、交替敲击鼓边、鼓槌。
(2)口嚠子图片。

【教学流程】

(一)导入

1. 探索鼓

(1)认识鼓的结构,探索鼓的音色与用途。

设计意图:创设情境了解鼓的结构,通过探索预先体验鼓的音色与运用场景。

(2)了解绛州鼓的演奏方法。

(3)学生观看教师演奏或视频演奏后,进行探索与模仿。

(如敲击鼓面、敲击鼓梆、双手交叉敲击鼓梆、敲击鼓槌、刮鼓钉、单手滚奏、闷击向前推奏)

设计意图:通过亲自参与演奏,感受绛州鼓乐的演奏技法,预先熟悉乐曲中几个有代表性的节奏型,同时培养学生学会倾听与合作,吸引学生继续探究绛州鼓乐。

2. 出示课题

山西绛州鼓乐《滚核桃》。

（二）新课内容

1. 赏析山西绛州鼓乐《滚核桃》视频

思考：表现了什么样的场景？演奏有什么特点？

设计意图：初步感受全曲，关注音色技法变化带来的情绪变化。

2. 分段欣赏《滚核桃》

第一部分（引子）：

（1）分析音乐要素（速度、力度、节奏、音色）。

（2）学生讨论与分析，并尝试师生共同演奏。

第二部分（中段）：

（1）看视频找特点，加花与拍板。

（2）分析音乐要素（速度、力度、节奏、音色）。

（3）分析演奏技法。

第三部分（尾声）：

学生讨论与分析音乐要素，填写表格。

设计意图：理解通过力度、速度、音色、节奏、演奏方法的变化，音乐情绪和内容也发生变化。

3. 师生小结《滚核桃》全曲

设计意图：对作品进行完整的理解与认识，进一步感受鼓乐的表现力。

4. 聆听音乐片段（北京民间乐曲《童谣》）

思考：表现了什么样的场景？演奏了什么类型的乐器？

设计意图：引导学生感受乐曲节奏特点，同时听辨乐器，初步感受口嚓子的特点。

（1）带领学生学唱主旋律，感受曲调特点，并进一步了解乐曲节奏。

（2）教师与学生合作完成片段。

（3）分组用固定动作尝试合奏《打花巴掌》乐曲，进行唱奏组合练习，并小组展示。

设计意图：熟悉、巩固《打花巴掌》节奏型，为合奏铺垫，实践培养小组合作意识及能力。

5. 小结与对比

设计意图：引出"清锣鼓"、"吹歌"、鼓乐的概念。

（三）拓展教学——即兴演奏

（1）分小组，尝试用"打击乐器"表现生活场景。

（2）请学生小组展示。

设计意图：为学生提供创作与表演音乐的机会，培养创造能力与合作能力。

（四）总结

（1）回顾课堂内容。

（2）总结语。

（五）教学反思

笔者在本课教学的实践过程中发现，每当让学生亲自参与演奏民族打击乐器时，他们的学习积极性普遍较高，课堂气氛活跃，由此可见，学生乐于聆听我国传统的民族音乐。学生在参与音乐活动时，也会出现很多的问题，如怕错不敢敲、合作意识不强等。在这个过程中，教师的不断鼓励和引导使情况得以改善，学生慢慢参与到了演唱旋律、敲击节奏的环节中，能与他人合作完成演奏，能在有韵律的节奏中获得审美体验。

撰写人简介：杨文慧，女，33岁，现就职于广东省韶关市始兴县风度中学。曾获得韶关市中小学青年教师基本功大赛第一名，韶关市中小学音乐学科教学设计初中组一等奖。多次获得校级先进教师称号，年度考核优秀，被评为始兴县中小学音乐学科教研学会骨干教师。

第6课时 丝竹乐

【学习内容】

江南丝竹乐《中花六板》、广东音乐《娱乐升平》。

【内容出处】

人民音乐出版社普通高中《音乐鉴赏》第三单元第六节。

【课时建议】

1课时。

【内容分析】

"丝竹"一词源于我国传统的乐器分类法，泛指民族管弦乐器。"丝竹乐"包含乐种较多，如：江南丝竹、广东音乐、福建"南音"、潮州"弦诗"等。本课通过探究江南丝竹与广东音乐的代表作《中花六板》与《娱乐升平》，了解两个乐种在演奏乐器、乐曲来源、音乐风格、流传地域以及与戏曲的关系等方面的异同。

1. 江南丝竹

江南丝竹是我国传统民间器乐丝竹乐的一个乐种，流行于上海及江苏南部、浙江西部一带。乐队的编制通常少则两人，多则七八人。演奏乐器以民族管弦乐器为主，辅之以轻型打击乐器，旋律声部之间追求同中有异、异中有同。

江南丝竹乐曲内容大多体现了江南山清水秀的美丽风貌，明快、流畅、秀雅、柔和，以花（加花）、细（纤细）、轻（轻盈）、小（小型）、活（灵活）为其典型风格特征。乐曲曲目大多来自民间乐曲、古典乐曲或由其他器乐曲衍化而来。著名的八大名曲是：《欢乐歌》《云庆》《行街》《四合如意》《三六》《慢三六》《中花六板》《慢六板》。

《中花六板》又名《熏风曲》或《虞舜熏风曲》，由民间器乐曲牌《老六板》放慢加花发展而来，全曲采用支声性复调的创作手法，旋律优美抒情、清新悠扬、庄重典雅，颇具江南色彩，是江南丝竹较具代表性的作品。

2. 广东音乐

广东音乐流行于广东珠江三角洲一带。其前身是粤剧的过场音乐和烘托表演的小曲，20世纪初发展为独立的乐种，也是我国传统民间器乐丝竹乐的一个乐种。20世纪20年代以后广东音乐进入兴盛时期，吕文成、何柳堂等专业作曲家和演奏家创作了大量脍炙人口的作品。

早期的乐队编制称为"硬弓组合"或"五架头"，演奏乐器由二弦、提琴（大板胡）、三弦、月琴、横箫组成，后逐步转变为"软弓组合"，演奏乐器改为高胡（又称"粤胡"）、秦琴、扬琴、洞箫和椰胡。1926年吕文成改进了广东音乐的乐队编制，高胡、扬琴成为主奏乐器。

广东音乐一部分是源于古曲或民间乐曲的改编，称为粤乐小曲。另一部分则是作曲家的创作，称为粤乐新谱。广东音乐整体节奏清晰、旋律流畅活跃，富有装饰音，音乐风格轻快活泼、细腻缠绵、艳郁华丽、流畅动听。

《娱乐升平》的创作者是丘鹤俦。乐曲为一段式，徵调式，此曲在创作方面既保持了广东音乐的传统特点，又借鉴了一些欧洲专业音乐创作的作曲技巧，从而有所创新和突破。音乐情绪欢快活泼，具有一种乐观向上的情绪色彩。

【学情分析】

在对高一学生的调研过程中发现，学生的音乐鉴赏审美能力有待提高，普遍不重视音乐课程学习，对音乐中基本的音高、节奏、节拍、调式等音乐要素缺少了解；学生对江南、广东的文化地理环境有一定了解，对中国民族乐器音色有一定的分辨能力，但对民族器乐作品了解甚少，理性深入分析中国民族器乐作品的能力有待提高。课堂上要经常通过唱、练、赏的方式让学生能对音乐课程产生兴趣，特别是能学会欣赏不同体裁及不同风格的音乐作品，熟悉和热爱中华民族的音乐创造成果，增强民族自豪感。

【学习目标】

（1）聆听《中花六板》《娱乐升平》这两首民间丝竹乐曲，感受和体验江南丝竹、广东音乐的风格特点。认识丝竹乐中的部分代表性乐器；初步了解江南丝竹、广东音乐的流传地域及音乐风格形成的原因。

（2）准确分辨丝竹乐主奏乐器的音色；对比赏析并演唱《老六板》和《中花六板》，了解江南丝竹中"放慢加花"的创作手法；观察谱例，以小组讨论的方式总结出江南丝竹多声部的支声复调音乐；通过对旋律片段的聆听、视唱，了解广东音乐中"中心音转移"的创作手法。以填写图表的方式进行江南丝竹、广东音乐两个乐种的对比，能够归纳两者的异同之处。

（3）熟悉和热爱中华民族的音乐创造成果，激发学生对民间丝竹乐的兴趣，增强民族自豪感，坚定文化自信。

【学习重、难点】

掌握丝竹乐的风格特点；总结、归纳江南丝竹和广东音乐的异同之处。

【评价要点】

（1）课前完成导学案的学习及"实践活动一"，准确说出丝竹乐器的类别，进而在课中能够掌握江南丝竹和广东音乐的乐队构成、主要乐器等基础知识。（完成"实践活动一"，"课堂学业质量评价单"任务一，检测目标1）

（2）演唱《老六板》和《中花六板》主题旋律，观察《娱乐升平》曲谱，找到中心音发展的特点。（完成"实践活动二""实践活动四"，检测目标2）

（3）掌握1~2种创作手法，并选择一种进行创作。（完成"实践活动三"，"课堂学业质量评价单"任务二，检测目标2）

（4）以小组为单位完成课后作业，收集江南丝竹和广东音乐的流传地域及音乐风格形成的原因等相关资料。（检测目标3）

【实践活动建议】

活动一：聆听体验活动

1. 活动目的

复习八音类别，引出丝竹乐。

2. 活动过程

（1）观看视频，回顾八音乐器类别，准确说出视频中出现的乐器及类别。

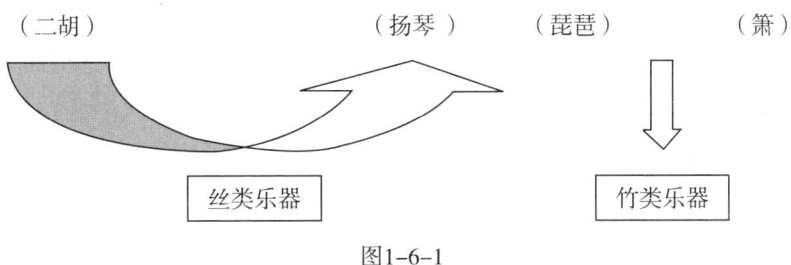

图1-6-1

（2）引导学生总结何为"丝竹乐"（丝弦类乐器和竹管类乐器合奏，辅以打击乐器）。

3. 活动评价

表1-6-1

评价要求	完　成	基本完成	未完成
学生能辨别丝竹类乐器			

活动二：聆听分析《中花六板》

1. 活动目的

分析体会《中花六板》创作手法——"放慢加花"。

2. 活动过程

（1）出示《老六板》和《中花六板》对比图谱，学生聆听并观察。

（2）进行纵向对比演唱，说一说它们之间的联系（节拍、节奏、旋律音）。

表1-6-2

曲名	节拍	节奏	旋律特点	联系
《老六板》				
《中花六板》				

3. 活动评价

表1-6-3

评价要求	完成	基本完成	未完成
能填写表格，得出其联系及创作的方法			
学生能辨别丝竹类乐器			

活动三：创编体验活动

1. 活动目的

采用"放慢加花"的变奏手法进行旋律编创。

2. 活动过程

（1）出示示例。

（2）师生合作弹唱展示。

3. 活动评价

表1-6-4

评价要求	完成	基本完成	未完成
能用扩板加花的变奏手法进行创编并展示			

活动四：聆听分析《娱乐升平》

1. 活动目的

分析体会《娱乐升平》的音乐风格，以点带面了解广东音乐。

2. 活动过程

①视频对比聆听：观看"五架头"组合、西洋乐器组合加入《娱乐升平》演奏的视频，引出广东音乐的不同之处；②体会广东音乐旋法特点：中心音转移（通过谱例让学生找出每个乐句的中心音，从而体会丰富的调式交替）。

3. 活动评价

表1-6-5

评价要求	完　成	基本完成	未完成
本活动与江南丝竹部分相互辉映，让学生通过已有的学习经验进行新的对比、思考，发挥学生在学习中的自主性			

【学后反思】

表1-6-6

学后反思	内　容
你能够说出本课运用了哪些音乐方法分析两首作品吗	
你能够说出学习过程中有疑惑或印象最深的环节吗	
本课学习还让你联想到哪些相关的内容（如果没有，请选择一种途径去搜索相关内容并记录下来）	

【课堂学业质量评价单】

表1-6-7

乐种	主奏乐器	音乐风格	流传地域	创作方式
江南丝竹				
广东音乐				

任务一：

江南丝竹的"丝"和"竹"的代表乐器分别是（　　　）、（　　　）。

广东音乐的主要演奏乐器为（　　　）。

任务二：

把你的创编成果记录下来吧。

1. 小结江南丝竹的特点

（1）江南丝竹乐队编制具有（　　　）的特点。

A. 大型厚重　　　　　　B. 小型灵活

（2）江南丝竹的音乐情绪侧重于（　　　）。

A. 跌宕起伏　　　　　　B. 轻快典雅

（3）江南丝竹的演奏风格（　　　）。

A. 精致细腻　　　　　　B. 粗犷

（4）江南丝竹的曲调（　　　）。

A. 优美秀雅　　　　　　B. 华丽热情

2. 小结广东音乐的特点

（1）广东音乐乐队编制具有（　　　）的特点。

A. 大型厚重　　　　　　B. 小型灵活

（2）广东音乐的音乐情绪侧重于（　　　）。

A. 跌宕起伏　　　　　　B. 轻快明亮

（3）广东音乐的演奏风格（　　　）。

A. 华丽活泼　　　　　　B. 粗犷大气

（4）广东音乐的曲调（　　　）。

A. 优美秀雅　　　　　　B. 韵味浓厚

【课后拓展任务单】

探究1～3个新学习的民族器乐合奏，把其音乐特点、演奏风格、主奏乐器、流传区域等记录下来。

表1-6-8

民族器乐合奏	音乐特点	演奏风格	主奏乐器	流传地域	其他

【拓展资源】

（1）《中花六板》十人编制演奏视频、六人编制演奏视频、两人编制演奏视频。

（2）"五架头"组合演奏视频、西洋管弦乐队演奏视频。

【教学流程】

（一）导入

播放《中花六板》丝竹演奏视频片段。

出示问题（制作材料以八音为主）：

（1）视频中的乐曲是由哪些乐器所演奏的？（展示图片，请学生辨别图中乐器）视频中的乐器属于我国民族乐器中的哪些分类？

（2）通过导学篇的学习，了解我国古代的"八音分类法"，二胡、扬琴、箫、琵琶这类乐器属于八音分类法中的哪两类呢？

（3）游戏环节：听音辨乐器，比较二胡、高胡的音色特点。

（4）引出学习内容——江南丝竹。

何为丝竹乐？（根据导学案提问）"丝竹"源于中国传统乐器分类法——八音分类法，泛指中国民族管弦乐器。丝竹乐是指丝弦类乐器和竹管类乐器合奏，辅以打击乐器。

设计意图：学生经过九年义务教育阶段已积累了一定的学习经验，对我国的民族乐器有了一定的了解。教师通过出示乐器图片、开展分辨乐器音色游戏，激发学生的兴趣，拉近学生与民间音乐的距离。让学生根据已知的中国民族乐器常识说出乐器的名称及音色特点，进而自然巧妙地过渡到新课。

（二）新课内容

1. 江南丝竹《中花六板》

（1）介绍江南丝竹。

提问：江南丝竹都流传于哪些地区？

江南丝竹：特指流传于江苏、浙江、上海等地的民间丝竹合奏曲。

设计意图：不同的人文地理环境产生不同的音乐风格，在了解流传地域的基础上聆听音乐，使学生能够更加准确、全面地理解音乐风格，为随后音乐的聆听进行铺垫。

（2）作品分析。

① 聆听《中花六板》片段，判断：

a. 主奏乐器是什么？

设答：二胡。

b. 伴奏乐器有哪些？

设答：扬琴、琵琶、三弦、笛、箫、打击乐。

c. 音乐整体风格如何？

设答：轻巧、明快、欢快、活泼。

提示：江南丝竹的乐队编制可大可小，大至十数人，小则两人，《中花六板》使用的乐队编制是较为常用的一种。

设计意图：让学生掌握辨别主奏乐器的音色这一基础能力。

② 谱例分析。

a. 演示文稿展示《中花六板》二胡主旋律谱例，教师引导学生观察谱例，并找出谱例中的骨干音，教师观察学生完成情况，由学生当即展示。

b. 演示文稿展示《老六板》旋律片段，观察谱例，将这两条旋律片段进行对比，分小组讨论找出两者之间继承和发展的关系。（演示文稿展示对比谱例）

提示：第一条曲调的旋律音成了《中花六板》旋律的骨干音，而且这些骨干音绝大多数出现在强拍和每拍的强音位置上；第一条旋律片段选自一首有着两百多年历史的江南丝竹传统名曲《老六板》，《中花六板》是在《老六板》的基础上运用了一些创作手法发展而来的。

提问：作品运用了哪些创作手法？

黑板板书展示：

曲名	所用音符	节拍	旋律
《老六板》	1 2 3 5 6	有板无眼	简单
《中花六板》	添加 4 7	一板三眼（放慢）	复杂（加花）

提示《老六板》拍号——$\frac{1}{4}$，并说出强弱规律。（导学篇介绍板眼）

教师出示演示文稿，归纳小结"放慢加花"创作手法：放慢加花的特点（《中花六板》），就是在《老六板》有板无眼的基础上增加了三眼，速度放慢，节拍扩充，这种乐曲结构成倍扩大的旋律创作手法，我们称之为"放慢"；"加花"是指对旋律骨干音的装饰变奏，一个旋律骨干音可以增加一至两个装饰音，也可以发展成为一个乐句的"花"。放慢使得乐曲结构成倍扩充，加花使得简谱的旋律丰富而又光彩，从而达到婉转圆润、韵味浓厚的艺术效果，而这种艺术效果正是江南丝竹这一乐种在发展当中的艺术追求。

设计意图：本教学环节学生通过视唱、分析以及聆听教师和同学伴奏等方法，达到熟悉作品主旋律以及分析作品创作手法的目的。

③ 拓展知识。

由一首母曲发展出多首乐曲。

民间艺人以《老六板》为母曲，不仅改编、发展有《中花六板》，还发展出三首新曲，分别是《快花六板》《花六板》和《慢六板》。而类似这种由一首作品演变出多首作品的创作情况在江南丝竹中非常常见。

④ 实践活动。

创编（放慢加花），演示文稿展示创编要求。

教师给出骨干音3、6、5、1、5。

⑤ 谱例分析。

演示文稿展示《中花六板》部分合奏谱例，教师引导学生观察谱例，找出谱例中各乐器之间的联系和不同，分小组讨论，学生派代表回答，教师总结。（作品属于多声部的支声复调）

提示："你进我出，你繁我简，你高我低，你正我反；你长我短，你停我拖；分久必合，合久必分；同中有异，异中有同。"乐手之间凭借合作经验相互配合，使得各声部疏密交错、主次分明、有分有合，构成一个既有变化又有统一的和谐整体。

⑥ 再次聆听作品片段，总结江南丝竹的音乐风格。

活动评价：学生完成任务单中的《中花六板》第一问。

a. 乐队的编制及乐曲的篇幅有何特点？（小型灵活，且乐曲的长度较短：小）

b. 音乐情绪有何特点？（轻快典雅，且感染力强：轻）

c. 演奏风格有何特点？（精致细腻：细）

d. 曲调是何特点？（优美秀雅、柔和清澈：雅）

设计意图：对江南丝竹各种乐曲来源进行介绍，让学生了解江南丝竹乐曲的传承、发展特点。

2. 广东音乐《娱乐升平》

（1）介绍广东音乐。

① 流传地域：特指流行于广东珠江三角洲一带的民乐合奏曲。

②广东音乐的界定：广东音乐又称粤乐，其前身主要是粤剧过场音乐和烘托表演用的小曲，约在20世纪初期，发展成为独立演奏的器乐曲，流传到外地后，被称为广东音乐。

（2）作品分析。

①聆听《娱乐升平》片段，判断：

a. 主奏乐器是什么？

设答：高胡。

b. 乐曲整体风格如何？

设答：轻巧、明快、华丽等。

黑板板书展示：

     广东音乐
   粤乐小曲   源于古曲、民间乐曲

②观看、聆听《娱乐升平》。

提问：视频中除了民族乐器还加入了哪些乐器？（西洋乐器）

提示：广东音乐不仅引进了西洋乐器，同时还借鉴西方的作曲技法，所以我们把这类型作品称为"粤乐新谱"，它们取长补短，进一步提高了广东音乐的艺术表现力，同时也显示了广东音乐的开放性和包容性。

黑板板书展示：

     广东音乐
   粤乐小曲   源于古曲、民间乐曲
   粤乐新谱   作曲家创作（中心音转移）

③曲谱分析。

演示文稿展示。（引导学生分析曲谱，找出其特点，总结作品创作手法）

a. 结合乐谱，思考第一乐句和第二乐句分别是围绕哪个音在发展。（教师、学生视唱）

设答：中心音为5。

b. 那第二个乐句还是围绕中心音5在发展吗？

设答：中心音为3。

提示：乐曲围绕5、3、6、1、3为中心音发展旋律，最后以5为终止，形成了色彩丰富的调式韵味。（中心音转移技法）

教师小结：丘鹤俦所作的《娱乐升平》是广东音乐在20世纪20年代最早运

用中心音转移手法创作出来的作品，婉转、悠扬、丰富的调式音交替，体现了"周而复始"的中国哲学精神，也让我们听到了浓浓的中国味道。这是作曲家遵循我国民间音乐的传统创作手法及吸收西方专业创作音乐的一些经验，创作出来的一种更具清新感的广东音乐。

设计意图：本环节与江南丝竹部分相互辉映，让学生通过已有的学习经验进行新的对比、思考，发挥学生在学习中的自主性。

④ 总结广东音乐的风格特点。（完成"课堂学业质量评价单2"）

a. 乐曲的篇幅有何特点？（短小精练，且乐曲的长度较短：小）

b. 音乐情绪有何特点？（轻快活泼，且感染力强：轻）

c. 演奏风格有何特点？（华丽流畅：华）

d. 曲调有何特点？（韵味浓厚：浓）

⑤ 将《娱乐升平》与《中花六板》做比较。

设计意图：师生共同小结并将《娱乐升平》与《中花六板》进行比较，让学生了解江南丝竹乐曲和广东音乐的传承、发展特点。

（三）随堂检测

聆听乐曲片段，判断哪个属于江南丝竹，哪个属于广东音乐。

江南丝竹《春江花月夜》

广东音乐《步步高》

江南丝竹《欢乐歌》

广东音乐《旱天雷》

（四）总结

在我国众多的丝竹乐中，江南丝竹和广东音乐是影响力较大的两个乐种。此外，还存在很多别具风味的丝竹乐种，希望大家通过这节课的学习，有兴趣去收集、查阅、了解相关知识。

（五）自主拓展探究

（1）查询江南丝竹和广东音乐的代表作还有哪些。

（2）查询其他丝竹乐种并记录其特点。

（六）教学反思

学生在本课音乐实践中加深了对"加花"这一创作手法的体验和认识。学生在参与音乐活动时，如音乐语言的组织不够熟练，演唱时的音准不够准确，高音上不去、低音下不来，合作意识不强等问题明显得到改善，但在这个过程中，学生对多声支部复调只能是简单了解。经过不断的鼓励和引导，学生慢慢参与到了演唱旋律、敲击节奏的环节中，能与他人合作完成演奏，并能在有韵律的节奏中获得审美体验。

撰写人简介：杨文慧，广东省韶关市始兴县风度中学。

第7课时　流行民族风

【学习内容】

各小组收集的具有我国民族音乐元素的歌曲。

【内容出处】

人民音乐出版社普通高中《音乐鉴赏》教材拓展课。

【课时建议】

1课时。

【内容分析】

随着音乐的全球化，古今中外的音乐文化相互碰撞、相互融合，在流行歌曲中融合中国民族音乐元素已经成为一种趋势，中国民族音乐元素为流行歌曲带来了新的活力，丰富了流行歌曲的视听效果。

京剧、民歌、民族乐器等民族音乐元素都成了流行歌曲的新鲜血液，这些元素让流行歌曲具有了独特的魅力，闪耀着中华民族文化的光辉。同时，流行歌曲与这些元素的融合，又让中国民族音乐焕发出新的活力，更有利于年青一代了解和喜爱传统音乐文化。

本节课的教学内容是具有中国民族音乐元素的流行歌曲，学生要收集相关歌曲，辨别出歌曲融合了我国哪些民族的音乐元素，并进行讲解和表演。

【学情分析】

高中一年级学生，已经储备了一定的音乐知识，具备了一定的音乐欣赏和分析的能力，对音乐也有了自己的审美倾向。而且，高中生也拥有相应的文化素养，完全具备小组合作、通过网络途径收集音乐、制作演示文稿和讲解音乐的能力。因此，这节课可以充分信任学生，敢于放手，以引导的方式让学生发挥出自己的水平。

【学习目标】

（1）知道所收集作品具有的民族元素，并了解这些歌曲的风格特征。
（2）会唱一首所选的歌曲，并结合其民族特色进行简单的表演。
（3）理解所选歌曲的艺术价值与社会价值，以及其背后所承载的人文内涵，形成健康向上的音乐审美观，树立正确的价值观。

【学习重、难点】

理解所收集的具有中国民族音乐元素的歌曲的文化内涵，并较准确地讲解和表现出来。

【评价要点】

（1）对具有中国民族音乐元素的歌曲具有一定的辨别能力，能准确地选出所需歌曲。
（2）能从不同的角度理解所收集歌曲的文化内涵，并较准确地讲解和表现出来。

【实践活动建议】

活动一：自主探究活动

1. 活动目的

以小组为单位展示、表演收集的歌曲，讲解歌曲的民族特色和文化背景，并说说被歌曲的哪些元素所吸引。

2. 活动过程

（1）可单独或小组集体表演，表演时要尽可能表现出所选歌曲的风格和情绪。
（2）讲解时语言简练，内容健康向上。

3. 活动评价

表1-7-1

评价要求	完 成	基本完成	未完成
能表现出所收集歌曲的风格和情绪，表演时大方、自信			
讲解有条理，语言清晰，能基本讲解出所选歌曲的基本信息			

（小组展示时建议按表格内容进行讲解）（检测目标1和目标3）

表1-7-2

歌　名	
融入了我国的哪些民族音乐元素	
该民族的文化背景及民歌的特色	
歌曲的哪些方面吸引了你	

活动二：总结评价活动

1. 活动目的

教师小结各小组展示情况，并做出评价。

2. 活动过程

教师总结到位，做出公正的评价，并给予相应的奖励和鼓励。

3. 活动评价

表1-7-3

评价要求	完 成	基本完成	未完成
综合各小组的表演和讲解进行评价和点评			

活动三：拓展学习活动

1. 活动目的

教师准备2~3首具有民族元素风格的作品进行拓展介绍，可采用先猜歌曲具有的少数民族元素再介绍的方式。（可根据课堂的实际情况选择歌曲的数量进行拓展）

2. 活动过程

教师所选曲目必须有鲜明的民族特色。

3. 活动评价

表1-7-4

评价要求	完 成	基本完成	未完成
能在拓展学习中体验和感受到我国民族音乐的魅力			

【学后反思】

表1-7-5

学后反思	内 容
学完本课，你以后会怎么欣赏具有我国民族民间音乐元素的歌曲或音乐	
你以后会怎么欣赏外国民族民间音乐	
在收集音乐的过程中，你遇到了什么问题及怎么解决所遇到的问题	

【课堂学业质量评价单】

表1-7-6

评价内容	是	否
是否收集到符合课堂要求的歌曲		
讲解是否清晰、明了		
是否基本讲解出了所选歌曲的基本信息		
小组讲解和表演是否有亮点		

【课后拓展任务单】

课后学生可自主了解自己感兴趣的融入了外国民族民间音乐元素的流行歌曲，并尝试用这节课的方法去鉴赏这些歌曲。用下面的表格记录下自己所选择的音乐，以及遇到的问题。

表1-7-7

歌曲名称	融入了哪个国家、地区的民族民间音乐元素	欣赏时遇到的问题和疑惑

【拓展资源】

具有中国民族音乐元素的流行歌曲有:《赤伶》(融入京剧元素)、《阿杰鲁》(融入古琴等民族乐器元素)、《好汉歌》(融入民歌元素)、《哑咪》(融入羌族民歌元素)等。

【教学流程】

(一)导入

教师:随着经济与文化的全球化,古今中外的音乐文化也随之相互碰撞、相互融合,在流行歌曲中融合中国民族音乐元素已经成为一种潮流和趋势。现在有很多流行歌曲都融入了中国民族音乐元素,比如京剧、民歌、民族乐器等等,这些元素都是当今流行歌曲的新鲜血液。这节课,我们就一起来了解这些歌曲。课前,我们已经分好了4个小组,各小组课前已收集了1~2首具有中国民族音乐元素的流行歌曲,并准备好了讲解和表演。现在,我们就从第一组开始展示小组成果。

(二)各小组按学历案表格1-7-2的内容进行展示

(要求每个组都要记录其他组的讲解要点及优点)

教师:请各小组按照表格的内容进行讲解和展示,下面请第一小组为我们展示他们的成果。

第一小组:

(1)组长讲解本小组成果。

(2)小组成员共同表演一首歌曲。

(3)教师小结,点评出所选歌曲是否符合本课要求,以及歌曲中融入了哪些民族音乐元素。

设计意图:归纳歌曲融入的元素。

教师：非常感谢第一小组，下面有请第二小组。

其余各组均大致按第一组的方式进行展示。

（三）小组根据学历案表1-7-6的项目相互评价

设计意图：在评价中学习其他组的优点。

教师：4个小组的讲解和表演都非常精彩，非常感谢优秀的同学们。接下来，还是从第一小组开始为我们带来点评。

（1）各小组派代表发言。

（2）教师总结、评价。

（四）总结

教师：这节课，同学们收集到了各种类型的具有我国民族音乐元素的流行歌，还以讲解和表演的形式，让大家了解了所融入的元素背后的文化内涵。通过这节课，我们也可以发现，我国传统的民族民间音乐为流行音乐提供了源源不断的养分，这些宝贵的文化是值得我们去保护和传承的。当然，外国民族民间音乐也同样影响着我国的流行歌曲，同学们在课下也可以通过我们学习这节课的方式来关注一些融入了外国民族民间音乐元素的流行歌曲。

（五）作业

课后尝试用这节课的学习方法去鉴赏自己感兴趣的融入了外国民族民间音乐元素的流行歌曲，用学历案表1-7-7记录下自己所选择的音乐，以及欣赏过程中遇到的问题。

（六）教学反思

引导得法、相信学生，课堂精彩纷呈

在这节课的准备阶段，笔者非常不安，既怕学生不去准备材料，又怕学生不愿意表现，导致一节课冷场，总觉得自己要多准备一些内容，以防止这种情况发生。于是，笔者自己准备了若干首歌曲，并按照融入的元素类别分好了类，比如：融入京剧类、融入民歌类、融入民族器乐类。但是，真正上课的时候，笔者发现大部分班级都不需要老师讲太多，而且学生的积极性非常高，讲解很精彩，学生在表现环节虽然还有些羞涩，但基本能按照课堂的要求表演出来，效果不错。经过几个班级的教学，笔者总结了以下经验：①引导要得法。课前布置小组任务时要注意引导好学生如何准备，可以举一些歌曲为例，让学生明白什么样的歌曲才是真正融入了中国民族音乐元素，避免学生收集到不符合要求的歌曲；课中教师要注意适时、恰当地表扬和鼓励学生，尤其是要适时归纳学生讲解的内容，这样整节课才会有主线，不至于太散。②在学生展示完后，教师要根据学生讲解的内容灵活补充内容，让课堂完整。

教师引导得法，课堂真的可以很精彩！

撰写人简介：邱婷，广东省韶关市始兴县始兴中学。

第二单元
外国民族民间音乐

一、单元内容结构及课时安排

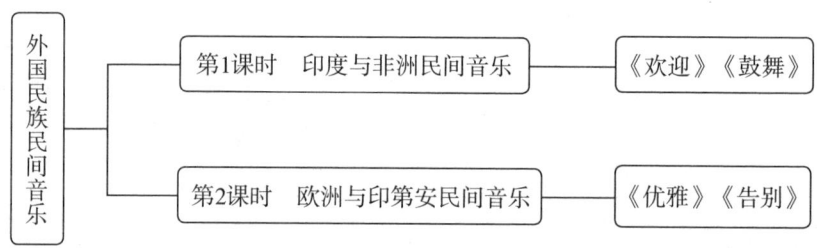

二、单元整合思路

人民音乐出版社普通高中《音乐鉴赏》第八单元的内容为"亚洲与非洲音乐"和"欧洲与拉丁美洲音乐"两部分，但教材中已有的四首音乐作品《欢迎》《鼓舞》《优雅》《告别》无法较全面地诠释以上四大洲的音乐特点，且因课堂学习时间受限，学生无法获得更为全面的拓展知识。所以笔者缩小学习范围，秉承"求精不求泛""求深不求广"的原则，在"大单元"理念指导下将本单元内容整合为"印度与非洲民间音乐"及"欧洲与印第安民间音乐"两部分，将单元总标题改为"外国民族民间音乐"，并依据"大单元"理念设定了相应的学习目标。在此基础上，设计了如"知其形，辨其声""模唱体验""演奏体验""合作体验""创作实践"等促进深度学习的艺术实践活动，让学生在体验中感受外国民族民间音乐的魅力，培养学生的音乐思维，激发学生的学习兴趣和自主探究四大洲音乐特点的欲望，进而拓宽视野。

三、单元学习目标

1. 审美感知

（1）欣赏本单元外国民族民间音乐作品，分析作品的音乐要素、音乐形式、音乐形态特征等；感受外国民族民间音乐的风格特征和独特魅力；能够辨别各器乐作品中主奏乐器的形制及音色。

（2）了解印度、非洲、欧洲以及印第安民间音乐的文化背景与音乐特征的关系。

2. 艺术表现

以学唱、模仿、表演、创作等实践形式，深入体验外国民族民间音乐特征，培养学生建立双重乐感。

3. 文化理解

（1）初步了解印度与非洲民间音乐、欧洲与印第安民间音乐的特点，并能够从基本文化背景、音乐传统、音乐文化内涵的视角对其进行熟悉和理解，进而达到强化音乐学理论素养的目的。

（2）提高学生对于外国民族民间音乐的关注度，激发学生学习世界民族音乐的热情与兴趣，开阔学生的多元文化视野，从而形成健康向上的音乐审美观，树立正确的道德观、价值观。

第1课时　印度与非洲民间音乐

【学习内容】

印度民间乐曲《欢迎》、布隆迪民间舞曲《鼓舞》。

【内容出处】

人民音乐出版社普通高中《音乐鉴赏》第八单元第十五节。

【课时建议】

1课时。

【内容分析】

本节课将介绍布隆迪民间舞曲《鼓舞》与印度民间乐曲《欢迎》的音乐特点及主奏乐器，让学生了解非洲民间音乐与印度民间音乐的风格特征。

1. 印度民间音乐

印度音乐体系的两大支柱为"拉格"和"塔拉"。

《欢迎》是印度拉贾斯坦的一首著名民间乐曲，具有鲜明的印度民间音乐特色。（旋律抒情、柔美，有着波浪形、曲线或螺旋式的走向，绵延不断；节奏、节拍复杂多样，音色略带鼻音色彩；演奏时多滑音、装饰音，即兴性较强。）

乐曲演奏以萨朗吉（萨朗吉是一种印度民间乐器，被称为"印度小提琴"）为主，伴以笛子、西塔尔、鼓、铃等乐器。

2. 非洲民间音乐

在本节课中，我们将非洲民族音乐区域界定为撒哈拉沙漠以南地区的各种族部落的黑人音乐。重点学习非洲鼓乐部分，了解鼓是非洲音乐之魂，非洲鼓乐与舞蹈密不可分，复杂的节奏特点使得非洲音乐热烈奔放。

非洲鼓的形制多种多样，有陀螺形、圆锥形、台柱形、碗形、高脚杯形、瓶形、沙漏型、飞禽走兽形、筒形、人形等，并在非洲人民的生活中起着重要作用，如：传递信息，在特定场合表演，生活娱乐、节日庆典时的演奏，民族、部落或宗教的象征（祭祀、祈福、求雨等），文化传承（鼓面上画有各种传统图形，挂有传统装饰性饰物）等。其中，传递信息用"说话鼓"；在特定场合表演用"布隆迪圣鼓"，在布隆迪圣鼓象征着国王的权力；在生活娱乐中用"金杯鼓"。

《鼓舞》是布隆迪圣鼓表演的一个片段。这段鼓乐开始之前，是高声长音的呼唤和齐声的应答，其特点为一领众和。紧接着是由鼓乐、声乐和鼓声与声乐合奏三部分构成。第一、三部分主要节奏型运用了非洲鼓乐节奏特点之一的"均分型节奏"，第二部分的声乐为非洲鼓乐中最常见的歌唱形式"呼应歌"（即一人领唱，众人应和），其特点为真声演唱、旋律简单、歌词精简且不断重复。

【学情分析】

本课教学对象为笔者所在学校高一年级的学生。因大多数学生对外国民族民间音乐相关知识了解甚少，所以在课前要求学生对印度与非洲民间音乐相关基础知识进行收集整理，也为本节课的讲授打下一定的基础。在课堂上尽可能地让学生在不同的艺术实践环节中学习，并鼓励学生打开视野，积极地了解更多的世界音乐。

【学习目标】

（1）欣赏印度民间乐曲《欢迎》，从音乐要素中感受印度民间音乐基本音乐特征；欣赏布隆迪民间舞曲《鼓舞》，感受非洲鼓乐特点，知道其中运用的主要节奏型；认识布隆迪圣鼓，了解其演奏方式及表演形式；了解非洲鼓、非洲鼓乐在非洲人民生活中的作用及其在非洲民间音乐中的重要性。

（2）准确辨别印度传统乐器萨朗吉的形制，辨听其音色，知晓其在印度民间音乐中的地位；正确、完整、熟练地用手拍打出《鼓舞》中两条主要的节奏型，理解非洲鼓乐的"均分型"节奏特点，并简要概述出非洲民间音乐风格特点。

（3）理解印度、非洲民间音乐风格与地理、经济、民族、宗教文化等因素的密切关系；明晰印度民间音乐属于南亚民族音乐文化圈，并与印度古典音乐及电影音乐共同归类于印度音乐文化；清楚非洲音乐是指撒哈拉沙漠以南地区的黑人音乐。

【学习重、难点】

（1）学习重点：欣赏布隆迪民间舞曲《鼓舞》，了解非洲鼓乐特点，掌握其中的主要节奏型；认识布隆迪圣鼓。掌握非洲及印度民间音乐特点，了解印度代表性乐器萨朗吉。

（2）学习难点：对《鼓舞》中主要节奏型的分析及对"均分型"节奏的准确理解。

【评价要点】

（1）了解印度民间音乐的整体风格特点。（完成"实践活动一"，检测目标1）

（2）熟悉萨朗吉的形制及音色。（完成"实践活动二"，检测目标2）

（3）掌握《鼓舞》中的两条主要节奏型，理解非洲鼓乐的"均分型"节奏特点。了解、体验布隆迪圣鼓的演奏形式。（完成"实践活动三""实践活动四"，检测目标1、2）

（4）了解非洲鼓、非洲鼓乐与非洲人民生活的关系及其在非洲民间音乐中的重要性，理解非洲鼓"在特定场合表演"和"传递信息"的作用。（完成"实践活动四""实践活动五"，检测目标1、3）

（5）进一步熟悉非洲鼓乐的节奏特点，提升学生创编能力和艺术实践能力。（完成"实践活动六"，检测目标2、3）

【实践活动建议】

活动一：聆听体验

1. 活动目的

了解印度民间音乐的基本音乐特征。

2. 活动过程

聆听印度民间乐曲《欢迎》，从旋律、节奏、演奏技巧方面感受音乐特点，同时画出旋律线。

3. 活动评价

表2-1-1

评价要求	完　成	基本完成	未完成
能正确说出印度民间音乐的旋律走向是曲线形、波浪式的，节奏节拍十分复杂，演奏技巧是多滑音和装饰音			

活动二：知其形，辨其声

1. 活动目的

认识萨朗吉，了解萨朗吉形制，并分辨其音色。

2. 活动过程

在多张乐器图片中辨别萨朗吉；在多首器乐音频片段中听辨出萨朗吉音色，并思考不同乐器音色与其演奏方式之间的关系。

3. 活动评价

表2-1-2

评价要求	完　成	基本完成	未完成
能够准确、迅速地辨识萨朗吉，并听辨出音色			

活动三：模唱体验

1. 活动目的

熟悉《鼓舞》中的两条主要节奏型，体验非洲鼓乐的"均分型"节奏特点和律动美。

2. 活动过程

模唱《鼓舞》中的两条主要节奏型之前，教师详细讲解简谱节奏型的相关知识，为模唱和视奏体验做准备。模唱时应注意节奏的强弱与律动感。

3. 活动评价

表2-1-3

评价要求	完　成	基本完成	未完成
能够在击打稳定拍的同时，正确、流畅、有律动地模唱出作品中的两条主要节奏型，并说出节奏特点和各节奏型的名称			

活动四：演奏体验

1. 活动目的

掌握《鼓舞》中的主要节奏型，知晓布隆迪圣鼓的表演形式及首席鼓手的演奏特点；了解非洲鼓乐演奏特点，体验非洲鼓乐带给演奏者的愉悦感，感受非洲民间音乐文化中的节奏美。

2. 活动过程

用笔或手轻轻敲击课桌或简单道具，奏出《鼓舞》中的两条主要节奏型；模仿首席鼓手的演奏特点，引导学生关注其动作与圣鼓音色的联系。

3. 活动评价

表2-1-4

评价要求	完成	基本完成	未完成
全体学生能够准确、完整、熟练、有律动地奏出《鼓舞》中的两条主要节奏型；让学生自信地模仿首席鼓手的演奏特点，并伴有"呼应声"			

活动五：合作体验

1. 活动目的

进一步理解非洲鼓传递信息的作用，熟悉《鼓舞》中的主要节奏型。

2. 活动过程

教师提前提炼出《鼓舞》中的主要节奏型，引导学生赋予每小节节奏型不同的含义并按照自我意愿自由结组完成"你拍我猜"的游戏。

3. 活动评价

要求学生在稳定拍中进行游戏，感受重音拍在节奏中的重要性。

要求：以小节为单位，赋予节奏型不同含义，并按照自我意愿自由结组。

① | × ×× |（例：狼 来了）　② | ×　　× |（例：快　跑）

③ | ×× × |（例：躲起来）　④ | ×× ×× |（例：洪水 来了）

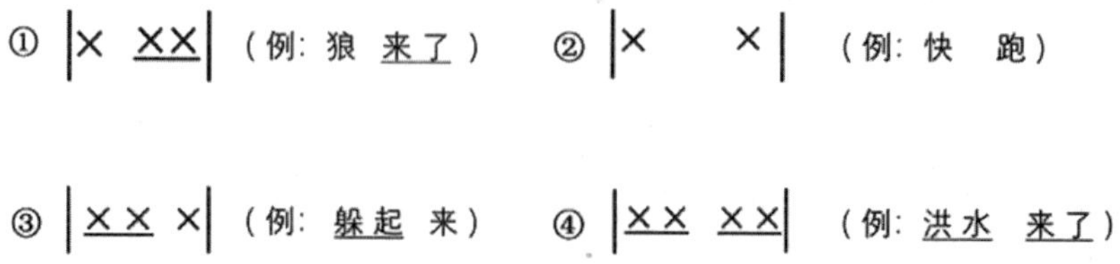

图2-1-1

表2-1-5

评价要求	完成	基本完成	未完成
理解非洲鼓传递信息的作用，在稳定拍中完成"你拍我猜"的节奏游戏			

活动六：创作实践

1. 活动目的

熟悉非洲鼓乐的节奏特点，提升学生节奏创编能力和艺术实践能力。

2. 活动过程

学生分小组创编简短的非洲鼓乐风格节奏谱，并在课堂或课下排练、分享。在展示环节，每组学生需有相应的简单动作配合或互动交流，明显地展现出非洲鼓乐的音乐特点。

3. 活动评价

每组学生在创编中分工合理，创编内容有较显著的非洲鼓乐风格，并能够在课堂自如地展示创编成果，深切体验到非洲鼓乐的律动美。

表2-1-6

评价要求	完成	基本完成	未完成
在展示环节，学生须明晰非洲鼓乐复杂多变、抑扬顿挫的节奏特点，且表演有较强的表现力			

【学后反思】

表2-1-7

学后反思	内容
在本节课的学习中，你是否了解了印度民间音乐的基本特征，你知道"印度小提琴"是指印度的哪件乐器吗	
非洲鼓乐中，用于"特定场合表演"的鼓是哪种，你知道"呼应歌"是什么吗	
你知道亚洲和非洲其他地区的音乐风格吗，是否有兴趣在课下收集相关资料与大家分享	

【课堂学业质量评价单】

（1）聆听印度民间乐曲《欢迎》第一乐段，并在下面区域画出你听到的旋律线。

（2）萨朗吉是（　　）的民间乐器，被称为（　　）。

（3）请听音乐，选出旋律中的主奏乐器（　　）。

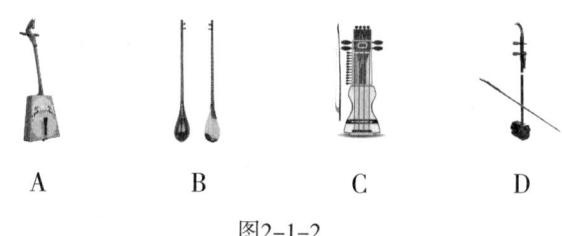

图2-1-2

（4）印度民族音乐可分为（　　）、（　　）和（　　），表演具有很强的（　　），但前提是必须以（　　）、（　　）和（　　）这三大要素作为基础。（　　）和（　　）是印度古典音乐中的两大支柱。印度民间音乐进行多（　　）、（　　）和（　　），旋律多（　　）。

（5）在布隆迪，（　　）象征着国王的权力，象征着皇族的正统与种族的延续。

　　A. 非洲鼓　　　　　　　B. 马林巴
　　C. 圣鼓　　　　　　　　D. 拇指琴

（6）（　　）是非洲音乐的灵魂，具有特殊的重要性，其特点是（　　）。

（7）（　　）是在特定场合表演的一种鼓乐，在（　　）或（　　）时进行表演。表演时，（　　）以有力的身体动作，带领众鼓手敲击出洪亮的、富有震撼性的鼓声。

（8）非洲人偏爱敲击乐器，尤其是（　　）。它不仅是乐器，还具有模仿语言、传达信息等作用。演奏时常见多线条、多层次的节奏，而且即兴性较强。歌唱最常见的形式是（　　　），即一人领唱、众人随和。非洲音乐绝大多数是与（　　）紧密结合的。

【拓展资源】

（1）音频、视频：①来自网络的关于布隆迪圣鼓的视频资料；②实践活动任务中的音频资料。

（2）微课：《认识萨朗吉》。

（3）相关知识点：①印度文化背景；②印度民间音乐。

【教学流程】

（一）导入

教师播放非洲地理环境视频，学生观看并思考视频中是哪里。

设答：非洲。

教师展示非洲地理位置图，对非洲民族音乐概念进行界定。

设计意图：了解非洲的地理环境，引出对非洲民族音乐概念的界定，为掌握非洲音乐特点形成因素做铺垫。

（二）新课内容

1. 学习印度民间音乐

（1）观看印度拉贾斯坦歌舞视频。

设计意图：引出印度音乐。

（2）听音乐《欢迎》并在表格内填写出音乐特点，听出音乐中的主奏乐器和伴奏乐器，播放萨朗吉微课视频。

设计意图：了解印度民间音乐的特点及代表乐器，引出印度音乐体系中的"拉格"和"塔拉"两个概念。

2. 学习非洲民间音乐

（1）播放非洲鼓乐视频。

判断：

①视频中的非洲音乐带给我们怎样的音乐情绪呢？为什么？

设答：热烈的音乐情绪。因为其强烈奔放的节奏。

② 这些节奏是由什么乐器演奏的?

设答:鼓。

设计意图:引导学生感受其音乐情绪,并找到影响音乐情绪的因素,进而引出"非洲音乐之魂"——非洲鼓。

(2)走进非洲鼓乐。

① 播放非洲鼓介绍视频,了解非洲鼓的种类及形制。

设答:陀螺形、圆锥形、台柱形、碗形、高脚杯形、瓶形、沙漏型、飞禽走兽形、筒形、人形等。

设计意图:为了解各种非洲鼓的作用做铺垫。

② 播放非洲鼓乐与非洲人民生活紧密相关的视频,了解、思考非洲鼓的作用,并练习"连一连",依据不同的作用分别找出其运用的非洲鼓类型。

设计意图:了解非洲鼓乐在非洲民间音乐中的作用,引出非洲鼓形制及其在非洲人民生活中的重要性。

③ 学生观看说话鼓演奏视频,并通过"你奏我猜"小游戏体验其传递信息的作用。

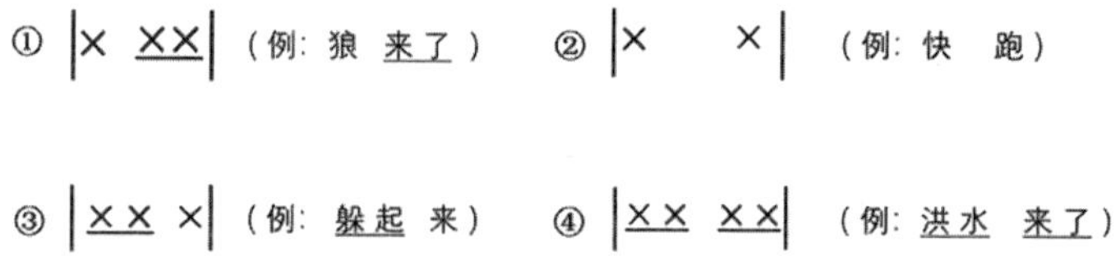

① |X XX| (例:狼 来了)　② |X　X| (例:快　跑)

③ |XX X| (例:躲起 来)　④ |XX XX| (例:洪水 来了)

图2-1-3

设计意图:详细了解说话鼓是如何"传递信息"的,知晓力度变化在鼓乐中的重要性。

(3)作品赏析。

① 观看布隆迪圣鼓演奏视频,了解布隆迪圣鼓是如何"在特定场合表演"的。

设计意图:知晓鼓乐与舞蹈密不可分的特点。对非洲鼓乐有初步的认识和体验。

② 学生聆听音乐的同时,将演示文稿中已给出的音乐的表现形式进行排序,进而了解作品的曲式结构及音乐特征。

③ 体验布隆迪圣鼓演奏特点。一位同学模仿首席鼓手演奏，其他同学模仿众鼓手回应。

（4）请填空：（　　）作为非洲人民生活娱乐、节日庆典中不可缺少的打击乐器，既可独奏，也可合奏。

设答：金杯鼓。

设计意图：了解金杯鼓是非洲人民生活娱乐、节日庆典中不可缺少的打击乐器，既可独奏，也可合奏。为课后练习做铺垫。

（三）总结

今天，我们初步了解了印度民间音乐与非洲鼓乐的特点。知道了每个地区、种族会因环境、文化、习俗等因素的影响形成各自独特的音乐魅力。所以，希望同学们能够在课后多多探究，开阔音乐视野，领略世界音乐之美。

（四）教学反思

现阶段的高中生大部分沉迷在流行音乐的潮流中，对中国民族民间音乐一知半解，对外国民族民间音乐更是陌生。因而，教师创设了恰当的课堂艺术体验情境，尽可能地激发了学生的学习欲望，引导学生在体验中感受、理解非洲鼓乐与印度民间音乐的音乐特点，引导学生在了解其民族文化的同时，能够更准确地理解其民族音乐的魅力，为下一课《欧洲与印第安民间音乐》的学习做铺垫。

撰写人简介：徐婷婷，女，高中一级教师，硕士，毕业于天津音乐学院音乐专业，就职于广东省韶关市第五中学。成功举办两场个人胡琴独奏音乐会，曾荣获"第八届中国优秀特长生"板胡专业高中组"特金奖"、"第九届中国音乐金钟奖民乐组合"复赛"入围奖"、"全国第四届大学生艺术展演"活动艺术表演类甲组"二等奖"等。发表期刊论文3篇。荣获韶关市中学音乐学科微课评选活动"三等奖"、教育教学论文评选活动"二等奖"等。

第2课时　欧洲与印第安民间音乐

【学习内容】

苏格兰民间乐曲《优雅》、秘鲁民间乐曲《告别》。

【内容出处】

人民音乐出版社普通高中《音乐鉴赏》第八单元第十六节。

【课时建议】

1课时。

【内容分析】

本节课通过体验、学习苏格兰民间乐曲《优雅》与秘鲁民间乐曲《告别》的音乐特点，简单认识其主奏乐器，初步了解欧洲民间音乐与印第安民间音乐的风格特征，进而引导学生开阔音乐视野，培养学生树立多元的文化价值观。

1. 欧洲民间音乐

《优雅》是一首苏格兰民间乐曲。乐曲为 $\frac{6}{8}$ 拍，是由曲调相同但和声构成不同的三个乐段组成。第一乐段衬托低音为5（Sol）；第二、三乐段衬托低音较为丰富，且第三乐段加入了大鼓做节奏伴奏。其主旋律一般为4个乐句，曲调简单、平缓，尾音被拖长；速度缓慢；节奏节拍为均分节拍；伴奏声部是简单的和声，通常为一个持续音。

乐曲的主奏乐器为苏格兰风笛，由风袋、吹管、曲调管、伴音管制成，音色粗犷有力、嘹亮，适于表现英雄气概。用嘴向气袋中吹气，演奏方式为站着或行进着演奏；演奏多装饰音，可用于军乐队；演奏特点为乐声不断，可持续发声。

不论是由一段曲调配上多段诗句组成歌词（分节歌）的欧洲民间歌曲，还是由一段曲调重复演奏并配上不同和声的欧洲民间器乐曲，其都包含着欧洲民间音乐的特点。欧洲民间音乐与欧洲艺术音乐密不可分。欧洲艺术音乐的创作离不开民间音乐素材，民间音乐是欧洲艺术音乐创作的源泉；一些专业作曲家创作的通俗乐曲又经常由民间歌手和民间乐队演奏。

2. 印第安民间音乐

《告别》是一首安第斯高原印第安人的民间器乐合奏。作品旋律优美、气势雄浑，"连续切分音"使得旋律更有律动感，同时体现了印第安民间音乐的风格特点。乐曲表现了印第安人在集会之后，临行前告别时的情景。乐曲共分为引子、前奏、主旋律三部分，分别由盖那笛、恰朗戈等弦乐器、排箫进行演奏。其中，秘鲁排箫现多由竹、芦苇等制成，音色高音嘹亮、低音深沉。

【学情分析】

大多数高中生对外国民族民间音乐相关知识了解甚少，所以教师可要求学生在课前对欧洲与印第安民间音乐相关基础知识进行收集整理，并在课堂上进行分享，以便为本节课的学习打下理论基础。教师引导学生从音乐要素入手，通过各种艺术体验环节了解欧洲与印第安民间音乐的音乐特点，结合历史文化背景更深刻地思考其与欧洲以及印第安民间音乐之间的联系，培养音乐思维，打开音乐视野。

【学习目标】

（1）聆听苏格兰民间乐曲《优雅》，从曲式结构、旋律、速度、节奏节拍、伴奏音乐等方面掌握欧洲民间音乐的音乐特点，了解欧洲艺术音乐与欧洲民间音乐的关系。聆听秘鲁民间音乐《告别》，学习音乐中连续的"切分音"，感受印第安民间音乐的特点。

（2）认识欧洲民间乐器苏格兰风笛，从形制、音色、演奏方式等方面辨别苏格兰风笛、爱尔兰风笛和中国竹笛；认识秘鲁排箫的形制、音色和演奏风格方面的特点。

（3）了解欧洲与印第安民间音乐风格的形成与其地理、历史、社会渊源等方面的联系，知晓拉丁美洲音乐融合了印第安民间音乐、拉丁美洲民间音乐以及非洲—美洲音乐的特征，进而激发学生探索欧洲及拉丁美洲多元化音乐的兴趣，提高艺术审美能力。

【学习重、难点】

（1）学习重点：掌握欧洲与印第安民间音乐特点及形成原因；分别了解《优雅》中的主奏乐器苏格兰风笛和《告别》中的主奏乐器秘鲁排箫。

（2）学习难点：明晰印第安民间音乐中"连续切分音"的音乐特点。

【评价要点】

（1）分析《优雅》的曲式结构、旋律、速度、节奏节拍、伴奏音乐等音乐要素，掌握欧洲民间音乐的音乐特点，准确说出欧洲民间音乐特征。（完成"实践活动二"，检测目标1）

（2）认识苏格兰风笛，并了解乐器的形制、演奏方式及音色与乐器种类的关系。（完成"实践活动一①"，检测目标2）

（3）掌握《告别》中典型的"连续切分音"，了解印第安民间音乐风格。准确辨别出代表性乐器秘鲁排箫的音色和形制，了解其演奏风格。（完成"实践活动一②③""实践活动三①②"，检测目标1、2）

（4）明晰印第安民间音乐作为拉丁美洲丰富多彩的民族音乐的一部分，与拉丁美洲其他地区的音乐文化紧密相关，激发学生对于欧洲及拉丁美洲多元化音乐学习的兴趣。（完成"实践活动三③"，检测目标1、3）

【实践活动建议】

活动一：听辨体验

1. 活动目的

①辨别苏格兰风笛的形制、音色，知道其演奏方式及特点，了解听辨乐器种类的方法；②听辨出音乐作品《告别》片段中典型的"连续切分音"，并了解相关知识，感受印第安民间音乐特点；③辨别秘鲁排箫的形制、音色，了解其演奏方式。

2. 活动过程

①教师引导学生听辨《优雅》中的主奏乐器苏格兰风笛，并分析乐器演奏特点，同时展示关于苏格兰风笛的微课。学生进行苏格兰风笛听辨活动：从爱尔兰风笛、中国竹笛、苏格兰风笛的演奏音频中选出苏格兰风笛的演奏。观看相关视频，对比总结出前两者与苏格兰风笛的异同，填写相关表格。

②学生聆听《告别》的同时，由教师带领学生双手拍稳定拍（也可边拍边视唱曲谱），感受"连续切分音"的律动特点。

③学生分别观看秘鲁排箫和中国排箫的演奏视频，区分秘鲁排箫与中国排箫的异同，填写相关表格。

3. 活动评价

表2-2-1

评价要求	完　成	基本完成	未完成
能够熟悉苏格兰风笛的音色、形制，并了解其演奏方式，知道其与爱尔兰风笛和中国竹笛的异同。进一步理解不同种类乐器的音色、形制、演奏方式三者之间的关系			
能够用手准确拍出音乐作品《告别》中典型的"连续切分音"，并简述出印第安民间音乐的风格			
能准确说出秘鲁排箫与中国排箫在形制、音色及演奏风格方向的异同，并解析秘鲁排箫的演奏风格与地域文化的关系			

活动二：学唱实践

1. 活动目的

学唱《优雅》第一乐段第一句的双声部旋律，模仿苏格兰风笛的发音特点，感受作品多声部音乐的特点。

2. 活动过程

进行双声部演唱时，一声部演唱主旋律，二声部演唱中音5（Sol），感受双声部的和声特点，并要求演唱时用手划三拍子，感受 $\frac{6}{8}$ 拍子的强弱规律。

3. 活动评价

表2-2-2

评价要求	完　成	基本完成	未完成
分声部准确、流畅地唱出《优雅》主题旋律第一乐句，说出双声部演唱效果，学会三拍子指挥手势，同时了解6/8拍的强弱规律			

活动三：动作实践

1. 活动目的

明确除印第安民间音乐外，阿根廷探戈音乐中同样有"连续切分音"节奏型的运用，理解"连续切分音"在拉丁美洲民族音乐中的重要性。

2. 活动过程

教师播放阿根廷探戈舞蹈视频，学生从音乐中听辨出"连续切分音"，并能够模唱和用手拍击，或邀请有探戈舞蹈基础的学生展示关于切分节奏型的舞步，并教授其他同学。（尤其关注伴奏音乐中节奏与舞步的相互配合）

3. 活动评价

表2-2-3

评价要求	完　成	基本完成	未完成
能够听辨并拍击出探戈舞蹈音乐中的"连续切分音"，明晰印第安民间音乐中同样带有这种典型的节奏型			

【学后反思】

表2-2-4

学后反思	内　容
通过本节课的学习，你认识苏格兰风笛和秘鲁排箫了吗，能够从音频中听辨出它们的音色吗	
你掌握秘鲁民间音乐中的"连续切分音"了吗	
为什么说欧洲民间音乐是西方音乐的源流，你还知道哪些音乐是取材于欧洲民间音乐的呢	

【课堂学业质量评价单】

（1）对比爱尔兰风笛、中国竹笛与苏格兰风笛的异同，完成下面的表格。

表2-2-5

特点 乐器	形　制	音　色	演奏方式	演奏特点
苏格兰风笛				
爱尔兰风笛				
中国竹笛				

（2）（　　）是一首安第斯高原印第安人的民间器乐合奏曲。

A.《美丽的小天使》　　　　　　B.《告别》

C.《森林的多伊那和妇女的舞蹈》　D.《小伙伴》

（3）秘鲁民间乐曲《告别》采用五声音阶，乐句旋律走向多（　　）趋势，节奏运用了典型的（　　）；作品使用（　　）、（　　）、（　　）等民族乐器演奏。乐曲旋律优美、气势雄浑，表现了印第安人在集会之后，临行前告别时的情景。

（4）区分秘鲁排箫与中国排箫的异同，完成以下表格。

表2-2-6

特点 乐器	形　制	音　色	演奏风格
秘鲁排箫			
中国排箫			

（5）聆听音频片段，连接正确的演奏乐器。

图2-2-1

【课后拓展任务单】

你还知道哪些音乐是取材于欧洲民间音乐的？请分享。

表2-2-7

作品名称	作曲家/演唱者

【拓展资源】

（1）音频素材：风笛音乐专辑：《Virtuoso Piper of Scotland》Bill Clement。

（2）微课：《认识苏格兰风笛》。

【教学流程】

（一）导入

教师引导学生视唱《优雅》第一乐段第一句的双声部旋律，聆听和声效果，且右手画出"$\frac{3}{8}+\frac{3}{8}$"的指挥手势图，感受其强弱规律。

设计意图：用新课素材作导入，通过歌唱实践，直观感受音乐作品《优雅》的和声特点，同时为引出苏格兰风笛音响特点做铺垫。

（二）新课内容

1. 学习欧洲民间音乐

（1）教师播放《优雅》第一乐段第一句的器乐版音频；学生聆听并思考这条双声部旋律的演奏形式及乐器是什么。

设计意图：学生可针对这一乐句将声乐版本与器乐版本音响效果做出对比，同时突出苏格兰风笛拥有双声音效的特点，激发学生的求知欲，加深其学习记忆。

（2）认识苏格兰风笛。

① 教师展示关于"认识苏格兰风笛"的微课；学生观看微课，同时填写关于苏格兰风笛特点的表格；教师邀请学生凭借记忆在演示文稿上对苏格兰风笛

形制选项进行相应的连线。

设计意图：观看微课，直观地了解苏格兰风笛的形制、音色、演奏方式及特点。进行课堂评价，加深知识记忆。

② 进行苏格兰风笛听辨活动：分别从爱尔兰风笛、中国竹笛、苏格兰风笛的演奏视频中辨别出苏格兰风笛，对比总结出前两者与苏格兰风笛的异同，填写相关表格。

表2-2-8

乐器形制	音色	演奏形式	演奏特点
爱尔兰风笛			
中国竹笛			
苏格兰风笛			

设计意图：对比学习同类乐器，可巩固记忆苏格兰风笛特点。

（3）详细了解学习欧洲民间音乐特点。

① 聆听苏格兰民间乐曲《优雅》，判断：

a. 这首作品的音乐情绪是怎样的？

设答：气势宏伟又不失优雅。

b. 引导学生试唱主旋律乐谱，体验学习其音乐情绪产生的原因（音乐要素）。了解欧洲民间器乐曲特点。

设答：旋律一般为4个乐句，曲调平缓简单，尾音被拖长；速度缓慢；节奏节拍为均分节拍；伴奏声部是简单的和声，通常为一个持续音。

② 播放为《优雅》填词后的《奇异恩典》的演唱视频，了解其词曲关系。

设答：欧洲民间歌曲具有"一段曲调配多段歌词"（分节歌）的音乐特点。

教师总结：不论是由一段曲调重复演奏并配上不同和声的欧洲民间器乐曲，还是由一段曲调配上多段诗句组成歌词（分节歌）的欧洲民间歌曲，均属于欧洲民间音乐的一部分。

③ 学生总结欧洲民间音乐特点，教师出示总结演示文稿。

设计意图：赏析作品音乐特点，总结欧洲民间音乐特征。

（4）简单了解欧洲民间音乐的重要性。

教师介绍：欧洲民间音乐是欧洲艺术音乐创作的源泉；民间歌手和民间乐

队也会经常演奏一些专业作曲家创作的通俗乐曲。

设计意图：简单阐述欧洲艺术音乐与欧洲民间音乐的关系，了解欧洲民间音乐的重要性。巩固学习欧洲民间音乐特点的同时，更全面地了解欧洲音乐。

2. 学习印第安民间音乐

（1）聆听秘鲁民间乐曲《告别》音频片段，了解印第安民间音乐中的代表乐器。

① 聆听秘鲁民间乐曲《告别》片段，分别选出乐曲引子、间奏及主体部分相应的演奏乐器。（提前出示秘鲁排箫、盖那笛、恰朗戈三件乐器的图片）

提示：根据乐器形制、演奏方式及每段的音乐情绪等进行判断。

② 进一步从形制及音色方面了解秘鲁排箫。（观看秘鲁排箫演奏视频）

设计意图：了解《告别》的曲式结构，且认识印第安民间音乐中的代表乐器。锻炼学生辨听乐器音色的能力。

（2）聆听音乐，感受到的音乐情绪是怎样的？

设答：明快热情。

影响音乐情绪的音乐要素是什么？（边唱谱边打拍子感受）

设答：连续切分音。（印第安民间音乐的音乐特点）

设计意图：通过视唱体验，感受连续切分音的音乐效果，了解印第安民间音乐的音乐特点。

（3）教师出示地图，并阐述：因为印第安人是拉丁美洲大陆最早的成员，随着欧洲移民和非洲人的到来，文化的交流与融合是不可避免的，音乐同样在融合与演变。因而，"连续切分音"在拉丁美洲其他地区的音乐中同样存在。正如大家所熟知的探戈舞蹈音乐，同样有"连续切分音"的身影。

设计意图：简要解析印第安民间音乐与拉丁美洲音乐的关系。强调"连续切分音"在拉丁美洲音乐中的重要性；了解拉丁美洲音乐的形成原因，引出拉丁美洲音乐可分为印第安民间音乐、拉丁美洲民间音乐和非洲—美洲音乐三个类型。

播放探戈舞蹈视频，学生可听辨、模唱、拍击出其中运用的"连续切分音"节奏型。

设计意图：观看视频，体验活动，调动学生的学习兴趣。了解阿根廷探戈舞蹈音乐中同样运用了"连续切分音"，进而强调"连续切分音"在拉丁美洲民间音乐中的重要性。

（三）随堂检测

要求：聆听音频片段，连接正确的演奏乐器。

设计意图：巩固学习印度、非洲、欧洲、印第安民间音乐特点及代表性乐器。

（四）总结

本节课，我们初步了解了欧洲民间音乐与印第安民间音乐的特点，深知地域、种族、历史等因素会对音乐风格的形成产生较大影响。因而，如果想要了解世界音乐之美，就需要开阔音乐视野，领略更丰富的音乐世界。

（五）教学反思

本节课的准备工作须充分，确定教学目标须明确具体；教学内容要适当，突出重点；课堂上教师应注重学生的艺术实践与参与性，有较好的课堂驾驭能力、语言表达能力，能够熟练地操作教学设施，激发学生的学习兴趣，调动课堂气氛。本课内容较多，因而一定要选材精简。

撰写人简介：徐婷婷，广东省韶关市第五中学。

第三单元

中国音乐发展历程

一、单元内容结构及课时安排

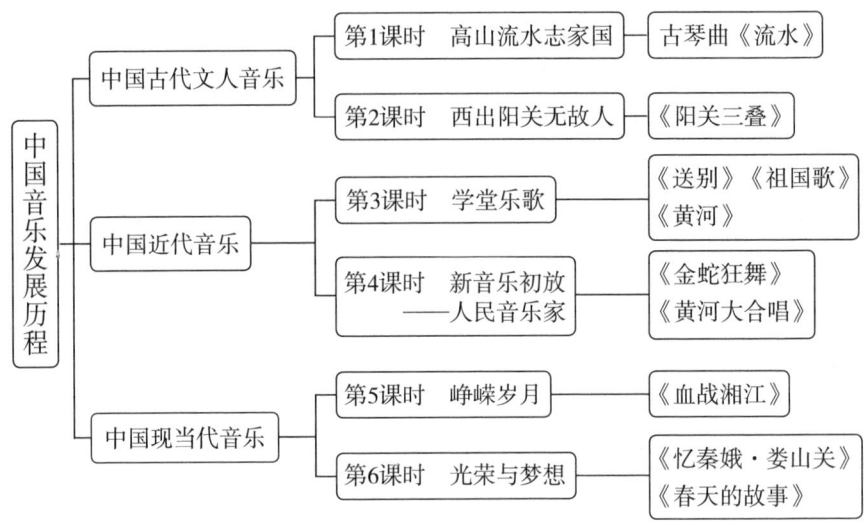

二、单元整合思路

本单元的教学内容是人民音乐出版社普通高中《音乐鉴赏》第九单元至第十一单元。这个单元的教学内容是按照中国音乐发展的时间顺序来编排的,通过对教学内容的研究,我们组把这三个单元整合为:①中国古代文人音乐;②中国近代音乐;③中国现当代音乐。

古琴是中国古代音乐不可缺少的一部分,在古代音乐中占有很重要的地位,是古代文人的音乐必备技能。因此,在中国古代文人音乐部分中,我们选取了古代文人音乐的两种常见艺术表演形式——琴曲和琴歌,并将引领学生深入学习、体验我国著名琴曲《流水》和有较高艺术价值的琴歌《阳关三叠》。

中国近代音乐部分包括"学堂乐歌"和"新音乐初放——人民音乐家"两节课。"学堂乐歌"是中国近现代音乐史上的一次启蒙运动,是中国古代音乐和西方音乐理论的融合,在这个时期引进了大量的西方音乐理论,中国传统音乐的表演形式发生了巨大改变。这一时期涌现了一大批积极从事音乐创作、编配、倡导的音乐教育家。西洋音乐及各种艺术形式开始得到初步的介绍并进行了技艺的传授。"学堂乐歌"的集体演唱形式,为以后的群众歌咏活动奠定了基础。人民音乐家聂耳和冼星海创作的群众歌咏歌曲在抗日战争时期起到了非常大的宣传作用。他们坚持走与人民群众相结合的创作道路，通过广泛的题材和体裁，创造出许多鲜明生动的艺术形象，反映了20世纪三四十年代中国人民为拯救民族危亡所经历的伟大的抗日战争历史现实。

中国现当代音乐部分包括"峥嵘岁月"和"光荣与梦想"两节课。忆往昔，峥嵘岁月稠。牢记历史，我们才不会迷失方向。"峥嵘岁月"这节课我们选取了慷慨激昂、大气磅礴的《血战湘江》，《血战湘江》表现的是中共中央红军强渡湘江，粉碎蒋介石围歼中央红军于湘江以东的企图。学生通过欣赏能明白我们今天幸福生活的来之不易，今天的岁月安好都是革命先辈用鲜血和生命换回来的。"光荣与梦想"这节课则选取了《忆秦娥·娄山关》和《春天的故事》。这堂课既是群众歌曲的继续发展，也是群众歌曲和艺术歌曲的对比欣赏。

三、单元学习目标

1. 审美感知

（1）聆听中国古代文人音乐、近代音乐、现当代音乐，感受、体验中国音乐发展历程各时代作品的音乐情绪、音乐风格及文化特征，认识其所反映的历史现象、音乐内容及作品的艺术价值。

（2）感受中国古代文人音乐的意境美、和谐美、文学美，感悟近现代音乐的创作美。

（3）初步掌握中国音乐发展历程各时代音乐作品的相关基础知识。

2. 艺术表现

（1）学唱古代歌曲，把握古代音乐一唱三叹的风格，体会歌曲中蕴含的意境。

（2）模仿近代音乐依曲填词的创作手法，加深对作品音乐创作手法的理解。

（3）对比聆听现当代音乐不同时期的作品，掌握现当代音乐的时代性特征。

3. 文化理解

（1）认识了解音乐与社会生活、历史文化的密切关系，结合与作品相关的历史文化背景，能体会中国古代文人音乐创作的个体性、音乐曲调的相对稳定性。

（2）理解近代音乐在中国音乐发展历程中的重要作用，以及对现当代音乐的艺术性、思想性、人文性做出判断和反思，弘扬民族音乐文化。

第1课时　高山流水志家国

【学习内容】

古琴曲《流水》。

【内容出处】

人民音乐出版社普通高中《音乐鉴赏》第九单元第十七节。

【课时建议】

1课时。

【内容分析】

本课是大单元设计"中国古代文人音乐"的第1课时：高山流水志家国。主要通过聆听、分析、对比、体验、探究等教学手段多方面了解古琴的基本构造及寓意。古琴是中国最古老的弹拨乐器之一，无人知晓它产生的确切年代，关于它最早的文字记载距今已有3000多年，如《诗经》中的"窈窕淑女，琴瑟友之"。古琴是中华民族文明的象征之一，是中国最古老、深邃、最具生命力的艺术形式，被视为"八音之首"，有着"贯众乐之长，统大雅之尊"的地位。古琴是中国古代文人音乐的重要组成部分，为什么古代文人在演奏古琴前一定要沐浴、更衣、焚香呢？我们可以从古琴的构造数据来做猜测：古琴长三尺六寸五分；琴盖是圆弧形状，琴底是方形；最开始古琴由五根弦构成，后来加了两根弦，共七根弦，高音弦称文王弦，低音弦称武王弦；古琴一共有十三徽位；古琴底座的龙池、凤沼；等等。

《流水》是我国最古老的琴曲之一。这是一首极具表现力的乐曲，充分运用了"滚、拂、打、进、退"等指法及上、下滑音，生动地描绘了流水的各种情态。整首乐曲一气呵成，听之如同得到了流水的洗涤一般，不禁令人久久沉浸于"洋洋乎，诚古调之希声者乎"的思绪中。乐曲结构为民族传统的"起、承、转、合"式，通过对山泉、小溪、江河、湖海的描绘，抒发了对大自然壮丽河山的赞颂，隐喻开阔的胸襟和百折不回的精神。

【学情分析】

高一部分学生存在不识谱、音准差等问题，给教学带来一定的难度。学生对中国古代文人音乐接触比较少，有较强的学习欲望。本节课教学要积极创设教学情境，从学生熟悉的知识点入手，激发学生的学习兴趣，引导学生积极参与课堂实践活动。

【学习目标】

（1）了解古琴的构造及寓意；聆听古琴曲《流水》，感受古琴音色及琴曲中蕴含的音乐情绪和音乐意境；学习古琴的散音、按音、泛音的音色及演奏方法；了解古琴的记谱法及琴曲结构。

（2）运用观看视频、对比聆听的方法，能分辨古琴的三种音色及滚、拂的演奏技法；欣赏古琴曲《流水》不同片段，能根据音乐要素的变化分辨出乐曲片段中蕴含的不同意境；结合《流水》，感受古琴曲散起、入调、入慢、复起、尾声的结构变化。

（3）能理解我国古代文人音乐文化中蕴含的意境美、和谐美、文学美，能感悟中国古代文人音乐创作过程的个体性。培养对中国古代文人音乐的兴趣，增强民族自豪感。

【学习重、难点】

1. 学习重点

认识古琴的三种音色及演奏方法。根据速度、力度、节奏等要素去欣赏乐曲《流水》，理解乐曲表现的内容。

2. 学习难点

根据音响效果分辨古琴的三种音色，理解《流水》中蕴含的意境。

【评价要点】

（1）准确概述古琴的构造特征及寓意，能分辨古琴的三种音色及演奏方式。（完成"实践活动一""实践活动二"，检测目标1、2）

（2）根据音乐要素的变化分辨古琴曲《流水》中塑造的四种不同音乐形象。（完成"实践活动三"，检测目标2）

（3）以小组为单位，搜索并分享中国古代和古琴有关的传奇故事。（检测目标3）

【实践活动建议】

活动一：探究古琴音色活动

1. 活动目的

探索古琴三种音色的演奏技法。

2. 活动过程

①教师向学生播放古琴的散音、泛音和按音三种音色的演奏视频；②让学生上台根据看到的演奏手势去尝试演奏三种音色。

3. 活动评价

表3-1-1

评价要求	完 成	基本完成	未完成
能准确分辨古琴三种不同音色及演奏方式，并获得对古琴音韵的审美感受			

活动二：音乐形象辨别

1. 活动目的

感受并辨别古琴塑造的音乐形象。

2. 活动过程

①教师先把古琴曲《流水》中表现岩洞滴水、小溪、江河、瀑布的音频单独截出来；②出示岩洞滴水、小溪、江河、瀑布四幅图片；③学生根据音频所表达的意境连线。

3. 活动评价

表3-1-2

评价要求	完　成	基本完成	未完成
能将看到的画面和感受到的音乐要素的变化结合起来找到音乐形象			

活动三：自然声音创意

1. 活动目的

感受体验古琴曲的创作方法后，激发学生的音乐创作欲望及实践能力。

2. 活动过程

①学生课后寻找合适的材料模仿小溪、江河、大海或其他大自然的声音；②下节课表演。

3. 活动评价

表3-1-3

评价要求	完　成	基本完成	未完成
能找到合适的自然素材模拟音响，并且在展示的过程中有音乐性			

【学后反思】

表3-1-4

学后反思	内　容
本节课学习的古琴的构造及寓意，你都能掌握吗	
老师教的古琴的三种音色及古琴的滚、拂演奏技法，你学会了吗？再试着用学过的古琴知识及技法欣赏古琴曲《广陵散》	
对于中国古代文人音乐特点，你还有其他疑惑吗？能在课后尝试收集相关的民族文化资料并和大家一起分享吗	

【课堂学业质量评价单】

任务一：根据教师介绍的古琴构造特点，完成表格。

表3-1-5

古琴数据	长　度	圆盖方底	七　弦	十三徽位	龙池凤沼
寓　意					

任务二：对比聆听古琴曲《流水》不同片段，完成以下表格。

表3-1-6

	音　色	节　奏	速　度	乐段名称
旋律1				岩洞滴水
旋律2				瀑布
旋律3				小溪
旋律4				大河

任务三：观看古琴的三种音色演奏视频，完成以下表格。

表3-1-7

音色名称	音色特点	演奏方式
散音		
按音		
泛音		

任务四：课后用自己身边的材料探究演奏不一样的《流水》。

【课后拓展任务单】

（1）古琴的音色主要有哪几种？（多选）

A. 散音　　　　B. 泛音　　　　C. 拍音　　　　D. 按音

（2）聆听古琴曲《流水》，分辨哪个片段运用了大量的滚、拂的演奏技法？

A. 岩洞滴水　　B. 小溪　　　　C. 瀑布　　　　D. 江河

（3）一般古琴曲的曲式结构形式包括（　　）、（　　）、（　　）、（　　）四个部分。

（4）简答：结合本单元学习内容，说说古琴的上圆下方、长度、七弦、十三徽位等与中国古代朴素唯物主义的关系。

【拓展资源】

（1）微课《古琴的三种音色》《古琴简介》《〈流水〉简介》。

（2）课中用到的音频。

【教学流程】

（一）导入

1. 教师播放《流水》的演奏视频并提问

（1）你觉得这首乐曲在描绘什么自然景象？

（2）视频中出现的乐器是什么？

设计意图：创设音乐课堂情境，让学生感受古琴的形状、音色及古代文人音乐的意境美。

（二）新课内容

我国的大教育家孔子说过："兴于诗，立于礼，成于乐。"在我国古代，文人的必备技能是琴棋书画。古琴是古代文人必须要掌握的一门乐器。古人在演奏古琴前一定要沐浴、更衣、焚香，这是为什么呢？我们先来看一段古琴简介，看看会不会找到答案。（播放视频，完成表3-1-5）

设计意图：了解古琴构造，能从构造特征中找出古人对古琴尊重的原因。

一张小小的古琴蕴含着中国古代唯物主义思想。难怪"琴"在古代文人的必备技能中排名第一。其实古琴的三种音色也蕴含着天地至理。下面我们再欣赏一个视频。请大家仔细观看聆听，分别记住三种音色的演奏技法及音色特点。（欣赏完视频，完成表3-1-7音色分辨）

设计意图：让学生学习古琴三种音色的演奏技法及音色特点，为后面欣赏古琴曲《流水》做好知识上的准备。

掌握了古琴的这三种音色，我们对于古琴的了解就基本入门了。20世纪80年代，美国为了探索外太空的文明存在向宇宙发射了一张音乐光碟，其中就收录了我国著名的古琴曲《流水》。同学们，你们听过知音的故事吗？下面我们就通过视频来了解一下这首世界名曲《流水》。

设计意图：让学生了解《流水》的相关传说，引起学生聆听《流水》的兴趣。初步了解古琴曲《流水》的结构。

古琴曲《流水》用中国古代文人的浪漫艺术手法表现了岩洞滴水、小溪、大河、瀑布等自然景象。老师截取了《流水》中的音乐片段，下面请大家用音乐要素来辨别音乐形象。（完成表3-1-6）

设计意图：学生通过音乐要素的变化来辨别古琴曲《流水》所塑造的意境。

刚才大家从音乐要素方面分辨了《流水》中的各种音乐形象。大部分音色我们都可以用前面学过的三种音色分辨出来。是不是有一段音乐的音色比较特别呢？对，就是瀑布片段。其实这个片段运用了一种特别的演奏技法——滚、拂。下面我们先来实际操作一下滚、拂的技法。大家用七根橡皮筋套住书本，把书本拗成半圆形，让橡皮筋一边悬空，然后用无名指从里往外刮弦（连摘）为"滚"，用食指由外往里刮弦（连抹）为"拂"。

设计意图：通过简单的体验活动，学生能快速地理解并模仿滚、拂的演奏技法。

古琴是中国古代文人必须掌握的一门乐器。随着古琴的发展，古琴曲的结构也有了一个固定的模式，那就是散起、入调、入慢、复起、尾声。下面请大家根据老师提供的琴曲结构，完整地感受《流水》的魅力。

设计意图：完整欣赏《流水》，体验古琴曲散起、入调、入慢、复起、尾声的结构，为聆听其他古琴曲做好准备。

（三）课堂小结

师生共同回顾本节课的学习内容。古琴是从我国上古时期流传下来的乐器，演奏古琴是中国古代文人的必备技能。作为中华文化的继承者，我们有责任、有义务把古琴传承下去。

（四）教学反思

《高山流水志家国》这节课，所涉及的乐器和作品都属于中国古代文人音乐范畴，现在的学生对古代文人文化了解不多，且部分学生缺乏音乐基础素养和能力，在此情况下，这一节课上起来的确有一定的难度。所以笔者根据多年的教学经验，秉承着把握好学生实际情况的原则，在备课上尽量多准备演示文稿、视频、精美图片，最大限度地提高学生的学习兴趣。为此笔者根据学情进行了课程整体安排。本节课力求上得生动活泼，而不是枯燥乏味。将现代古琴音乐元素适当融入教学，让学生明白古琴音乐艺术不是一成不变的。古琴艺术在不断向前发展，受到了世界人民的认可，学习古琴的人也越来越多。

本节课所讲的内容学生先前接触得太少，所以上课的时候不能一开始就让学生欣赏古琴曲作品，而是要让他们先了解与古琴相关的知识，再欣赏作品，灵活地开展教学，不一定完全按教材的顺序来授课，甚至可以根据时间只主讲一个作品《流水》，《广陵散》供学生课余时间自己欣赏了解。上课的目的是让学生了解古琴是中华民族最古老的弹拨乐器，是中华民族文化珍贵的一部分，结合欣赏古琴曲、介绍有关古琴的知识，并围绕古琴曲和古琴文化，激发学生对我国民族音乐的兴趣。

撰写人简介：谭国兵，男，高中音乐高级教师，广东省韶关市田家炳中学高中部音乐教师，韶关市省级高中音乐学科教研基地成员，从事一线音乐教学23年。钻研音乐教学，撰写、发表音乐论文并获奖；执教课例多次获国家级、省级、市级一等奖；教师基本功大赛多次获市一等奖、省二等奖。

第2课时 西出阳关无故人

【学习内容】

《阳关三叠》。

【内容出处】

人民音乐出版社普通高中《音乐鉴赏》第九单元第十八节。

【课时建议】

1课时。

【内容分析】

本课是大单元设计"中国古代文人音乐"的第2课时：西出阳关无故人。本课主要介绍中国古代艺术歌曲《阳关三叠》。古人演奏古琴有琴曲，也习惯于抚琴而歌，称之为琴歌。

《阳关三叠》是唐代的一首著名琴歌，根据唐代著名诗人王维（699—759）的名诗《送元二使安西》谱写而成。原诗为七言绝句，是为送友人去关外服役而作。《送元二使安西》是王维的一首较为平常的七言绝句，但它集中体现了王维"诗中有画，画中有诗"的特色。无论从内容上还是诗的韵律上，均能体现"诗歌美"，因而才能谱成《阳关三叠》的送行乐曲，传唱至今，历久不衰。入琴曲后，后人增添了一些词句，加强了惜别的情调。它是我国古代音乐作品中具有较高艺术价值的一首，真实而集中地表现了在当时具有普遍社会意义的别恨离愁这一主题。这首作品词义极其深沉，曲调情意绵绵，诗词与音乐交相辉映，珠联璧合，让人听起来回味无穷。

《阳关三叠》全曲分三大段和一个尾声。基本上用一个曲调作变化反复，叠唱三次。每叠又分前后两段，前段用王维的原诗，由起承转合式的旋律组成，曲调以级进走向呈现，温情而含蓄。后段的旋律跌宕起伏、错落有致，突出表现了悲伤、惜别、期待的感情，尾声则随着一声长叹，似进入一种迷惘的梦境，包含着沉思和期待的想象。

合唱曲《阳关三叠》由王震亚编配，钢琴伴奏。在合唱中，第一、二叠的前段均由女声唱出，歌声含蓄而深情，后段合唱加入，抒发送别者的依依不舍及对远行亲友的思念之情。第三叠由女高音领唱和合唱共同演唱，送别之情更显激动，心中无限感伤，歌曲的离别情绪达到高潮。

【学情分析】

本节课的授课对象是高一年级学生，经过上节课的学习，学生对古琴有了一定的了解，且在对中国古代文人音乐的理解力和感受力方面普遍有所提高，对音乐作品能够予以一定的评价。本课教学要积极创设情境，从学生熟悉的知识点入手，激发学生的学习兴趣，引导学生积极参与课堂实践活动，学会体会不同乐器表现同一音乐主题时所呈现出来的不同音乐意境；能理解各种不同艺术表现形式所表现的《阳关三叠》的不同层次的意境美。让学生感悟中国古代文人音乐创作过程的个体性，培养其对中国古代文人音乐的兴趣，增强民族自豪感。

【学习目标】

（1）聆听琴歌《阳关三叠》，感受、体验音乐情绪及音乐风格；了解琴歌《阳关三叠》的创作背景；欣赏不同乐器演奏的《阳关三叠》主题旋律；初步掌握有关古代艺术歌曲的基础知识。

（2）对比不同乐器演奏的《阳关三叠》主题片段，体会不同乐器表现同一音乐主题时所呈现出来的不同音乐意境；观看不同艺术形式演绎的《阳关三叠》视频，选出自己最喜欢的艺术表现形式并说明理由；在学唱《阳关三叠》的过程中，掌握古代歌曲一唱三叹的特点。

（3）了解古代艺术歌曲蕴含的意境，学会珍惜友情；能领略我国古代音乐文化的博大精深，培养对民族文化的兴趣，增强文化自信，自觉弘扬民族音乐文化。

【学习重、难点】

（1）学习重点：欣赏不同乐器演奏、不同艺术形式表现的《阳关三叠》主题片段，学会《阳关三叠》主题旋律。

（2）学习难点：能分辨音色对旋律意境的影响，初步掌握中国古代艺术歌曲的相关知识。

【评价要点】

（1）聆听合唱曲《阳关三叠》，体验古人的离别之情。感受音乐要素在作品中表现离别之情时所起的作用。（检测目标1）

（2）对比聆听不同表现形式的《阳关三叠》主题旋律片段，能说出自己最喜欢的表现形式及理由。（完成"实践活动二""实践活动三"，检测目标2）

（3）通过查阅资料等方式，小组分享了解到的一些关于古人离别的习俗及诗词，学会珍惜友谊。（检测目标3）

【实践活动建议】

活动一：离别之情的体验

1. 活动目的

唤起学生对不同离别之情的回忆，为进入课堂营造氛围。

2. 活动过程

①教师向学生提供放学分别、毕业分别、生离死别三个主题；②学生分成三个小组讨论并分别模拟场景。

3. 活动评价

表3-2-1

评价要求	完　成	基本完成	未完成
能主动进入各种离别情境，并能大方、准确地表现离别意境			

活动二：最感动我的《阳关三叠》

1. 活动目的

欣赏不同表演形式的《阳关三叠》，体验同一主题的不同表达形式带来的不同感受。

2. 活动过程

①教师分别播放合唱曲《阳关三叠》、古琴曲《阳关三叠》、古典舞《阳关三叠》；②学生欣赏并选出最让自己感动的表现形式。

3. 活动评价

表3-2-2

评价要求	完　成	基本完成	未完成
欣赏不同形式的《阳关三叠》，学生在熟悉主题的同时能感受到不同音乐表现形式对同一音乐主题的诠释是不一样的			

活动三：我最爱的器乐曲《阳关三叠》

1. 活动目的

对比聆听不同乐器演奏的《阳关三叠》，感受不同乐器对同一音乐主题的不同诠释。

2. 活动过程

①教师分别播放古琴版、二胡版、管子版、埙版的《阳关三叠》主题旋律；②学生欣赏后选出自己最喜欢的器乐曲并说明理由。

3. 活动评价

表3-2-3

评价要求	完　成	基本完成	未完成
学生在熟悉主题旋律的同时能了解不同音色会让音乐形象产生不同的变化			

活动四：探究古代歌曲的特点

1. 活动目的

探究古代歌曲"一唱三叹"的特点。

2. 活动过程

① 学生在学习《阳关三叠》主题旋律前，寻找歌谱的特点。（学生会发现在《阳关三叠》四句主题旋律中，有三句的后半部分节奏旋律都一样）这其实就是古代歌曲"一唱三叹"的特点。

② 学会这相同的旋律片段。

③ 进行换头合尾的旋律学习。

3. 活动评价

表3-2-4

评价要求	完　成	基本完成	未完成
能找到歌曲中"一唱三叹"的特点，并根据特点进行换头合尾的练习，快速学会歌曲旋律			

【学后反思】

表3-2-5

学后反思	内　容
对本节课学习的古代文人离别琴曲《阳关三叠》中塑造的离别之情，你都能了解并共情吗	
老师播放的不同乐器、不同艺术形式所表现的《阳关三叠》的意境，你能选出自己最喜欢的音色和艺术形式吗	
中国古代艺术歌曲《阳关三叠》中"一唱三叹"的特点你掌握了吗？以后再欣赏到类似歌曲你能用发现的这个特点快速学会旋律吗	
对于中国古代文人的音乐特点，你还有其他疑惑吗？能在课后尝试收集相关的中国古代文人音乐并和大家一起分享吗	

【课堂学业质量评价单】

任务一：聆听合唱曲《阳关三叠》，分析音乐要素的哪些变化会影响音乐的情绪。

任务二：聆听不同乐器版的《阳关三叠》片段，选出自己最喜欢的表演形式并说明理由。

任务三：学会《阳关三叠》主题旋律片段。画出旋律线，总结出歌曲《阳关三叠》"一唱三叹"的特点。

【课后拓展任务单】

（1）琴歌《阳关三叠》是我国古代音乐作品中艺术价值很高的一首作品，它真实地反映了当时具有普遍社会意义的（　　）主题。

（2）聆听四首不同乐器演奏的《阳关三叠》的主题片段，按照先后顺序写出乐器名称。

（3）《阳关三叠》的主题旋律走向体现了中国古代歌曲（　　）的特点。

【拓展资源】

（1）微课《阳关三叠》。

（2）课中用到的各种音频、视频。

【教学流程】

（一）导入

古人说过："黯然销魂者，唯别而已矣。"上节课老师给大家布置了一个任务，提供了放学分别、毕业分别、生离死别三个主题，请同学们按照自己的分组模拟场景。

设计意图：通过体验活动，学生能主动进入各种离别情境，加深学生对不同分别之情的体验，为进入课堂营造氛围。

（二）新课内容

（1）其实人生要面临很多种离别，有一种离别是下一次相聚的开始，有一种离别则意味着此生不再相见，还有一种离别不是说再见，不是说后会有期，而是说希望对方保重。今天老师给大家带来的正是这样一首特别的音乐。请大家带着以下问题去欣赏：①歌曲表现的意境是怎样的？②歌曲的特别点在哪儿？（欣赏琴歌《阳关三叠》）

设计意图：欣赏琴歌《阳关三叠》，从歌曲意境方面引导学生感受《阳关三叠》。

（2）现代的我们很难想象古琴在古人的生活中占有多高的地位：出去赏梅带古琴，就有了古琴名曲《梅花三弄》；喝醉了演奏古琴，就有了名曲《酒狂》；郁郁不得志时演奏古琴，就有了名曲《广陵散》……中国古代十大古曲中，古琴曲占了半壁江山。其实除了古琴曲以外，古人还有一种古琴的演奏方式，就是像刚才的《阳关三叠》一样抚琴而歌，我们称之为琴歌。

"红绽樱桃含白雪，断肠声里唱阳关""相逢且莫推辞醉，听唱《阳关》第四声""最忆阳关唱，珍珠一串歌"，这些诗句描绘的都是琴歌《阳关三叠》。下面，我们通过一段微课来了解《阳关三叠》的前生今世。

设计意图：初步了解琴歌演奏形式，了解琴歌《阳关三叠》的创作背景及歌曲"三叠"的原因。

（3）由于路途艰险，缺乏先进的交通工具和通信工具，一别经年，音信难通，甚至能否再见都变得难以预料，所以古人对于离别自然看得很重，于是长亭送别，和诗相送，成了将友情留在心头的最好方式。下面老师演唱一次《阳关三叠》，请大家完成以下任务：①从历史角度分析歌曲情绪形成的原因；②找出歌曲的旋律和诗的韵律之间的关系。

设计意图：让学生熟悉《阳关三叠》主旋律。了解古代艺术歌曲歌词和旋律的关系。

（4）曲的意境，诗的意境，刚才大家只是管中窥豹，这首琴曲在流传的过程中有很多人尝试过用另外一些乐器来诠释曲意。下面就请大家来欣赏各种不同乐器演奏的这首中国名曲。（教师分别播放古琴版、二胡版、管子版、埙版的《阳关三叠》主题旋律。学生任务：①学习《阳关三叠》主题旋律；②欣赏后选出自己最喜欢的乐器曲并说明理由）

设计意图：学生在熟悉主题旋律的同时能了解不同音色会让音乐形象产生不同的变化。

（5）不同乐器所展现的《阳关三叠》的意境各不相同。那不同的艺术表现形式来展现《阳关三叠》又会怎样呢？下面请大家分别欣赏古琴曲《阳关三叠》、古典舞《阳关三叠》、合唱曲《阳关三叠》，同时完成以下任务：①学会《阳关三叠》主题旋律；②选出最让自己感动的表演形式并说明理由。

设计意图：通过不同形式的《阳关三叠》体验活动，学生在熟悉主题的同时感受到不同音乐表现形式对同一音乐主题的诠释是不一样的。

（6）前面我们欣赏了多种不同音色、不同艺术表现形式的《阳关三叠》，主题旋律应该基本掌握了，现在我们来学习《阳关三叠》主题旋律的乐谱，请大家一边跟着钢琴唱旋律，一边寻找这首歌曲旋律中的特点。（学生会发现在《阳关三叠》四句主题旋律中，有三句的后半部分节奏旋律都是一样的）这其实就是古代歌曲"一唱三叹"的特点。学生先学会这相同的旋律片段，然后进行换头合尾的旋律学习。

设计意图：通过体验活动，学生能很快了解《阳关三叠》主题旋律"一唱三叹"的特点，同时可以很快学会主题旋律。

（7）师生合作表演《阳关三叠》。主题旋律由学生齐唱，其他部分老师独唱。

（三）课堂小结

师生共同回顾本节课的学习内容。最后总结：老师觉得，作为中华文化继承人的我们，要善于从我们的文化中发掘出传统的艺术元素，用现代的方式来表达和传播，生成真正有个性的民族艺术，让我们的民族文化生生不息，永远流传下去。

设计意图：小结本节课所学内容，有助于巩固学习知识点，提升学生民族自豪感和文化价值观。

（四）教学反思

民族文化是我们民族身份的象征，它维系着我们的身体与思想、生活与精神。民族音乐是中华传统文化的一面镜子，它折射出中华民族悠久的历史画面，透视出中华民族独特的情感世界和人文精神。《阳关三叠》是具有"极品"意义的中国古代艺术歌曲。本节课以了解"音乐中的文化"和"文化中的音乐"为重心，培养学生的音乐文化身份认同感，树立文化自信。

特级教师窦桂梅在《"课堂捉虫"手记》中说："鲜活的思想源于生动活泼的教育实践。"本节课用丰富的音乐体验方式和多样的艺术表现，切实提高学生的审美感知，帮助学生理解音乐作品的文化内涵。在有限的40分钟里，让学生体验到了音乐带来的心灵震撼，感受古曲《阳关三叠》的魅力，体验情感之旅，呼唤文人情性的回归。但在这样的课堂上，教师一定要把握好文化理解和艺术表现的比例，否则容易使课程变得枯燥乏味。

撰写人简介：谭国兵，广东省韶关市田家炳中学教师。

第3课时　学堂乐歌

【学习内容】

李叔同《送别》《祖国歌》、沈心工《黄河》。

【内容出处】

人民音乐出版社普通高中《音乐鉴赏》第十单元第十九节。

【课时建议】

1课时。

【内容分析】

本课是大单元设计"中国近代音乐"的第1课时"学堂乐歌",这一时期是中国音乐发展史上一个里程碑式的时期,是中国近代音乐的开端。在这之前,我国的音乐基本是琴曲、琴歌和词调曲,音乐创作方式都以依曲填词为主。

"学堂乐歌"时期受到新潮思想的影响,我国的音乐创作方向开始尝试改变,歌曲创作在吸收了西洋音乐理论的基础上大胆创新,不再以依曲填词为主,而是大量创作新曲,音乐风格百花齐放。

本课旨在欣赏李叔同和沈心工两位作曲家的优秀代表作品,《送别》《祖国歌》《黄河》这三首歌曲结构简单、对位规整、曲调朗朗上口,学生可以通过欣赏学习从中总结出"学堂乐歌"的音乐风格及创作特点,认识、了解20世纪初我国音乐历史上"学堂乐歌"的产生与发展,加深对音乐作品艺术价值和社会价值的认识和了解。

【学情分析】

现在的学生大多喜爱流行通俗音乐，对我国最早兴起的音乐了解较少，并且在参与体验、创编的过程中可能存在害羞、怕出丑等心理因素而影响到教学效果。

"学堂乐歌"作为欣赏模块，并且是我国近代最早兴起的音乐，教师应教会学生了解"学堂乐歌"的历史价值，并且从作品中分析音乐的基本要素，更好地体验歌曲情感。学生音乐基础较为薄弱，对于基本的音乐要素（音乐的节奏、节拍、旋律等）不大会听辨、分析，为尽可能适应学生能力，提高学生的参与度，激发学生的学习兴趣和积极性，本课设置的各类问题以及学生活动简单易懂。

【学习目标】

（1）对比聆听不同版本的《送别》以及《祖国歌》《黄河》，聆听分析歌曲的力度、旋律特征、歌词表现内容等音乐要素的特点，总结"学堂乐歌"的音乐风格及创作特点，认识所反映的历史现象、音乐内容及艺术价值，感悟近代音乐的创作美。

（2）观看"学堂乐歌"背景视频，了解"学堂乐歌"的起源与发展；聆听《祖国歌》《黄河》，探究歌曲的速度、情绪、节奏、创作手法、表现内容等音乐要素在音乐表现中的作用，能从歌曲中总结"学堂乐歌"的定义及特点；聆听《黄河》两段不同节奏的主题旋律片段，在老师的引导下正确地演唱并律动主题旋律，更好地理解不同节奏在音乐表现中的作用；以《送别》为例，模仿"学堂乐歌"依曲填词的创作手法进行创编，加深对"学堂乐歌"音乐创作手法的理解。

（3）认识、了解"学堂乐歌"的内容及反映的时代思想，了解代表人物的生平、代表作及贡献，及其对我国近代音乐所产生的社会意义和文化内涵，进而懂得"学堂乐歌"的艺术价值及社会价值，激发学生对我国近代音乐的热爱之情。

【学习重、难点】

（1）学习重点："学堂乐歌"的创作特点及表达的情感。

（2）学习难点：运用"学堂乐歌"的特点进行自主、大胆的填词创作。

【评价要点】

（1）简要描述《祖国歌》《黄河》两首歌曲音乐要素的聆听感受，大致总结出"学堂乐歌"的音乐风格特点、创作特点。（完成"实践活动一"，"课堂学业质量评价单"任务一、三，检测目标1）

（2）对比《黄河》两段不同节奏的主题旋律片段所表现的异同，表达不同的聆听感受，并学唱、律动主题旋律。（完成"实践活动二"，"课堂学业质量评价单"任务二，检测目标2）

（3）结合当时的社会情况，说说歌曲作者编写这些歌曲的目的。（完成"实践活动三"，"课堂学业质量评价单"任务四、五，检测目标2、3）

（4）仿照"学堂乐歌"的创作特点，以校园生活为主要内容填词创编。（完成"实践活动四"，"课堂学业质量评价单"任务六，检测目标2、3）

【实践活动建议】

活动一：聆听探究

1. 活动目的

聆听"学堂乐歌"代表作，分析歌曲的力度、旋律特征、歌词表现内容等音乐要素的特点，理解音乐表现要素在音乐情感和思想内涵表达中的作用。

2. 活动过程

（1）对比聆听根据外国歌曲填词的《送别》（视频1、2）、我国器乐曲填词的《祖国歌》原版（《老六板》）和现版，以及中国人自己谱曲填词的《黄河》。

（2）简要描述《祖国歌》《黄河》歌曲的力度、旋律、歌词表现内容等音乐要素的聆听感受。

3. 活动评价

表3-3-1

评价要求	完　成	基本完成	未完成
聆听旧曲填词歌曲《祖国歌》及中国人自己谱曲填词的歌曲《黄河》，描述歌曲的力度、旋律、歌词表现内容等音乐要素的聆听感受，能总结出"学堂乐歌"的音乐风格及创作特点			

活动二：学唱律动体验

1. 活动目的

对比《黄河》两段不同节奏的主题旋律片段所表现的异同，表达不同的聆听感受，并学唱、律动主题旋律，体验同一旋律不同节奏表现出的不同音乐情绪，更好地理解不同节奏在音乐表现中的作用。

2. 活动过程

（1）聆听《黄河》第一句同旋律不同节奏的音乐片段，有感情地演唱主题旋律。

（2）加入律动（一组使用加附点的节奏律动，二组使用不加附点的节奏律动），两组自由选择不同的律动方式（如拍手、拍腿、踩地板、哼唱）。

（3）熟悉主题旋律和节奏律动后代入歌词演唱。

3. 活动评价

表3-3-2

评价要求	完　成	基本完成	未完成
能在音准达90%正确率的前提下有感情地演唱旋律，并加入律动展示本小组的节奏			

活动三：自主探究

1. 活动目的

能通过历史背景，认识歌曲所反映的时代思想以及对我国近代音乐所产生的社会意义和文化内涵，进而懂得"学堂乐歌"的艺术价值及社会价值。

2. 活动过程

（1）图片展示20世纪初之前具有代表性的历史事件，思考事件名称及发生年份，阐述当时的时代背景。

（2）结合历史背景，观看"学堂乐歌"背景视频。

（历史背景图片：①鸦片战争；②火烧圆明园；③戊戌变法）

3. 活动评价

表3–3–3

评价要求	完　成	基本完成	未完成
能够准确说出事件名称及发生年份，阐述当时的时代背景，认识歌曲所反映的时代思想以及对我国近代音乐所产生的社会意义和文化内涵			

活动四：实践创编

1. 活动目的

以《送别》为例，模仿"学堂乐歌"依曲填词的创作手法进行创编活动，加深对"学堂乐歌"音乐创作手法的理解，激发学生的兴趣以及创造力。

2. 活动过程

（1）以小组为单位，仿照"学堂乐歌"的创作特点，以校园生活为主要内容填词创编，可以选用今天欣赏的《送别》填上新的歌词，也可以选用自己喜欢的音乐曲调进行填词。

（2）学生上台演唱展示。

（《送别》片段谱例）

3. 活动评价

表3–3–4

评价要求	完　成	基本完成	未完成
能结合生活实际参与歌词创作，小组讨论探究、创作，激发创作兴趣，并将创编好的歌词上台展示			

【学后反思】

表3-3-5

学后反思	内 容
通过本节课的学习,你是否能自己总结"学堂乐歌"代表作的音乐风格及创作特点	
能否通过本节课的作品,了解"学堂乐歌"在当时所反映的社会现象、音乐内容、艺术价值以及对我国近代音乐所产生的社会意义和文化内涵,进而了解我国近代早期专业音乐创作的情况?你能否大概回忆课堂内容谈一谈	
如果再学习一首"学堂乐歌",你能否辨别音乐风格及创作特点,对于朗朗上口的"学堂乐歌"你是否能哼唱	
本课当中还有哪些内容使你较为困惑?还希望在课堂中获得哪些相关知识?欢迎你积极向老师反馈	

【课堂学业质量评价单】

任务一:聆听《祖国歌》《黄河》,分别总结歌曲音乐要素。

表3-3-6

作 者	
速 度	
情 绪	
节 奏	
创作手法	
表现内容	

任务二:聆听两段旋律,比较它们之间的区别。为什么要用这样的节奏?
《黄河》1—4小节(无附点与加附点)节奏的主题旋律片段对比。

任务三:根据表格内容,总结"学堂乐歌"的特点。

表3-3-7

	《祖国歌》	《黄河》
作　者	李叔同	
速　度	中速	
情　绪	慷慨激昂	
节　奏	单一、规整、一字一音	
创作手法	旧曲填词	
表现内容	爱国主义	

任务四：根据图片内容，思考事件名称和发生年份，并阐述当时的时代背景。

（历史背景图片：①鸦片战争；②火烧圆明园；③戊戌变法）

任务五：选择题。

（1）以下不属于"学堂乐歌"的作品有（　　）。

A.《祖国歌》　　　B.《卖报歌》　　　C.《问》　　　D.《黄河》

（2）《黄河》的作者是（　　）。

A.李叔同　　　B.萧友梅　　　C.沈心工　　　D.黄自

（3）《黄河》的歌词内容表达了（　　）。

A.爱国主义　　　B.女子自强、男女平权　　　C.自由民主　　　D.学生生活

（4）《祖国歌》的创作方式是（　　）。

A.旧曲填词　　　B.自创新曲　　　C.鱼咬尾　　　D.同头换尾

（5）"学堂乐歌"产生于（　　）。

A.19世纪初　　　B.20世纪初　　　C.20世纪末　　　D.21世纪初

（6）"学堂乐歌"的特点是（　　）。（多选题）

A.旋律起伏较大　　B.节奏复杂多变　　C.一字一音　　D.朗朗上口

（7）"学堂乐歌"的创作方式是（　　）。（多选题）

A.大部分创作歌曲　　　　　　　　B.少部分创作歌曲

C.大部分填词歌曲　　　　　　　　D.少部分填词歌曲

任务六：实践创编——旧曲填词，仿照"学堂乐歌"的创作特点，以校园生活为主要内容，可以选用今天欣赏的《送别》填上新的歌词，也可以选用自己喜欢的音乐曲调进行填词。

(《送别》片段谱例)

【拓展资源】

视频/微课：微课《学堂乐歌》。

【教学流程】

（一）导入

（1）聆听中国的《送别》和日本的《旅愁》，提问：你能说出这两首歌曲之间的联系吗？（异同之处）

（2）简介歌曲作品及作者生平、代表作品。

出示课题——"学堂乐歌"。

设计意图：创设问题情境，引出学习动机。通过欣赏不同版本的《送别》，引起学生对20世纪初"学堂乐歌"的兴趣，感受那个时代校园歌曲的魅力所在。

（二）新课内容

1. 观看"学堂乐歌"背景视频

了解"学堂乐歌"的起源与发展。

2. 欣赏《祖国歌》

（1）全曲欣赏，思考：歌曲的音乐要素是怎样的？（学生小组讨论、回答）

表3-3-8

速　度	中　速
情　绪	慷慨激昂
节　奏	单一、规整、一字一音
创作手法	
表现内容	爱国主义

（2）作者背景介绍。

（3）结合《祖国歌》和《老六板》的谱例，对比不同之处（谱例对比）。

教师小结：通过对比我们不难发现，《祖国歌》基本上是套用民间乐曲《老六板》的旋律填词而成的，这也是"学堂乐歌"最常见的形式：填词歌曲。

（4）介绍歌曲背景。

3. 欣赏《黄河》

（1）全曲欣赏，思考：歌曲的音乐要素是什么？

表3-3-9

速　度	中　速
情　绪	悲壮萧瑟、铿锵有力
节　奏	规整、简单
创作手法	
表现内容	爱国主义

设计意图：聆听"学堂乐歌"早期的《祖国歌》和发展中期的《黄河》两首代表作，分析歌曲的力度、旋律特征、歌词表现内容等音乐要素的特点，理解音乐表现要素在音乐情感和思想内涵表达中的作用。

（2）听辨两段同一旋律不同节奏的旋律片段，对比不同。

① 探究：聆听两段旋律，比较它们之间的区别。为什么要用这样的节奏？（教师在钢琴上弹奏两段旋律）

② 展示旋律片段谱例以及节奏画拍图示。

《黄河》1—4小节（无附点与加附点）节奏的主题旋律片段对比

③ 学生有感情地演唱，体验不同节奏的主题旋律片段。

设计意图：对比《黄河》两段不同节奏的主题旋律片段所表现的异同，表达不同的聆听感受，并学唱、律动主题旋律，体验同一旋律不同节奏表现出的不同音乐情绪，更好地理解不同节奏在音乐表现中的作用。

（3）简介作者生平及代表作品、歌曲背景。

设计意图：通过对比、分析音乐作品，介绍背景人物和作品，让学生更好地了解"学堂乐歌"的作品。

4. 课堂小结

（1）根据前面所学的两首歌曲，出示《祖国歌》的表格内容，学生根据表格完成《黄河》的内容，从中总结"学堂乐歌"的特点。

表3-3-10

	《祖国歌》	《黄河》
作　者	李叔同	沈心工
速　度	中　速	中　速
情　绪	慷慨激昂	悲壮萧瑟、铿锵有力
节　奏	单一、规整、一字一音	规整、简单
创作手法	旧曲填词	自己谱曲填词
表现内容	爱国主义	爱国主义

设计意图：引导学生自主总结"学堂乐歌"的概况，及时了解学生掌握情况，课堂做到"以学生为主体"，而不是老师"全堂灌输"。

5."学堂乐歌"

（1）简介"学堂乐歌"代表人物、主要表现内容。

（2）知识点小结：根据前面所学两首歌曲及结合"学堂乐歌"的内容，小组代表上台合作完成比拼小游戏。

（三）拓展实践

1. 实践创编——旧曲填词

以小组为单位，仿照"学堂乐歌"的创作特点，以校园生活为主题填词创编，可以选用今天欣赏的《送别》填上新的歌词，也可以选用自己喜欢的音乐曲调进行填词。（《送别》片段谱例）

2. 学生展示

小组代表上台自由展示，教师伴奏，并给予鼓励性评价。

（四）总结

（1）以问答的形式共同总结本课主旨：这节课我们学了什么内容？

（2）小结（德育渗透）："学堂乐歌"之所以在那个年代盛行，和当时的历史背景是分不开的，不管是在战火纷飞的年代还是如今的和平时代，希望同学们都不要忘记我们作为中国人的使命和责任。

设计意图：激发学生的爱国热情，引导树立正确的人生观。

（五）教学反思

1. 课标是保障

深刻把握课标要求，是教学实施具有针对性和高效性的前提和保障。高中音乐以鉴赏为主，在课堂中引导学生借助聆听去感知音乐的美，借助歌唱去表现音乐的美，借助表演去发展音乐美，增强对所学歌曲的体验、感知、实践，培养学生的兴趣以及创造力。要根据高中音乐课堂的学习状态，针对高中生的认知，设置合适的问题、合适的课堂活动引导学生，让学生自己欣赏、听辨、感受，相信学生的鉴赏能力，放手让学生自己总结。

2. 给课堂做减法

本节课的教材中共有五首"学堂乐歌"作品，笔者选取了其中两首，两首作品各花了10分钟做简要的音乐要素分析和歌曲背景了解，没有做更深入的分析。应选取其中一首作品，做重点的细致分析更为合适。最后的拓展环节时间不够，教学内容有些赶。在拓展环节应多预留些时间给学生创作，进行整节课学习成果的呈现，结果因为预留的时间太短，学生大多还没创编好歌词，只叫了一组创编速度稍快的学生上台展示，这个环节因为时间关系很快就结束了，同学们意犹未尽，教学目标没有达成。应该给课堂做减法，把更多的时间留给学生。

3. 关注音准

在欣赏课当中加入演唱环节时，应关注学生的音准问题，让学生在体验律动时唱准音准、节奏，音准是音乐课中的一项重要内容，不容忽视。学生只有重视音准的学习，才能更好地感受歌曲情绪，理解课堂内容。

4. 引导为主

在本课中教师应注重引导学生借助聆听去感知音乐的基本要素，借助歌唱去表现音乐的情感和情绪，借助创编去激发兴趣，在此过程中加深对"学堂乐歌"的风格及创作手法的了解，提高音乐审美能力。

5. 学科融合

音乐是人类特有的艺术形式，深刻反映着当时当地的社会风貌，具有极强的时代烙印。音乐源于历史，与历史有着千丝万缕的联系，要充分结合历史知识，帮助学生更好地理解音乐作品。

撰写人简介：张丽雯，女，高中二级教师，广东省韶关市仁化县第一中学教师。从事一线教学工作6年，执教课例荣获省、市级二等奖，多次获得"优秀共青团员""优秀团干部""高考优秀指导教师""优秀教师""教学优秀个人"等多项荣誉称号。

第4课时 新音乐初放——人民音乐家

【学习内容】

人民音乐家的作品《金蛇狂舞》《黄河大合唱》。

【内容出处】

人民音乐出版社普通高中《音乐鉴赏》第十单元第二十节。

【课时建议】

1课时。

【内容分析】

本课是大单元设计"中国近代音乐"的第2课时:"新音乐初放——人民音乐家"。通过聆听、分析、对比、模唱、律动、探究等教学手段欣赏民族器乐合奏《金蛇狂舞》,体验"螺蛳结顶"的创作手法。了解《黄河大合唱》各个乐章的艺术表现形式,体验《黄河船夫曲》中劳动号子"一领众和"的旋律片段,对比聆听《黄水谣》主旋律的情绪变化并学唱。

(1)通过本课的聆听和体验,引导学生通过歌曲的旋律、节奏、节拍、速度、歌词、演唱特点、创作背景、歌曲含义等基本音乐要素进行分析。

(2)组织学生积极参与课堂艺术实践活动,唱动结合,深入歌曲本身,理解歌曲意义。

(3)探究为什么聂耳、冼星海被称为"人民音乐家",以及他们的作品在中国现代音乐史上的影响和价值。

【学情分析】

高中阶段的学生在音乐鉴赏和演唱方面有一定的基础,但由于部分学生基础较差,存在不识谱、音准差等问题,且比较害羞,给学唱教学带来一定的难度。经过上节"学堂乐歌"的学习,学生对新音乐风格有了初步了解,但是对民族器乐合奏的创作手法还是很陌生。了解两位音乐家的作品及社会价值是学生需要深入研究的问题,大部分同学能掌握。所以教学要积极创设教学情境,激发学生的学习兴趣,引导学生积极参与课堂实践活动,循序渐进地了解、感受、体验音乐特征的成因及其文化内涵,提升学生的审美感知和文化理解能力。

【学习目标】

(1)聆听民乐合奏曲《金蛇狂舞》,感受、体验其音乐情绪,体会乐曲的风格特点,并掌握《金蛇狂舞》中"螺蛳结顶"的创作手法;了解大型声乐套曲《黄河大合唱》各个乐章的艺术表现形式,体验其深厚的音乐情绪及强大的艺术感染力。

(2)聆听民乐合奏曲《金蛇狂舞》中的"螺蛳结顶"片段,学习节奏谱,分组用击掌的形式体验"螺蛳结顶"的节奏;体验《黄河船夫曲》劳动号子"一领众和"的旋律片段,对比聆听《黄水谣》中的A和A1主题旋律,学唱《黄水谣》主旋律,探究节奏、速度、力度等音乐要素在表达歌曲情感中的作用。

(3)了解人民音乐家聂耳、冼星海,知道他们的生平和代表作品,掌握《金蛇狂舞》《黄河大合唱》伟大的艺术价值和社会价值,了解它们在中国现代音乐史上的地位及其贡献,激发学生的爱国之情。

【学习重、难点】

(1)学习重点:①感受《金蛇狂舞》中"螺蛳结顶"的创作手法、器乐在乐曲中发挥的作用;②聆听、体验《黄河大合唱》中的艺术表现形式,学唱《黄河船夫曲》《黄水谣》部分片段。

(2)学习难点:探究器乐在乐曲中是怎样发挥作用的,了解人民音乐家的其他音乐作品及社会价值和深远影响。

【评价要点】

（1）体验《金蛇狂舞》中"螺蛳结顶"的创作手法。（完成"实践活动一"，"课堂学业质量评价单"任务一，检测目标1）

（2）了解黄河大合唱的各个乐章及每个乐段的艺术表现形式，参与体验。（完成"实践活动二"，"课堂学业质量评价单"任务二，检测目标2）

（3）体验《黄河船夫曲》中劳动号子"一领众和"的旋律片段。（完成"实践活动四"，检测目标3）

（4）学唱《黄水谣》歌曲主旋律，对比A和A1主题旋律在情感上的不同，感受作者作曲时的情感。（完成"实践活动三"，检测目标4）

（5）讨论两位音乐家在中国音乐史上的影响和社会价值，及他们对现代音乐的影响。（完成"课堂学业质量评价单"任务三，检测目标5）

【实践活动建议】

活动一：实践"螺蛳结顶"节奏谱

1. 活动目的

学生能掌握"螺蛳结顶"节奏谱。

2. 活动过程

①观察民乐合奏曲《金蛇狂舞》中的"螺蛳结顶"节奏谱，找出特点；②总结"螺蛳结顶"的创作手法，学生能同步模仿出来；③分组创编"螺蛳结顶"节奏谱。

3. 活动评价

表3-4-1

评价要求	完 成	基本完成	未完成
学生能够掌握"螺蛳结顶"的创编手法，自己创编一个"螺蛳结顶"节奏谱并在课堂上体验			

活动二：阅读教材《黄河大合唱》

1. 活动目的

阅读教材，了解《黄河大合唱》的结构及表现形式。

2. 活动过程

①阅读教材，完成以下表格；②能掌握《黄河大合唱》各个乐章的名称。

表3-4-2

乐　章	名　称	表现形式
第一乐章	《黄河船夫曲》	混声合唱
第二乐章	《黄河颂》	男声独唱
第三乐章	《黄河之水天上来》	配乐诗朗诵
第四乐章	《黄水谣》	女声合唱
第五乐章	《河边对口曲》	对唱、轮唱
第六乐章	《黄河怨》	女声独唱
第七乐章	《保卫黄河》	齐唱、轮唱
第八乐章	《怒吼吧！黄河》	混声合唱

3. 活动评价

表3-4-3

评价要求	完　成	基本完成	未完成
学生能初步了解黄河大合唱的整体结构，体验大合唱的艺术魅力			

活动三：学唱《黄河船夫曲》中劳动号子"一领众和"的旋律片段

1. 活动目的

体验"一领众和"的演唱方式。

2. 活动过程

①聆听《黄河船夫曲》片段一，掌握民歌中"劳动号子"的创作手法；②请六位男生上台演唱，并配合音乐节奏做纤夫的动作，教师"领"，学生"和"；③体会片段二旋律的速度、力度、歌词都发生了哪些变化，为什么？

3. 活动评价

表3-4-4

评价要求	完　成	基本完成	未完成
学生能体验旋律和律动的结合，体会与惊涛骇浪搏斗的激烈场景、与敌人搏斗的场景，能体会为什么片段二的旋律、速度、力度、歌词都发生了一些变化			

活动四：学唱《黄水谣》主旋律

1. 活动目的

通过聆听A-A1两段旋律，体会节奏、速度、力度等音乐要素对表达歌曲情感的作用。

2. 活动过程

①教师自弹自唱《黄水谣》A-A1两段旋律；②学生对比聆听两段旋律速度、力度、情感上的不同；③学唱主旋律。

3. 活动评价

表3-4-5

评价要求	完 成	基本完成	未完成
学生能够了解歌谣式三段体结构歌曲，能对比聆听两段旋律速度、力度、情感上的不同，在学唱旋律的同时感受当时的创作背景和演唱情绪			

活动五：讨论两位人民音乐家在中国现代音乐史上的影响和社会价值，及他们对现代音乐的影响

1. 活动目的

学生能够知道两位人民音乐家作品的时代特征、社会价值和深远影响。

2. 活动过程

讨论为什么冼星海、聂耳被称为人民音乐家？联系课堂所学歌曲和他们的其他作品，分组讨论其时代特征、社会价值和对现代音乐的影响。

3. 活动评价

表3-4-6

评价要求	完 成	基本完成	未完成
知道两位人民音乐家的生平和代表作品，了解他们在中国现代音乐史上的地位及其贡献			

【学后反思】

表3-4-7

学后反思	内容
通过本节课的学习，了解《金蛇狂舞》和《倒八板》的关系，能不能感受体会中国民族音乐特色的创作手法和民族音乐特有的魅力	
是否熟知《黄河大合唱》中各个乐章的艺术表演形式？学唱个别乐章，是否感受到了抗日救亡歌咏运动的历史情况？是否了解中国新文化运动的一些情况	
这些知识内容还有什么是你比较困惑的？你还希望获得其他哪些相关知识	

【课堂学业质量评价单】

任务一：大家在初中的音乐课上都已听过《金蛇狂舞》，作为高中生的你，再次欣赏该作品获得了哪些感受？请参与交流，讨论《金蛇狂舞》与传统乐曲《倒八板》的关系，回答该曲在创作手法上的一些特点。

任务二：阅读教材，了解《黄河大合唱》中各个乐章分别属于哪种艺术表现形式，学唱个别乐章，感受抗日救亡歌咏的艺术魅力及号召力。

任务三：知道两位人民音乐家的生平和代表作品，以及他们在中国现代音乐史上的地位及其贡献。

【课后拓展任务单】

（1）《黄河大合唱》中有哪几个乐章？分别是什么？

（2）《黄河大合唱》中有哪几种声乐表现形式？

（3）学习《黄水谣》主旋律，感受歌曲的情感情绪。

（4）掌握体验《金蛇狂舞》中"螺蛳结顶"的创作手法。

（5）聂耳、冼星海为什么被称为"人民音乐家"？

【拓展资源】

①图片；②演示文稿；③音频；④视频/微课。

【教学流程】

（一）导入

（1）播放《金蛇狂舞》民乐演奏视频，提问：你看到了哪些乐器？这些音色属于哪种器乐类型？

设计意图：初步了解民族乐器音色、分类。

（2）解读《金蛇狂舞》创作背景及介绍作者。

设计意图：了解作品背景和创作手法，认识作者，熟悉作者的其他作品。

（二）新课

1. 走近人民音乐家——聂耳

（1）再次聆听《金蛇狂舞》片段，哪段旋律最欢快、节奏有特点？为什么？

设计意图：引导学生关注第三句（从节奏、速度、乐器方面）并分析特点，为讲解"螺蛳结顶"做准备。

（2）播放《金蛇狂舞》中第三句的音频，出示"螺蛳结顶"节奏谱，出示"螺蛳"图片，请学生找特点。体验"螺蛳结顶"的创作手法。

设计意图：学生自主发现特点，并进行"螺蛳结顶"节奏谱击打的体验（见表3-4-1）。

（3）播放聂耳的介绍视频。

设计意图：小结聂耳其他作品及分析其作品题材特点。

2. 走近人民音乐家——冼星海

（1）观看冼星海的介绍视频。提问：冼星海有哪些作品？他的歌曲作品是什么样的题材？

设计意图：了解冼星海的作品及歌曲题材。

（2）请同学翻开书本，认真阅读《黄河大合唱》有几个乐章，每个乐章的艺术表现形式是什么？

设计意图：了解《黄河大合唱》八个乐章及每个乐章的表现形式（见表3-4-2、3-4-3）。

（3）欣赏《黄河船夫曲》第一乐段，思考：作品可以分为几个部分？［四部分（朗诵+三部分歌唱部分）］歌唱部分的旋律采用了民歌中的哪种体裁创作？

设计意图：初步接触作品，了解作品结构，了解歌唱部分旋律的体裁特点。

（4）朗诵《黄河船夫曲》朗诵部分，学唱歌唱部分旋律，配合击打节奏体验劳动号子中"一领众和"的演唱方式。

$$\frac{2}{4} \quad \underline{XX} \ \underline{XXX} \ | \ \underline{XX} \ X0 \ |$$

设计意图：男同学有感情地朗诵，女同学击打节奏谱，激发爱国热情；全体学唱旋律，体会民歌体裁劳动号子中"一领众和"的演唱方式（见表3-4-4）。

（5）欣赏《黄河船夫曲》第二乐段，思考：音乐速度、力度发生了什么变化？歌词有何深意？

设计意图：从音乐要素的角度分析音乐旋律的变化，感受歌词中船夫的心理活动（在艰难斗争中看到胜利的曙光，内心充满革命必胜的信念）。

（6）聆听《黄水谣》，全曲一共分几段？

设计意图：初步接触乐曲，了解其结构。

（7）教师自弹自唱《黄水谣》A—A1部分旋律，学生分别从两段旋律的速度、力度、情感方面进行对比，分析为什么会有这样的区别？

设计意图：学生能感受为什么两段旋律表达的情感不同，了解歌曲的创作背景。

（8）学唱A部分主旋律。

设计意图：带着快乐的情绪学唱A部分主旋律，和A1部分形成鲜明的对比（见表3-4-5）。

课堂小练：为什么聂耳、冼星海被称为"人民音乐家"？

（三）结语

他们的歌曲在烽火连天的抗战岁月里，传唱大江南北，振奋了民族精神，成为中华民族抗敌救国的精神武器。音乐具有鲜明的时代感、严肃的思想性、高昂的民族精神和卓越的艺术创造性，为中国无产阶级革命音乐的发展指出了方向，树立了中国音乐创造的榜样。

（四）课后作业

（1）收集两位人民音乐家的其他作品。

（2）钢琴协奏曲《黄河》是根据《黄河大合唱》创作的器乐曲，共有四个乐章。选择其中一个乐章欣赏。欣赏后与《黄河大合唱》的其他相关歌曲进行对比，说说它们之间的联系。

（五）教学反思

本节课以《普通高中音乐课程标准（2017年版）》为指导，以提升学生综合素质、发展学生核心素养为目标，弘扬中华美育精神，强化中华优秀传统文化教育指导。通过对两位"人民音乐家"作品的欣赏、体验达成了课堂教学目标。

（1）本节课能让学生掌握民族器乐的基本音色和种类，掌握"螺蛳结顶"的创作手法。

（2）为了能更好地让学生深入了解和体验，教师运用了本人示范、讲授和带学生一起互动体验等教学方式，让学生对所学知识产生兴趣，从而掌握好知识要点。

（3）文化理解对于高中生的音乐欣赏过程是一个提升。因此在本课中除了开展各种音乐实践活动，还要引导学生联系历史和当时的国情深入探究两位"人民音乐家"作品的人文内涵和社会价值。学生在理解、欣赏音乐作品的同时，领会了不同背景下孕育着不同的音乐文化。通过文化理解，学生会更重视中国传统的音乐文化，热爱中华民族优秀音乐成果，增强民族自豪感。

（4）本课存在的问题：反思本课的教学环节，内容过满，上课节奏控制得不够紧凑，导致最后的环节时间有些赶。在教唱环节要注意提高学生的音准。教学语言要注意再精练一点儿。

撰写人简介：李琼丹，女，高中一级教师，广东省韶关市田家炳中学高中部音乐教师，韶关市省级高中音乐学科教研基地成员，从事音乐一线教学15年。钻研新课程标准，带高二音乐鉴赏学业水平测试总复习，总结了一套自编的学习方法。撰写音乐论文并发表，教师基本功大赛多次获奖，音乐优质课例曾获国家级、省级、市级一等奖。

第5课时　峥嵘岁月

【学习内容】

交响乐曲《血战湘江》。

【内容出处】

人民音乐出版社普通高中《音乐鉴赏》第十一单元第二十一节。

【课时建议】

1课时。

【内容分析】

本课"峥嵘岁月"选取了《血战湘江》这个作品。《血战湘江》是作曲家张千一为纪念红军长征胜利80周年而创作的大型交响套曲《长征》的第二乐章。该曲为再现性的三段体结构，全曲以减五度音程的旋律动机，疾驰的半音阶动机，形象、不规则的节奏，不协和的音响，极富动力的三连音，密集的旋律进行等手法，表现了1934年红军战士不畏牺牲渡湘江、成功突破封锁的悲壮故事。

【学情分析】

学生有了前期的音乐知识积累，了解了交响乐的有关常识，有利于他们更好地欣赏交响乐类歌曲。在聆听过程中学生较为喜欢自主探究音乐要素的表现作用，可以多开展讨论环节以激发学生的学习热情，师生共同参与，相互启发。在对音乐的理解和音乐联想、音乐感受等方面要允许学生有个性化的理解，不必强求统一。根据音乐作品的特点，学生一贯比较能够接受教师用多媒体创设情境，采用音画结合的方式使其更好地理解音乐。

【学习目标】

（1）聆听交响乐曲《血战湘江》，感受、体验音乐的情绪和情感；了解节奏、速度、音色等音乐要素在作品中所起的作用；欣赏《血战湘江》中紧拉慢唱的旋律片段，感受音乐进行中对立的速度同时存在对营造音乐氛围所起的作用。

（2）正确哼唱《血战湘江》的主题旋律，更好地理解不同的表现方式在音乐中所产生的作用。体验变化节拍强弱交替的律动特点和不同节拍、节奏音型对表现音乐情绪的作用。

（3）了解作品产生的历史背景和时代特征，感悟精神内涵，肩负起时代赋予我们的"实现中华民族伟大复兴的中国梦"的历史重任。

【学习重、难点】

（1）体会作品中变化节拍强弱交替的律动特点及表现的音乐情绪。
（2）主题旋律的学唱。

【评价要点】

（1）结合视频聆听作品，可以准确地通过各种音乐要素理解作品所表达的内容。
（2）模唱主题旋律。
（3）小组长发言，总结作品的艺术价值和社会价值。

【实践活动建议】

活动一：聆听体验 I

1. 活动目的

播放《血战湘江》引子片段，学生轻敲小军鼓，模仿鼓声三连音节奏，利用鼓点来展现紧张的战斗场面。

2. 活动过程

根据引子音乐片段，学生用敲打小军鼓模仿鼓声的形式将其表现出来，引导学生反复聆听、模仿。利用鼓声来展现紧张、惨烈的战争场景。

3. 活动评价

表3-5-1

评价要求	基本完成	完成	未完成
能够利用小军鼓模仿鼓声			

活动二：聆听体验Ⅱ

1. 活动目的

欣赏紧拉慢唱旋律（审美感知、艺术表现）。

2. 活动过程

播放视频，截取"紧拉慢唱"的音频，反复聆听。

3. 活动评价

表3-5-2

评价要求	基本完成	完成	未完成
能说出"紧拉慢唱"的创作手法			

活动三：聆听体验Ⅲ

1. 活动目的

模唱《血战湘江》主题旋律（艺术表现）。

2. 活动过程

以小组为单位，在熟悉主题旋律的同时探索旋律走向对音乐情绪的影响；借助身边的道具，用拍手或者拍桌子的方式，选择适合的节奏型营造电影中的紧张画面。

3. 活动评价

表3-5-3

要求	基本完成	完成	未完成
学习小组能够自主创设音乐情境活动			

活动四：拓展活动Ⅳ

学生课后收集与"峥嵘岁月"相关的电影片段，下节课和大家分享。

【学后反思】

表3-5-4

学后反思	内　容
通过本节课的学习,你能够通过音频辨别"紧拉慢唱"吗	
你能够参与主题旋律的哼唱吗	
你喜欢这节课的内容吗?对于这节课有什么更好的建议,欢迎来和老师沟通	

【课堂学业质量评价单】

（1）在音乐作品中，以长征为题材的作品数量众多，如（　　　）（　　　）（　　　）等。

（2）作品《血战湘江》选自大型交响套曲（　　　　　　），为纪念红军长征胜利80周年，于2016年10月12日在国家大剧院首演。

（3）作品《血战湘江》通过以下哪些要素描绘了战争的惨烈场景？（多选题）（　　　）

A. 密集的节奏　　B. 变换的节拍　　C. 不协和的和声　　D. 变化的速度

（建议：第（1）题和第（2）题可用于课前预习反馈评价，第（3）题可用于课后反馈评价）

【拓展资源】

视频资料1：湘江之战背景介绍。

视频资料2：《血战湘江》完整视频听赏。

其他相关视频。

【教学流程】

（一）导入

播放音频，提问：同学们，聆听这样一段音乐，你们脑海中浮现的是怎样的场景？

设计意图：营造音乐课堂氛围，为学习新课做铺垫。

（二）新课内容

《血战湘江》

（1）展示红军长征路线图，提问：红军长征这一路经历的最大、最惨烈的战役是哪一场？

（2）观看视频，介绍湘江之战的历史背景。

（3）聆听、体验《血战湘江》，提问：作品带给你的整体音响感受如何？（作品通过音乐的节奏、变换的节拍、尖锐的音响描绘了战争的惨烈场景，表现了红军战士为了革命理想视死如归的战斗精神）

设计意图：教师播放视频和音频，一方面可以让学生通过音乐回顾历史、感受音乐所表达的中华民族自强不息的伟大精神；另一方面也可以让学生了解音乐与社会生活的关系，理解音乐的社会功能和社会价值。

（4）分析作品（分段）。

① 聆听引子片段音乐，提问：音乐要素的变化是怎样的？（速度快速、节奏紧凑、力度很强，由小军鼓和弦乐演奏，为变化拍子）

② 观察引子片段谱例，提问：这是什么音程？（减五度）减五度音程的音色是怎样的？（暗淡的）

③ 连接段提问：连接段是一阵什么声音？请同学模仿一下，这是怎样的一段鼓声？（引出三连音同音反复的旋律）

④ 课堂体验活动：学生用小军鼓敲打出三连音节奏。

⑤ 引入主题A，聆听并赏析。

提问：A段主题中采用了对比手法来表现，是怎样的对比？在强烈的反差中，表现出怎样的音乐场景？

提示：木管和弦乐声部节奏密集，旋律层层递进，动力性极强，而铜管乐声部节奏舒展，旋律宽广，但音程不和谐，形成了密集与舒展的对比，犹如戏曲中的"紧拉慢唱"，在强烈的反差中表现了战斗场面的激烈、紧张，以及敌我双方僵持不下的胶着状态。

⑥ 模唱主题A片段中的"慢唱"部分，体验不协和的音响感受。（作者用这种表现手法直观地向听众传达了一种敌强我弱的战争态势）

⑦ 聆听主题B（教师结合谱例，让学生分组讨论）

提问：关注音乐速度以及节奏的变化，你一共听到了几条旋律？

提示：第一条旋律以八分音跳音为主，第二条旋律相对比较舒展。

提问：请同学结合谱例说说这两条旋律的区别。（第一条旋律以八分音跳音为主，第二条旋律则更加舒展）

⑧ 课堂体验互动：第一，哼唱第二条旋律；第二，再次聆听音乐，将你听到的第二条旋律走向画出来。

知识链接提示：在一个主题中两个旋律交替出现的创作手法，我们称之为"双主题赋格段"。

设计意图：让学生体验和理解音乐要素在表达音乐情感和思想内涵、塑造音乐形象、形成音乐风格等方面所起的作用，体验音乐语言所带来的感受。

（三）总结

师生共同回顾本节课的学习内容。

设计意图：小结本节课所学内容，有助于巩固学习知识点，提升学生民族自豪感和文化价值观。

（四）课后作业

列举以"歌颂祖国""歌颂党"为主题的歌曲。

设计意图：拓宽学生的视野，提升学习主动性，为下节课的内容做好准备。

（五）教学反思

本节课以《普通高中音乐课程标准（2017年版）》为指导，以提升学生综合素质、发展学生核心素养为目标。本节课的作品在表现形式和表现手段上非常丰富。在教学的时候，教师应该抓住乐曲特点，有针对性地进行欣赏与探究，尤其是把握它们的音乐特征，结合时代背景让学生更好地掌握作品，感受它们不同的表现力，让学生认识、理解音乐所表达的内容、情感和思想内涵，以形成健康向上的音乐审美观，达到课堂教学目标。

由于作品的题材涉及重要历史时期的重大事件，因此，教师在教学中要引导学生了解相关历史文化知识，结合与作品相关的历史文化背景，启发学生领悟音乐的社会意义和文化内涵，加深对音乐的认识和理解。

撰写人简介：黄兰，女，高中一级教师，广东省韶关市仁化县仁化中学音乐教师，仁化县高中音乐兼职教研员，毕业于江西师范大学音乐学院。从事一线音乐教学工作14年，钻研音乐教学，积极撰写相关论文，带领年轻教师完成课题，执教课例《丝竹相和》获得省级一等奖，多次被评为"优秀教师""教学先进个人""高考优秀指导教师"。

第6课时　光荣与梦想

【学习内容】

艺术歌曲《忆秦娥·娄山关》、群众歌曲《春天的故事》。

【内容出处】

人民音乐出版社普通高中《音乐鉴赏》第十一单元第二十一节及第二十二节。

【课时建议】

1课时。

【内容分析】

本课选取了《忆秦娥·娄山关》《春天的故事》两个作品。《忆秦娥·娄山关》是一首词与音乐完美结合的艺术歌曲，曲作者陆祖龙以毛泽东的诗词作为歌词，吸收了中国民族音乐中的戏曲和曲艺音乐的素材，结合歌曲的要素进行创作。歌曲旋律张力较强，线条多变，旋律节奏与歌词的情感结合巧妙，使歌曲富有强烈的感染力。《春天的故事》是一首民族风格浓郁的叙事歌曲，以深刻的寓意、优美的旋律和独特的艺术表现手法，讲述了亿万中国人民在邓小平理论指导下，满怀信心地走上改革开放的道路，中华大地发生历史性巨变的传奇故事。全曲由引子、主体、尾声三个部分构成，主体部分为带再现的单二部曲式。

【学情分析】

学生有了前期的音乐知识积累，了解了大合唱的有关常识，有利于他们更好地欣赏合唱类歌曲。在聆听过程中学生较为喜欢自主探究音乐要素的表现作用，可以多通过讨论环节来激发学生的学习热情，师生共同参与，相互启发。高中学生正处在比较害羞的阶段，所以在开口演唱方面可以循序渐进，以及在对音乐的理解和音乐联想、音乐感受等方面要允许学生有个性化的理解，不必强求统一。根据音乐作品的特点，学生一贯比较能够接受教师用多媒体创设情境，采用音画结合的方式使其更好地理解音乐。

【学习目标】

（1）聆听艺术歌曲《忆秦娥·娄山关》和群众歌曲《春天的故事》；学习艺术歌曲和群众歌曲的基础知识；认识歌曲所反映的时代特点及社会状况，进而了解中华人民共和国成立后创作歌曲的繁荣，掌握当代创作歌曲的基本特征。

（2）模唱艺术歌曲《忆秦娥·娄山关》中"雄关漫道真如铁，而今迈步从头越"旋律片段，体验艺术歌曲在情感表现力上层层递进所展现出来的魅力；对比聆听独唱和合唱版本的《忆秦娥·娄山关》，感受独唱在情感表达上的细腻和合唱在氛围营造上的开阔；探究《春天的故事》的音乐风格，掌握单二部曲式结构；探究节奏、速度、力度等音乐要素在歌曲情感表达中所发挥的作用。

（3）感受和理解音乐作品的情绪、思想倾向、人文内涵，养成健康向上的审美情趣；了解音乐创作的背景以及音乐所反映的时代特点和社会状况，认识作品的艺术价值和社会价值，理解音乐与社会生活的关系，在真善美的音乐艺术世界里陶冶情操。

【学习重、难点】

（1）认识艺术歌曲、群众歌曲。
（2）了解歌曲所反映的时代特点及社会状况。

【评价要点】

（1）掌握艺术歌曲和群众歌曲的基础知识。

(2）结合视频聆听作品，准确地通过各种音乐要素理解作品所表达的内容，学唱音乐片段。

（3）完成学习任务单，区分群众歌曲和艺术歌曲。

（4）以小组为单位，梳理单元音乐作品的时间线索（结合历史）。

【实践活动建议】

活动一：聆听体验

1. 活动目的

播放微课（教师可以自行制作，也可查找合适版本），介绍艺术歌曲和群众歌曲的基础知识，对比聆听《大江东去》和《山丹丹开花红艳艳》，说出两者哪首是群众歌曲，哪首是艺术歌曲。

2. 活动过程

导入新课时，引导学生对比聆听作品。

3. 活动评价

表3-6-1

评价要求	基本完成	完　成	未完成
说出艺术歌曲和群众歌曲的基本知识			

活动二：创作实践+聆听体验

1. 活动目的

对比聆听不同演唱形式的《忆秦娥·娄山关》（视频资料①）。

2. 活动过程

播放《忆秦娥·娄山关》独唱、合唱两个版本的视频，让学生画旋律线感受作品的整体轨迹，感受独唱的细腻、清新及合唱的气势宏大、音响丰满。

3. 活动评价

表3-6-2

评价要求	基本完成	完　成	未完成
准确表达出作品的异同			

活动三：演唱活动

1. 活动目的

学生演唱《忆秦娥·娄山关》中"雄关漫道真如铁，而今迈步从头越"旋律片段，感受艺术歌曲在情感表现力上层层递进所展现出来的魅力。

2. 活动过程

教师范唱，学生跟唱，引导学生体会作品在此阶段表达的意境。

3. 活动评价

表3-6-3

评价要求	基本完成	完　成	未完成
能够准确演唱出作品			

活动四：体验活动

1. 活动目的

学生用感情充沛、充满活力的声音演唱《春天的故事》副歌部分："春风啊吹绿了东方神州，春雨啊滋润了华夏故园……"探究节奏、速度、力度等音乐要素在歌曲情感表达中所发挥的作用。

2. 活动过程

各小组派出代表演唱，感受艺术歌曲和群众歌曲在歌词表达上的不同，并能从节奏、速度、力度上体会音乐要素在作品中所发挥的作用。

3. 活动评价

表3-6-4

要求	基本完成	完　成	未完成
能够准确说出艺术歌曲和群众歌曲的区别			

活动五：游戏抢答

1. 活动目的

学生通过学习相关知识，能够做出准确的判断。

2. 活动过程

完成以下判断题：

（1）群众歌曲的歌词通俗易懂，内容大多与政治、社会活动有关，它体现

了人民群众的理想愿望，表达了人民群众集体的思想感情。（　　）

（2）艺术歌曲是最早盛行于欧洲的抒情歌曲，其特点一定是歌词采用著名诗歌，着重个人感情的抒发和内心体验的揭示。（　　）

（3）《光荣与梦想》为进行曲风格，铿锵有力，表现出全国人民在党的领导下凝聚决心和力量，为实现中华民族伟大复兴的中国梦而昂扬奋进，是一首典型的群众歌曲。（　　）

3. 活动评价

表3-6-5

评价要求	全　对	部分正确	未完成
答题正确率			

活动六：辩论赛（可以利用一节拓展课进行）

1. 活动目的

加深巩固学生对群众歌曲和艺术歌曲的理解，体会自己真正喜欢它们的原因。

2. 活动过程

正反双方各自阐述喜欢的歌曲类型（群众歌曲、艺术歌曲），并阐述理由。

3. 活动评价

表3-6-6

评价要求	基本完成	完　成	未完成
学生能够畅所欲言			

【学后反思】

表3-6-7

学后反思	内　容
通过本节课的学习，你能够辨别出艺术歌曲和群众歌曲吗	
你能够参与歌曲、表现歌曲吗	
你喜欢这节课的内容吗？对于这节课有什么更好的建议，欢迎来和老师沟通	

【课堂学业质量评价单】

（1）《忆秦娥·娄山关》是根据（　　　　　）诗词编曲创作的。

（2）下列选项中，属于群众歌曲的是（　　　）。

A.《我和我的祖国》　　　　　B.《歌唱祖国》

C.《光荣与梦想》　　　　　　D.《忆秦娥·娄山关》

（3）《忆秦娥·娄山关》音乐为（　　）大调，（　　）（　　）（　　）拍。

（4）《光荣与梦想》属于何种音乐风格的作品？（　　　）

A.进行曲　　　B.民谣　　　C.舞曲　　　D.蓝调

（建议：第（1）题可用于课前预习反馈评价，第（2）（3）（4）题可用于课中小结或课后反馈评价）

【拓展资源】

视频资料：①《忆秦娥·娄山关》合唱版；《忆秦娥·娄山关》独唱版。②《春天的故事》交响乐队合奏版本。

【教学流程】

（一）导入

（1）教师简单回顾上节课所学知识。

（2）理解艺术歌曲、群众歌曲的概念。

（3）教师演唱《我和我的祖国》音乐片段，问：同学们能听出来这句歌词的出处吗？这个作品属于哪类歌曲？

课堂活动体验：跟随钢琴伴奏，大家一起演唱这首歌曲的片段（激发学生的爱国热情）。

设计意图：营造音乐课堂氛围，为学习新课做铺垫。

（二）新课内容

1.《忆秦娥·娄山关》

（1）聆听独唱版本，提问：作品分为几个乐段？每一段的音乐情绪是否一样？最为触动你的是哪一段？（此版本为女高音独唱，整体结构比较简单，所以这个版本更加利于流传。作品主要分为三个乐段，三个乐段之间又完全不同，通过不断的节奏变化把歌曲气氛烘托得非常到位，乐句进行时相同歌词不同旋律的重复，把诗词中的感情变化表达得非常细腻，能够在演唱的过程中引起听众共鸣，强化诗词的真意）

（2）作品背景简要介绍：这首脍炙人口的《忆秦娥·娄山关》既是毛泽东写景状物、抒发胸臆的大家手笔，也体现出曲作者对诗词内涵的强烈共鸣，因此成为人们喜爱的歌曲。词写于遵义会议之后，红军第一次攻打娄山关并取得胜利。那年战士们单衣傍身，急速地向娄山关进发，战马行进在险峻的山路上，发出杂沓零乱的声音。凄清的军号声在山间回荡，时断时续，与天空大雁的叫声互为应答。

（3）对比聆听大合唱版本中的"雄关漫道真如铁，而今迈步从头越"，提问：独唱曲、合唱曲所带来的体验有什么不同？（体会不同艺术表现形式的不同艺术效果，独唱的细腻、清新，合唱的气势宏大、音色丰富、音响丰满等，都各具独特的艺术美感）

（4）演唱"雄关漫道真如铁，而今迈步从头越"，体验音乐情绪的层层递进所体现出来的魅力。

（5）提问总结：《忆秦娥·娄山关》属于艺术歌曲还是群众歌曲？

设计意图：通过分析、演唱体验作品表达的情感，激发学生对生活的热爱和美好的向往。

2.《春天的故事》

（1）结合歌谱，完整聆听作品，学生轻声跟唱，提问：歌曲的整体风格如何？你觉得它是属于什么类型的歌曲？（群众歌曲）

设计意图：通过聆听体验作品表达的情感，激发学生对生活的热爱和美好的向往。

（2）结合作品，理解单二部曲式结构，以及歌曲的演唱特点。

全曲由引子、主体、尾声三个部分构成，主体部分为带再现的单二部曲式。前面两句是引子部分，由女声和男声伴唱，以回声式的多次呼应，刻画富裕起来的中国人民由衷地赞颂"春天的故事"的情感。

（3）教师简要介绍作品背景。学生观看视频及有关曲作者的采访片段。

（4）师生一起观看视频，再次完整聆听作品。

设计意图：通过整体欣赏音乐，结合视频展示，一方面可以让学生通过音乐回顾历史，感受音乐所表达的中华民族自强不息、勇于开拓的伟大精神；另一方面也可以让学生了解音乐与社会生活的关系，理解音乐的社会功能和社会价值。

（三）拓展与探究

列举以"歌颂祖国""歌颂党"为主题的歌曲。

（四）课堂小结

播放背景音乐视频，教师结语，师生共同回顾本节课的学习内容。

设计意图：小结本节课所学内容，有助于巩固学习知识点，提升学生民族自豪感和文化价值观。

（五）总结

第5课时"峥嵘岁月"和第6课时"光荣与梦想"两节课的内容选用了不同题材、体裁的优秀音乐作品，反映了长征到改革开放以来中国历史发展不同阶段的一些重要事件、代表人物等，讴歌了中国共产党带领人民英勇奋斗，以一往无前的进取精神谱写了中华民族壮丽史诗的丰功伟绩，展现了中国共产党带领全国人民走上中华民族伟大复兴之路的光荣梦想。

（六）教学反思

本节课以《普通高中音乐课程标准（2017年版）》为指导，以提升学生综合素质、发展学生核心素养为目标。本节课的两首作品在风格、表现形式和表现手段上各不相同。在教学的时候，教师应该抓住它们各自不同的特点，有针对性地进行欣赏与探究，尤其是把握它们的音乐特征，结合时代背景让学生更好地掌握作品，感受、体验它们不同的表现力，让学生认识、理解音乐所表达的内容、情感和思想内涵，以形成健康向上的音乐审美观，达成课堂教学目标。

由于这些作品的题材涉及不同历史时期的重大事件或代表人物，因此，教师在教学中要引导学生了解相关历史文化知识，结合与作品相关的历史文化背景，启发学生领悟音乐的社会意义和文化内涵，加深对音乐的认识和理解。

撰写人简介：黄兰，广东省韶关市仁化县仁化中学教师。

第四单元
外国音乐发展历程

一、单元内容结构及课时安排

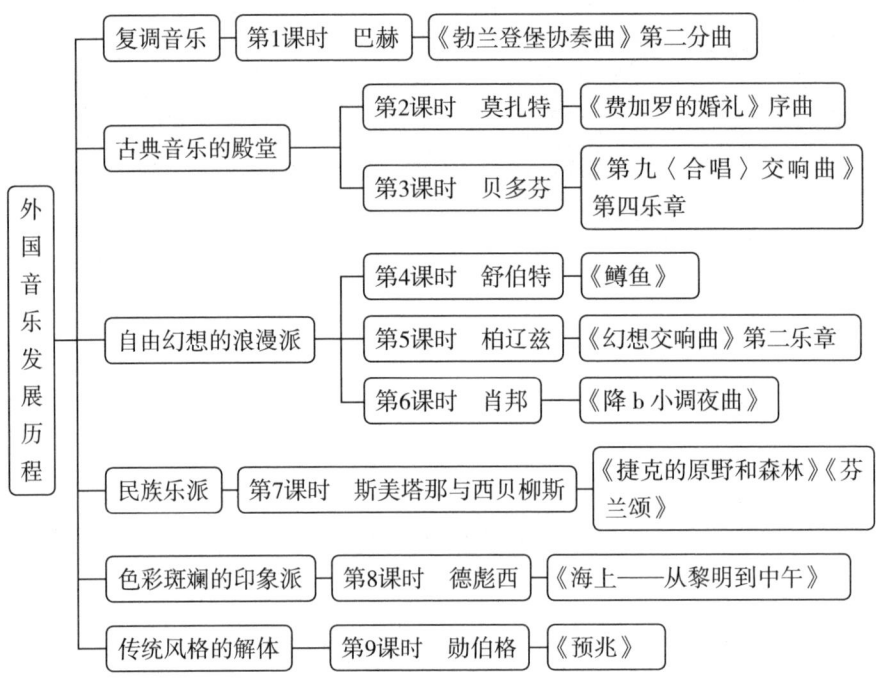

二、单元整合思路

本单元内容选自人民音乐出版社普通高中《音乐鉴赏》教材中的第十二单元至十七单元，因是以西方音乐史为主线，介绍从17世纪到20世纪初西方音乐不同时期不同音乐的发展与所处时期的特征，故题为"外国音乐发展历程"。为了能让学生对不同时期典型的音乐流派、不同音乐形式的发展与基本特征、各时期代表人物有所了解，本单元结构框架基本与原教材一致，关注内容的内在联系，课时建议为9课时。

其中自由幻想的浪漫派、民族乐派在课时安排与内容上有所调整。自由幻想的浪漫派选取了舒伯特、柏辽兹、肖邦三节内容，主要考虑到让学生感受浪漫乐派具有代表性的艺术歌曲、钢琴音乐和交响曲，从而掌握浪漫乐派音乐的风格特征。

肖邦所处的时期正是波兰民族解放运动高涨的年代，他的创作充满了爱国主义精神，对19世纪后半叶欧洲民族乐派的形成和发展产生了深远影响。因此，在舒伯特和柏辽兹之后，由肖邦承接到民族乐派。

民族乐派设置了"斯美塔那与西贝柳斯"一节内容，选择《捷克的原野和森林》《芬兰颂》进行重点分析聆听，旨在通过分析两个作品，从中感受民族乐派独特的民族性和深刻的人民性，理解作曲家的家国情怀。教材中另外两个作品则采用布置作业，分小组课后收集资料，制作演示文稿进行小组分享与汇报的方式让学生完成学习。

三、单元学习目标

1. 审美感知

聆听外国音乐史上不同艺术风格与表现形式的作品，能感受所听作品的情绪、风格等特点，知道有代表性的外国音乐家（4—6位）及其代表作品（1—2部）。

2. 艺术表现

用哼唱旋律、对比聆听、分析曲谱、即兴律动等方式熟悉作品的音乐主题；能根据音响初步识别和判断音乐作品的名称、表现题材、体裁形式、乐器音色、风格流派、民族地域特征等。对比外国不同风格流派或表现形式的音乐作品；能结合所学知识进行小组探讨，交流音乐作品的风格和文化特征，并运用信息技术进行分享。

3. 文化理解

了解外国音乐发展历程，尊重音乐文化的多样性。对外国音乐的基本特征、风格流派及其与社会、历史、文化、民族、地域的关系有一定的认识和理解。

第1课时　巴赫

【学习内容】

《勃兰登堡协奏曲》第二分曲第一乐章。

【内容出处】

人民音乐出版社普通高中《音乐鉴赏》第十二单元第二十三节。

【课时建议】

1课时。

【内容分析】

巴赫的《勃兰登堡协奏曲》共有六首，它们是巴赫协奏曲作品中的精品。这六首协奏曲因为是题献给勃兰登堡总督的，故统称现名。本课着重欣赏的是《勃兰登堡协奏曲》的第二首。

第二首为F大调。主奏部的乐器有高音小号、竖笛、双簧管、小提琴，协奏部的乐器由弦乐组与羽管键琴组成，共有三个乐章，采用当时欧洲盛行的"大协奏曲"体裁，即由一组独奏乐器和另一组伴奏的乐队相互竞奏，形成互动的音乐交流。

【学情分析】

高一年级学生的音乐欣赏面有待拓宽，学生们爱听的音乐主要是流行音乐，对于古典音乐，特别是比较难懂的巴洛克时期的复调音乐这一类西方音乐专业知识了解不多，也缺乏一定的兴趣。为了加深学生对巴洛克音乐风格的整体了解，需使用一些直观明了的授课方法，通过对比找到该音乐风格与其他音乐风格的共性与差异，拉近学生与巴洛克音乐的距离，使学生体验巴洛克音乐的艺术魅力。

【学习目标】

（1）认识主调音乐与复调音乐，了解复调音乐的两种基本写作手法。

（2）学唱《勃兰登堡协奏曲》第二分曲第一乐章回归段与独奏段主题，能够分辨独奏组乐器的音色，并且能在音乐行进中找到其出现的顺序。

（3）了解巴洛克时期的音乐风格特征及巴赫音乐的历史地位。

【学习重、难点】

感知复调音乐与主调音乐的异同，了解复调音乐的创作手法。分辨乐曲中的几种主奏乐器的音色。

【评价要点】

（1）准确说出复调音乐的概念，记住两种复调音乐的基本写作手法。（观看微课视频1《复调音乐及其创作手法》，完成"实践活动一"，"课堂学业质量评价单3"，检测目标1）

（2）判断复调音乐与主调音乐的不同。（完成"课堂学业质量评价单2"，检测目标1）

（3）能模唱乐曲第一乐章回归段与独奏段，分辨出独奏段中使用的四种主奏乐器。（完成"实践活动二""实践活动三"，"课堂学业质量评价单4"，检测目标2）

（4）能用自己的语言总结出巴洛克时期的音乐风格特征。（完成"课堂学业质量评价单5"，检测目标3）

【实践活动建议】

活动一：创作实践

1. 活动目的

运用复调音乐的两种创作手法（对比、模仿）进行音乐片段的创作。

2. 活动过程

观看微课视频1《复调音乐及其创作手法》后，根据所展示的谱例片段，小组合作，用对比、模仿的手法分别进行音乐片段的创作。

3. 活动评价

表4-1-1

评价要求	基本完成	完　成	未完成
能较准确地运用两种手法创作乐句			

活动二：聆听体验I

1. 活动目的

了解协奏曲的分类，了解《勃兰登堡协奏曲》第二分曲属于哪一类协奏曲。

2. 活动过程

教师讲解协奏的含义，介绍协奏曲的三种分类：大协奏曲、乐队协奏曲、独奏协奏曲。学生观看《勃兰登堡协奏曲》第二分曲的视频片段，说出其属于哪一类协奏曲，找到其独奏组与协奏组的乐器分别有哪些。

3. 活动评价

表4-1-2

评价要求	基本完成	完　成	未完成
能了解协奏曲的含义及其分类，能通过观看视频说出《勃兰登堡协奏曲》第二分曲所属分类，找出其独奏组与协奏组的乐器			

活动三：聆听体验II

1. 活动目的

了解《勃兰登堡协奏曲》第二分曲第一乐章运用的创作手法及乐器之间的关系，熟悉回归段（利托奈罗）及独奏段的旋律。

2. 活动过程

教师播放《勃兰登堡协奏曲》第二分曲第一乐章的音乐片段并展示谱例，学生在聆听过程中观察谱例，找出独奏乐器的出现顺序，教师讲解回归段（利托奈罗）的含义，学生在乐曲行进中找到乐曲的回归段（利托奈罗）及独奏部分，分别进行学唱并找出其旋律与节奏的特点。

独奏乐器的出现顺序为：_____　_____　_____　_____

3. 活动评价

表4-1-3

评价要求	基本完成	完成	未完成
能快速、准确地判断乐曲中乐器的出现顺序，并能在聆听中找到回归段及独奏部分			

【学后反思】

表4-1-4

学后反思	内容
通过对本节课的学习，如果播放一首复调音乐，你能听出它的创作手法是什么吗	
你是从哪些方面总结出巴洛克音乐的风格特点的	
你更喜欢主调音乐还是复调音乐呢	

【课堂学业质量评价单】

（1）（　　）是巴洛克时期的代表作曲家。

A. 贝多芬　　　B. 肖邦　　　C. J. S. 巴赫　　　D. 德彪西

（2）聆听两个音乐片段，是复调音乐的是（　　）。

A. 音乐片段1　　　　　　B. 音乐片段2

（3）观看微课《复调音乐及其创作手法》，回答问题。

① 什么是主调音乐？

② 什么是复调音乐？它的创作手法有哪些？

（4）在《勃兰登堡协奏曲》第二分曲第一乐章中，独奏乐器的出现顺序为：_____　_____　_____　_____

（5）巴洛克时期的音乐特征是什么？

织体：

旋律：

节奏：

音色：

【课后拓展任务单】

请查找关于管风琴的图片及文字资料，对管风琴的发展历程做一个探究汇报。

【拓展资源】

（1）音频：①《勃兰登堡协奏曲》第二分曲第一乐章；②音乐片段1《G弦上的咏叹调》；③音乐片段2《土耳其进行曲》。

（2）视频：微课视频《复调音乐及其创作手法》。

【教学流程】

（一）导入

（1）观看羽管键琴的演奏视频，引出巴洛克时期作曲家巴赫以及西方音乐的发展历程。

（2）介绍巴洛克的含义。展示巴洛克时期的建筑、绘画和服饰的图片，提出问题：这些建筑、绘画、服饰都有什么特点？

总结出巴洛克时期的风格特点为：线条复杂、色彩明亮、装饰性强。

提出问题：那巴洛克时期的音乐也会有这样的特点吗？

设计意图：引入西方音乐大单元概念，对巴洛克时期的艺术形式拥有初步的印象，为接下来的巴洛克音乐学习做好准备。

（二）新课内容

（1）展示本课标题《勃兰登堡协奏曲》第二分曲，提出问题：什么是协奏曲？

（2）讲解何为协奏曲，以及协奏曲的分类。

观看视频片段，说出《勃兰登堡协奏曲》第二分曲属于哪一种协奏曲。

设计意图：初步了解《勃兰登堡协奏曲》的创作背景及"协奏曲"等知识点。

（3）回顾视频，找出独奏组与协奏组分别有什么乐器。（对应色彩明亮特点）

聆听音频，独奏乐器的出现顺序是怎样的？（小号、小提琴、双簧管、竖笛、小号）

（4）播放《勃兰登堡协奏曲》第二分曲第一乐章的音乐片段并展示动态乐谱，在聆听过程中观察谱例，找出独奏组及协奏组乐器的出现顺序有什么特点。

（5）①解析何为回归段（利托奈罗），学唱回归段并找到旋律与节奏的特点。（重复、向前驱动）

②在回归段后，独奏乐器就会用华丽的技巧出现，称为独奏段。

观察乐谱，独奏乐器用了什么华丽的技巧？（tr颤音）再次观看视频，是不是每个独奏乐器都用了这个技巧？如果出现颤音，就举手示意，看看颤音出现了几次。（对应装饰性强特点）

设计意图：了解第一乐章的乐器音色与出现的顺序，分析乐器之间的关系。熟悉回归段与独奏段的旋律，并找出乐句节奏、旋律的特征。

（6）提问：再次观察曲谱，是否发现有一条旋律从头到尾都在进行？是什么乐器演奏的？

引出羽管键琴与通奏低音。

设计意图：了解巴洛克音乐中通奏低音的知识点。

完整观看《勃兰登堡协奏曲》第二分曲第一乐章演奏视频。

（7）提问：刚才在观看动态乐谱的时候，有没有注意到旋律线条的进行？有几条旋律线条呢？和我们现在听到的流行音乐是否一样？

解析巴洛克时期的音乐以复调音乐为主，观看视频，引出主调音乐与复调音乐，用旋律线条分析讲解两者的不同之处。

听辨练习小活动：聆听音频，分辨哪一个片段属于复调音乐。

设计意图：通过视频和图片，直观地了解主调音乐与复调音乐的区别。

（三）课堂小结

回顾课堂，总结巴洛克时期音乐的风格特点；简述巴赫音乐的地位。

音色：明亮华丽。

旋律：音型重复的拓展、伴随大量的装饰音。

节奏：节奏型反复出现，推动音乐向前发展。

织体：以复调音乐为主。

设计意图：学生总结本节课所学的知识，归纳出巴洛克时期音乐的风格特点，加深印象。

（四）教学反思

在本节课中，教师需要讲解的知识点比较多，而且学生理解起来也有些难度，因此在课堂中需要运用一些比较直观的方法，如动态乐谱、旋律线等，让学生进行体验学习。如有时间，在讲复调音乐时可以让学生进行分组演唱，体验感会更强。

撰写人简介：蓝凤仪，女，毕业于星海音乐学院音乐教育系，高中一级教师，现就职于广东省韶关市韶州中学，担任韶州中学音乐科组长。从事一线音乐教学工作9年，多次承担市级、校级优质课展示，曾获市级青年教师赛课二等奖、微课大赛一等奖、教学设计大赛一等奖等。

第2课时 莫扎特

【学习内容】

《费加罗的婚礼》序曲。

【内容出处】

人民音乐出版社普通高中《音乐鉴赏》第十三单元第二十四节。

【课时建议】

1课时。

【内容分析】

莫扎特创作的《费加罗的婚礼》序曲采用交响乐的手法，言简意赅地体现了这部喜剧充满生机且辉煌的音乐效果，具有完整而独立的特点。这首序曲同歌剧本身并没有主题上的联系，但在总体情绪和风格上与歌剧的内容有着紧密的联系，此序曲莫扎特用了省略展开部的奏鸣曲式进行创作。作品中用了两个主题分别刻画出费加罗机智幽默、勇于斗争的性格和苏珊娜活泼聪慧的美好形象。

【学情分析】

学生通过高一阶段对不同音乐模块课的学习，已具备一定的艺术素养和艺术表现力。同时，学生通过对教材《音乐鉴赏》第一单元"学会聆听"的学习，对音乐要素等知识已有所掌握。在上节课中，学生已经开始接触西方音乐的开端——巴洛克时期的音乐，对器乐作品也有一定的了解，但对歌剧领域少有接触，因此在课堂中需要穿插歌剧中所演绎的故事内容，让学生沉浸其中感受西方歌剧的魅力。

【学习目标】

（1）聆听歌剧《费加罗的婚礼》序曲，感受莫扎特音乐中明快活泼的风格特点，认识并了解奏鸣曲式的曲式结构。初步了解莫扎特的音乐创作风格。

（2）在分段聆听中，分析曲谱，填写表格，视唱主题旋律，感知各音乐要素在音乐中所树立的形象。

（3）理解莫扎特轻松、明亮的音乐创作风格所蕴含的深刻含义，感受其音乐创作的魅力。

【学习重、难点】

了解序曲的结构，通过音乐要素分析音乐的各个主题，并对各音乐主题进行体验与表现。

【评价要点】

（1）了解莫扎特的生平及音乐创作。（完成"实践活动一""课堂学业质量评价单2"，检测目标1、3）

（2）认识奏鸣曲式的结构特点，深入体验各音乐主题中音乐要素的特点。（完成"实践活动三""课堂学业质量评价单4、5"，检测目标1、2）

（3）探究莫扎特的创作手法及创作内涵。（完成"实践活动二""课堂学业质量评价单3"，检测目标3）

【实践活动建议】

活动一：听歌连线

1. 活动目的

通过歌曲片段引出古典乐派，了解莫扎特生平。

2. 活动过程

（1）听歌连线，猜猜作曲家是谁？（五个音乐片段，莫扎特三首、贝多芬一首、海顿一首）

音乐片段1	贝多芬
音乐片段2	
音乐片段3	莫扎特
音乐片段4	
音乐片段5	海　顿

（2）引出古典乐派，从刚才莫扎特的三个音乐片段里推测莫扎特的性格特点。

（3）介绍"音乐神童"莫扎特的生平，讨论莫扎特"神"在何处。

3. 活动评价

表4-2-1

评价要求	基本完成	完　成	未完成
能了解古典乐派的代表作曲家，并能用准确、流畅的话语总结莫扎特的性格特点			

活动二：了解剧情，角色扮演

1. 活动目的

了解《费加罗的婚礼》的人物关系及故事情节，通过表演，培养想象力与表现力。

2. 活动过程

（1）观看图解（莫扎特《费加罗的婚礼》人物、剧情介绍），了解剧情。

（2）从所给的音乐片段（活动二曲目）里选择合适的音乐，根据所给剧情，发挥想象力，并进行分组角色扮演。（提示：男女主人公准备婚礼，周围的人是什么心情呢？他们会做些什么？）

（3）观看歌剧相关片段并对比莫扎特是如何描绘这一情节的。

3. 活动评价

表4-2-2

评价要求	基本完成	完　成	未完成
能较准确地把握剧情，发挥想象力，大胆地进行小组表演			

活动三：聆听与分析

1. 活动目的

了解莫扎特描绘故事情节和人物性格的方式。

2. 活动过程

（1）分段聆听，小组合作完成表格内容。

呈示部——主部主题1：

表4-2-3

	乐　器	速　度	力　度	情　绪
主部主题1				

呈示部——主部主题2：

表4-2-4

	乐　器	速　度	力　度	情　绪
主部主题2				

请对比主部主题1，这里发生了什么变化？完成表格内容。

完整观看主部主题的演奏视频。

连接部：

聆听片段，观察曲谱，找出连接部是如何写的。圈出重点的音符（1-2-3-4），引导学生回答（模进）创作手法。

呈示部——副部主题1（费加罗主题）：

表4-2-5

	乐　器	速　度	力　度	性　格
副部主题1				

提示学生注意演奏乐器及音乐力度的变化，完成表格内容。

请全体男生演唱副部主题1的旋律。

呈示部——副部主题2（苏珊娜主题）：

表4-2-6

	乐　器	速　度	力　度	性　格
副部主题2				

请全体女生演唱副部主题2的旋律。

总结曲式结构：

    呈示部   →   连接部   →   再现部

（主题→副题）→（省略展开部）→（原调上重复呈示部）

（2）观看微课视频2《奏鸣曲式》，介绍奏鸣曲式。

（3）根据曲式结构示意图，完整聆听曲子，观看演奏视频。

3. 活动评价

表4-2-7

评价要求	基本完成	完 成	未完成
能准确地分辨序曲里的各音乐主题，并能从各音乐主题的音乐要素里了解主角的性格特点及歌剧中的故事基调			

【学后反思】

表4-2-8

学后反思	内 容
通过本节课的学习，你能说出奏鸣曲式分为哪些部分吗？你还知道哪些曲子是用奏鸣曲式写的呢	
你觉得莫扎特是一个怎样的音乐家	
回顾上节课与本节课，你觉得莫扎特和巴赫的创作最大的不同点在哪里	

【课堂学业质量评价单】

（1）说出几位西方古典乐派的作曲家。

（2）请用几个关键词形容莫扎特音乐的风格特点。

（3）请说出你最喜欢《费加罗的婚礼》中的哪个人物，为什么？

（4）写出奏鸣曲式的曲式结构示意图。

（　　）部—（　　）部—（　　）部

（　　）主题（　　）主题　　（　　）主题（　　）主题

（5）分段聆听，完成表格内容。

表4-2-9

	乐　器	速　度	力　度	性格/情绪
主部主题1				
主部主题2				
连接部				
副部主题1				
副部主题2				

【课后拓展任务单】

探究古典主义歌剧与浪漫主义歌剧的异同。

【拓展资源】

（1）音频：①音乐片段1《小星星变奏曲》；②音乐片段2《惊愕交响曲》；③音乐片段3《土耳其进行曲》；④音乐片段4《第五命运交响曲》；⑤音乐片段5《C大调奏鸣曲》；⑥活动二曲目1《费加罗的婚礼》序曲；⑦活动二曲目2《c小调练习曲》；⑧活动二曲目3《第五命运交响曲》。

（2）视频：微课视频2《奏鸣曲式》。

【教学流程】

（一）导入

（1）回顾上节课讲解的西方音乐发展历程图，图中展示巴洛克时期结束后出现古典主义时期，在这个时期又会出现哪些伟大的音乐家？

（2）听歌连线活动。

① 听歌连线，猜猜作曲家是谁？

② 介绍"音乐神童"莫扎特的生平，讨论莫扎特"神"在何处。

设计意图：回顾历程图，实现西方音乐大单元的连接，引出古典乐派的音乐家，从莫扎特的三个音乐片段里推测莫扎特的性格与创作特点。

（二）新课内容

1. 了解《费加罗的婚礼》剧情

（1）展示人物关系图，观察讨论，用自己的语言组织故事内容。

（2）如果让你为这个剧情选择一首音乐，你会选择以下哪个音乐片段？为什么？

（3）观看歌剧序曲片段，看看莫扎特是如何描绘这一情节的。

设计意图：吸引学生沉浸在歌剧所描绘的故事里，从而引出莫扎特是如何描绘这些画面的。

2. 聆听与分析

（1）介绍什么是序曲，引出奏鸣曲式，微课视频介绍奏鸣曲式。

小结奏鸣曲式的结构为：呈示部—展开部—再现部。

设计意图：初步了解奏鸣曲式的结构，再进入序曲的学习。

（2）根据奏鸣曲式结构，分段聆听，完成表格填写。

（详见学历案实践活动建议之活动三）

设计意图：通过对呈示部中不同主题的学习，分析其音乐要素，了解人物形象与其风格特征是如何形成的，加深对结构的认识。

（3）总结《费加罗的婚礼》序曲呈示部的曲式。完整欣赏《费加罗的婚礼》序曲的视频。

（观看中，请同学们指出主部主题、副部主题以及再现部的出现位置）

看完视频，同学们是不是发现这首序曲在结构上和我们刚刚学习的奏鸣曲式相比，少了点儿什么？

设计意图：总结出《费加罗的婚礼》序曲的曲式结构，了解莫扎特在创作时用了一个非常巧妙的连接部，而省略了展开部。

（4）介绍歌剧知识，小结古典主义时期歌剧的特点。

（三）总结

观察曲谱，回顾课堂，总结古典主义音乐的特点。

旋律：素材简单，乐句对称。

节奏：比较灵活。

织体：以主调音乐为主。

手法：规整、明亮而又理性。

设计意图：学生总结本节课所学知识，归纳出莫扎特的作品和古典主义音乐的风格特点。

（四）教学反思

在设计中有很多分段聆听，如果学生基础比较好，也可以直接聆听完一整段呈示部中的主部主题，再让学生找出其中的不同之处，找到主题1、主题2，这样可以给后面的连接部与再现部留出欣赏对比的时间。在讲解时还是要注意此剧反映的社会性，可以在课后布置学生看完整歌剧，让学生选出歌剧中最喜欢的一首作品进行组内推荐并说出理由。

撰写人简介：蓝凤仪，广东省韶关市韶州中学教师。

第3课时　贝多芬

【学习内容】

贝多芬《第九〈合唱〉交响曲》第四乐章。

【内容出处】

人民音乐出版社普通高中《音乐鉴赏》第十三单元第二十五节。

【课时建议】

1课时。

【内容分析】

《第九〈合唱〉交响曲》在贝多芬的所有作品中占有突出地位，是贝多芬音乐生涯的登峰造极之作。这部交响乐思想深刻、形象丰富，扩大了交响乐的规模和范围，其第四乐章加入了合唱、独唱及重唱形式，合唱部分以德国诗人席勒的《欢乐颂》为歌词，教材中所选取的正是《第九〈合唱〉交响曲》的第四乐章。

第四乐章是一首庞大的变奏曲，其核心是"欢乐颂"主题，通过对"欢乐颂"主题的多次变奏，乐曲最后达到高潮，也达到了贝多芬音乐创作的最高峰。贝多芬通过这部作品表达人类寻求自由的斗争意志，并坚信这个斗争最后一定以人类的胜利而告终，人类必将获得欢乐和团结友爱。

【学情分析】

学生经过前几节课的学习，对西方音乐已经有了一定的认识。但对于西方的交响乐还是了解得不够全面。对本节课学习的这首《第九〈合唱〉交响曲》

第四乐章的"欢乐颂"主题学生耳熟能详，可这部作品除了"欢乐颂"主题还有什么其他部分，它为什么是贝多芬的最高成就，学生可能不太了解，因此在教学中教师需要引导学生在聆听与体验的基础上，理解贝多芬创作中所蕴含的深刻思想。

【学习目标】

（1）了解奏鸣曲式、奏鸣曲和交响曲的知识；认识古典主义音乐的风格特征。

（2）结合图示聆听《第九〈合唱〉交响曲》第四乐章片段，感受器乐与人声的交融，分析乐谱，了解第四乐章"欢乐颂"主题的呈现方式与顺序；学唱第四乐章"欢乐颂"主题。

（3）思考《第九〈合唱〉交响曲》第四乐章的艺术价值及其现实意义；归纳贝多芬对古典主义音乐的继承与创新。

【学习重、难点】

掌握"欢乐颂"主题呈现的方式与顺序，感知"欢乐颂"主题出现时音乐要素的变化，归纳贝多芬对古典主义音乐的继承与创新。

【评价要点】

（1）了解贝多芬的生平及音乐创作，掌握古典主义音乐的风格特点。（完成"实践活动一""课堂学业质量评价单1、3、4、5"，检测目标1、3）

（2）探究贝多芬在《第九〈合唱〉交响曲》中的创作手法在表达情感中的作用。（完成"实践活动二"，检测目标2）

（3）能用准确的音高及恰当的情感唱出《第九〈合唱〉交响曲》第四乐章的"欢乐颂"主题合唱部分。（完成"实践活动二"，检测目标2）

（4）能大致说出贝多芬的音乐为什么是"集古典乐派之大成，开浪漫乐派之先河"。（检测目标3）

【实践活动建议】

活动一：聆听体验I

1. 活动目的

通过聆听音乐片段了解贝多芬生平及性格特点。

2. 活动过程

聆听音乐片段，说出它们的作者，引出贝多芬，小组派代表介绍自己所了解的贝多芬（性格、经历或者故事），完成人物经历/性格图。

音乐片段1：《第五〈命运〉交响曲》 音乐片段2：《致爱丽丝》

音乐片段3：《〈月光〉奏鸣曲》

人物经历/性格图：

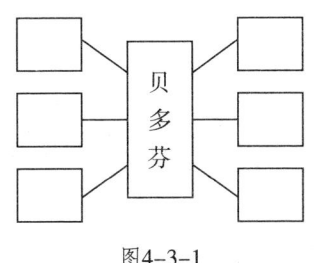

图4-3-1

3. 活动评价

表4-3-1

评价要求	基本完成	完 成	未完成
了解贝多芬生平经历及其性格特点的形成原因			

活动二：聆听体验 II

1. 活动目的

分段聆听，分辨器乐与人声音色，完成图表，了解"欢乐颂"主题是如何呈现的。

2. 活动过程

（1）聆听引子（器乐）部分，根据提示，从提示词里选择所出现的乐器，并说出它们出现的顺序是怎样的。

提示词语：合奏、大提琴、低音提琴、管乐

顺序：__合奏__ → __大提琴、低音提琴__ → _____ →

→ __合奏__ → _____ → __管乐__ → __大提琴、低音提琴__

→ _____ → _____ → __管乐__ → _____

为什么是这样的顺序呢？像是在干什么？（小组讨论，展开联想）

（2）聆听"欢乐颂"主题器乐部分，找出"欢乐颂"主题出现了几次，每次所使用的乐器是否有变化。

（3）聆听"欢乐颂"主题的第一段人声部分，根据演唱形式，完成发展脉络示意图。（提示语：独唱、合唱、四重唱）

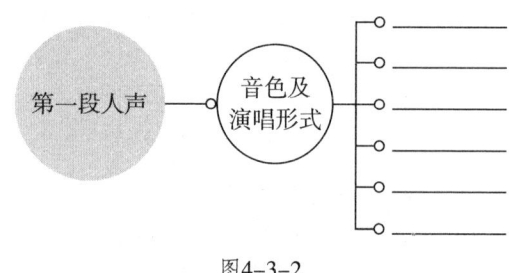

图4-3-2

（4）学唱合唱部分。先有感情地朗诵席勒的诗作《欢乐颂》，再进行完整的演唱。

（5）相较于以前所了解的交响曲，贝多芬的《第九〈合唱〉交响曲》第四乐章多了什么部分？归纳出贝多芬对古典主义音乐的继承与创新。

3. 活动评价

表4-3-2

评价要求	基本完成	完　成	未完成
了解第四乐章"欢乐颂"主题的发展脉络，有感情地演唱"欢乐颂"主题合唱部分			

活动三：对比聆听

1. 活动目的

分析古典主义时期音乐的风格特点。

2. 活动过程

聆听3个音乐片段，引导学生分析其音乐要素，判断哪一首是属于古典主义时期的音乐作品。

音乐片段1　　　音乐片段2　　　音乐片段3

3. 活动评价

表4-3-3

评价要求	基本完成	完　成	未完成
能快速判断出古典主义时期的作品，并说出理由			

【学后反思】

表4-3-4

学后反思	内容
通过上节课与本节课的学习，说出古典主义音乐的风格特点	
贝多芬是如何表达"欢乐颂"主题的	
贝多芬在哪些方面对古典主义音乐进行继承与创新	
你对古典主义音乐还有哪些疑惑需要老师帮助	

【课堂学业质量评价单】

（1）聆听音乐片段，说出作者，小组派代表介绍自己所了解的贝多芬（性格、经历或者故事），完成人物经历/性格图。

音乐片段1：《第五〈命运〉交响曲》

音乐片段2：《致爱丽丝》

音乐片段3：《〈月光〉奏鸣曲》

作者：（　　　　）

（2）分段聆听，完成以下图表。

聆听引子（器乐）部分，从提示词里选择所出现的乐器，并说出它们出现的顺序是怎样的。

（提示词语：合奏、大提琴、低音大提琴、管乐）

顺序：合奏 → 大提琴、低音提琴 → _____ → _____
→ 合奏 → _____ → 管乐 → 大提琴、低音提琴
→ _____ → _____ → 管乐 → _____

聆听"欢乐颂"主题的第一段人声部分，根据演唱形式，完成学历案中的发展脉络示意图。（提示语：独唱、合唱、四重唱）

（3）请用几个关键词形容古典主义音乐的特点。
（　　　）（　　　）（　　　）（　　　）

（4）聆听下列音乐片段，判断哪一段是古典主义时期的作品。
A. 第一段音乐　　B. 第二段音乐　　C. 第三段音乐

（5）补充完成以下对比表格。

表4-3-5

	织体	旋律	节奏	风格	代表音乐家
巴洛克时期		华丽、扩展	持续、驱动		巴赫
古典主义时期	主调			简洁、明快	

【课后拓展任务单】

贝多芬的创作分为3个时期：创作初期、成熟时期、创作晚期。请分别查找资料及聆听这3个时期的音乐作品，看看不同时期贝多芬的创作有什么不同的特点。

表4-3-6

初期	
成熟	
晚期	

【拓展资源】

音频：①音乐片段1《第五〈命运〉交响曲》；②音乐片段2《致爱丽丝》；③音乐片段3《〈月光〉奏鸣曲》；④检测题：音乐片段1德彪西《月光》；⑤检测题：音乐片段2巴赫《小步舞曲》；⑥检测题：音乐片段3贝多芬《〈悲怆〉奏鸣曲》第三乐章。

【教学流程】

(一)导入

回顾西方音乐发展历程图,今天将要学习另外一位古典主义时期的代表人物。

(1)聆听音乐片段,猜猜这位音乐家是谁?(贝多芬)

(2)小组派代表介绍自己所了解的贝多芬(性格、经历或者故事),完成人物经历/性格图。

(3)观看贝多芬的视频介绍。

引出大家最熟悉的贝多芬的《欢乐颂》。

设计意图:了解贝多芬的人生经历,让学生对贝多芬的创作意图有初步的感悟。

(二)新课内容

(1)演唱《欢乐颂》简谱,唤起记忆。

(我们耳熟能详的《欢乐颂》是属于贝多芬《第九〈合唱〉交响曲》第四乐章里的人声合唱部分。而在这个乐章,不仅仅有人声,还有器乐的演奏)

(2)介绍《第九〈合唱〉交响曲》第四乐章的器乐与人声部分的结构。

(3)器乐部分:

① 聆听器乐引子部分,乐器出现的先后顺序是怎样的?请小组合作完成顺序图。(提示语:合奏、大提琴、低音提琴、管乐)

② 请小组轮流回答。观察顺序图,回忆视频,是不是发现不同乐器的声音像是在对话?解析每种乐器出现的作用,以及演奏的主题。

③ 总结出器乐引子部分的结构。

引子结束,熟悉的旋律响起,这时"欢乐颂"主题出现了。

设计意图:通过器乐与各主题的出现,了解引子中是如何把"欢乐颂"主题揭示出来的。

(详见学历案"实践活动二")

(4)在器乐部分,"欢乐颂"主题出现了几次?每一次所使用的乐器有没有变化?力度有没有变化?完成填空。

设计意图：了解贝多芬是如何运用主旋律音色的变化、伴奏乐器音色的搭配、力度的变化等音乐要素，第一次将《欢乐颂》推向了高潮。

（5）器乐"欢乐颂"主题与人声"欢乐颂"主题中间有一个连接部，旋律是否在之前听过？是用什么乐器演奏的？在这个连接部里又是用什么表现出来的？

（连接部：引子的主题再现。原本大提琴、低音提琴的宣叙调由男中音唱出）

（6）人声部分：

①聆听人声部分，根据演唱形式出现的顺序，完成发展脉络示意图。

②介绍人声部分的歌词由席勒所作，观察歌词并回顾视频，思考应该用怎样的情绪来演唱？

（有感情地朗诵一遍歌词，再带歌词演唱《欢乐颂》）

③理解贝多芬创作的理想。

（详见学历案"实践活动二"）

（7）小结《第九〈合唱〉交响曲》第四乐章的第一部分的结构。

设计意图：了解贝多芬是如何在"欢乐颂"主题的多次呈现中，用力度、音色等音乐要素的变化，表达音乐的内在情感，并小结其呈现的方式与顺序，加深对第四乐章的理解。

（三）总结

（1）介绍贝多芬创作《第九〈合唱〉交响曲》的故事。

（2）为什么说贝多芬是"集古典主义之大成，开浪漫主义之先河"？总结贝多芬对古典音乐的继承和创新发展。

继承：交响曲四个乐章形式，采用奏鸣曲式创作。

创新：乐队编制扩大，加强音乐的交响性及戏剧性，表现手法创新，将人声融入交响乐的创作，突破传统结构，极具思想性、革命性。

（3）通过对两位古典主义时期音乐家的学习，总结出古典主义时期音乐的特点。

设计意图：总结贝多芬的成就，承上启下，为下一节浪漫主义音乐做一个铺垫。

（四）教学反思

由于《第九〈合唱〉交响曲》第四乐章篇幅较长,所以只能在课堂中截取前半部分分段聆听,剩下的需要学生在课后完成欣赏。本课在教学设计上分析得比较多,导致忽略了人文性,在讲解时要注意和学生分析贝多芬为什么要写这首曲子,他是通过怎样的手法一步步揭示他所要表达的主题以及最终的目的。

撰写人简介：蓝凤仪,广东省韶关市韶州中学教师。

第4课时　舒伯特

【学习内容】

《鳟鱼》、作曲家舒伯特、艺术歌曲、声乐套曲。

【内容出处】

人民音乐出版社普通高中《音乐鉴赏》第十四单元第二十六节。

【课时建议】

1课时。

【内容分析】

参考人民音乐出版社普通高中《音乐鉴赏》教师用书第242—244页。

【学情分析】

高一的学生已经基本具备独立分析问题的能力，在前面的学习内容中对歌曲、音乐要素、时代性音乐已有接触，且具有一定的音乐理论基础及听赏辨别能力，相信在本课的教学中学生能够较好地完成学习任务。

【学习目标】

（1）欣赏艺术歌曲《鳟鱼》，从旋律、歌词方面感受作品描绘的情景及其思想情感内容。

（2）尝试演唱《鳟鱼》，感受歌曲旋律、力度、调式、音乐情绪等音乐要素的变化，深入体验浪漫主义艺术歌曲的表现形式。

（3）掌握有关艺术歌曲、声乐套曲的基础知识。联系时代背景和个人境遇，理解舒伯特与舒巴尔特二人与《鳟鱼》之间的关系。

【学习重、难点】

（1）学习重点：欣赏艺术歌曲《鳟鱼》，感受歌曲旋律、力度、调式、音乐情绪等音乐要素的变化，深入体验浪漫主义艺术歌曲的表现形式。

（2）学习难点：学生能够用音乐语言分析作品，能够积极参与本课的"听赏与体验""交流与探究"活动，与同学一起分享自己的听赏感受。

【评价要点】

（1）谈一谈舒伯特为舒巴尔特的诗歌《鳟鱼》谱曲的原因，了解歌曲所蕴含的深层内容。（检测目标1）

（2）小组演唱《鳟鱼》，注意音乐情绪的变化，适当加入即兴表演（不做技术难度要求，重在参与、体验）。（完成"实践活动五"，检测目标2）

（3）通过阅读课本、查阅资料等方式，了解有关艺术歌曲和声乐套曲的基础知识，并能对其代表作品进行举例说明。（完成"实践活动二"，检测目标3）

【实践活动建议】

活动一：名人传

1. 活动目的

探究奥地利作曲家舒伯特艺术歌曲的创作特征，培养学生自主探究的学习能力，深入了解舒伯特作品中富有的意蕴及思想感情，体会舒伯特创作时的痛苦心情和美好理想。

2. 活动过程

（1）观看视频，完成表格，并组织成文。

表4-4-1

姓　名	国　籍	职　业	代表作	风格特点

（2）随机抽选学生分享自己心中的舒伯特形象。

3. 活动评价

表4-4-2

评价要求	基本完成	完 成	未完成
能够用准确的语言，有条理并富有表现力地介绍自己所认识的音乐家舒伯特			

活动二：音乐手抄报

1. 活动目的

掌握有关艺术歌曲、声乐套曲的基础知识。培养学生自主探究的学习能力，深入了解艺术歌曲、声乐套曲体裁特点，挖掘中国艺术歌曲代表作品，培养爱国主义情怀。

2. 活动过程

课前准备工作（以小组为单位）：①收集艺术歌曲或声乐套曲的相关材料（文字、视频、音频），了解艺术歌曲、声乐套曲体裁特点，并进行资源拓展，挖掘中国艺术歌曲代表作品，体会其音乐风格；②选择某一主题以图文形式制作手抄报。

音乐课代表负责收集，教师及学生代表进行打分评比，选出优秀作品张贴并给予奖励。

3. 活动评价

表4-4-3

评价要求	基本完成	完 成	未完成
版面设计新颖、有活力；内容准确、条理清晰、具有代表性			

活动三：景配乐

1. 活动目的

聆听音乐片段，感受旋律所描绘的场景及旋律特点。

2. 活动过程

①教师展示3张不同风格的图片（如战争、水中游的鱼、咆哮的老虎），并播放引子音频；②学生根据音频选出符合旋律特点的图片，并说明原因。

3. 活动评价

表4-4-4

评价要求	基本完成	完 成	未完成
能够选择出正确的图片并运用音乐语言说明选择该图片的原因			

活动四：歌曲创作

1. 活动目的

选择一首自己喜爱的诗词进行谱曲。培养学生的音律感及创作能力，初步认识艺术歌曲的创作手法。

2. 活动过程

① 选择一首诗词，古代诗词、现代诗歌均可，建议选择篇幅较小的内容。如唐朝贺知章的《咏柳》。

② 作品创作。可选择 $\frac{4}{4}$、$\frac{2}{4}$ 拍，运用鱼咬尾、同头换尾、换头合尾等创作手法创作。

③ 演唱展示所创作的作品。

3. 活动评价

表4-4-5

评价要求	基本完成	完 成	未完成
作品完整，符合诗词韵律，能够准确表达原文的思想感情。演唱节奏、音高准确，富有表现力			

活动五：对比聆听

1. 活动目的

对比聆听，探究第一乐段和第三乐段音乐要素的不同之处，感受作品情绪的变化。

2. 活动过程

（1）分别聆听第一、三乐段，完成以下表格。

表4-4-6

乐段	调号	拍号	速度	力度	情绪
第一乐段					
第三乐段					

（2）小组讨论，小组代表简述要点。

（3）唱一唱，体验两个乐段不同的音乐情绪。

3. 活动评价

表4-4-7

评价要求	基本完成	完成	未完成
能够用准确的音乐语言表述两个乐段的不同之处，并能够尝试演唱表现出两个乐段不同的音乐情绪			

活动六：情景剧《鳟鱼》

1. 活动目的

以歌曲《鳟鱼》为背景音乐，充分运用生活物品（作为道具），设计情景剧。通过表演活动充分发挥学生的想象力，培养学生的团队合作精神，感受肢体语言给生活带来的乐趣，激发学习兴趣。

2. 活动过程

课前准备工作（以小组为单位）：①小组内成员任务分配；②收集素材，了解作品；③组织排练，课堂展示。

3. 活动评价

表4-4-8

评价要求	基本完成	完成	未完成
表演紧扣作品主题，肢体表现流畅，表情生动，富有感染力			

活动七：课堂练习

1. 活动目的

在认识艺术歌曲后，通过练习检测学生对艺术歌曲的掌握情况。

2. 活动过程

①教师准备3—4首歌曲（其中艺术歌曲一首）；②播放音频；③学生聆听并选出正确答案；④学生说明选择该选项的理由，教师总结。

3. 活动评价

表4-4-9

评价要求	基本完成	完　　成	未完成
通过聆听能够选择出正确的选项并运用音乐语言说明选择该选项的原因			

【学后反思】

表4-4-10

学后反思方向	反思结果
歌曲《鳟鱼》运用了哪些音乐表现形式传递思想感情	
你掌握了哪些音乐知识？是通过怎样的学习手段掌握的	
你觉得还有哪些内容比较薄弱，需要怎样的帮助	
你是否有好的学习方法和大家分享	

【课堂学业质量评价单】

（1）观看"舒伯特简介"视频后完成下题（拓展资源1）。

奥地利作曲家一生创作了600多首歌曲，有着（　　　）的美誉，其中《鳟鱼》《魔王》等歌曲，更是艺术歌曲的典范之作。

（2）下列歌曲，不属于艺术歌曲的是（　　　）。

A. 舒伯特《鳟鱼》　　　　　　B. 陆祖龙《忆秦娥·娄山关》

C. 门德尔松《乘着歌声的翅膀》　D. 赵麟《光荣与梦想》

（3）下列（　　　）不是艺术歌曲的特点。

A. 歌词多采用名家诗作　　　　B. 演唱形式多为合唱

C. 演唱技术要求较高　　　　　D. 伴奏占有非常重要的地位

（4）《鳟鱼》的思想内涵是（　　　）。（多选题）

A. 对渔夫的不满　　　　　　　B. 对社会现状的不满

C. 对自由的向往　　　　　　D. 对鳟鱼的同情

【课后拓展任务单】

（1）《鳟鱼》是一首（　　）歌曲，是舒伯特的作品。舒伯特被世人誉为（　　），是浪漫主义音乐时期的代表人物。

（2）谈谈《鳟鱼》所描绘的情境之间的关系及其所表现的思想内容。

（3）阅读"艺术歌曲"概念，完成以下表格。

表4-4-11

歌曲内容	
歌词来源	
演唱形式	
演唱要求	
伴奏形式	

【拓展资源】

（1）舒伯特简介（视频）。

（2）艺术歌曲：《菩提树》（音频）。

（3）艺术歌曲：《我住长江头》（音频）。

（4）微课资源：《鳟鱼》和《A大调"鳟鱼"钢琴五重奏》《走近舒伯特》。

（5）课堂学习任务二（音频）。

（6）活动四《鳟鱼》第一乐段（音频）。

（7）活动四《鳟鱼》第三乐段（音频）。

【教学流程】

（一）导入

教师播放音频《摇篮曲》并提问：作品的名称是什么？作者是谁？

学生聆听并回答：作品名称是《摇篮曲》，作者是舒伯特。

教师：是的，这首作品就是舒伯特创作的，上节课，老师布置了任务，让同学们周末在家查阅资料，认识舒伯特，现在，哪位同学能给我们介绍一下舒伯特呢？（请同学介绍舒伯特）

（二）新课内容

1. 认识舒伯特

教师总结并带领学生完成表格。

表4-4-12

姓 名	国 籍	职 业	代表作及其类型	风格特点
弗朗茨·舒伯特 （1797—1828）	奥地利	作曲家	艺术歌曲：《鳟鱼》 声乐套曲：《冬之旅》 室内乐：《〈鳟鱼〉五重奏》 交响曲：《未完成的交响曲》等等	曲调优美，情感细腻，充满了青春的色彩

设计意图：通过自主学习及梳理总结，认识作曲家舒伯特。

2. 作品赏析

教师：同学们的课前任务完成得非常好，接下来，老师想请同学们做一个练习——景配乐，请同学们聆听并观察，下面这段旋律更符合图中的哪种场景呢？

教师展示图片、播放音频，同学们聆听、观察并做出选择。

教师：这位同学的回答非常准确，流动的音型仿佛让我们听到了潺潺的流水声，小鱼儿在水中自在地游来游去。这就是作曲家舒伯特的作品《鳟鱼》中的一段旋律，接下来，让我们一起完整地欣赏舒伯特的这个代表作，在这一遍的听赏过程中，请同学们关注下表中提出的问题，完成表格。

教师播放《鳟鱼》视频，学生聆听并完成表格。（以小组为单位）

表4-4-13

几个乐段	3个乐段
段落大意	1. 天真活泼的小鱼在清凉的水中嬉戏 2. 渔夫要向小鳟鱼下毒手，作者希望河水清澈以免小鱼遭殃 3. 渔夫把水搅浑，钓起了小鳟鱼，歌词表达了作者对鳟鱼的同情以及激动的心情
作者的情绪变化及情感表达	轻松、愉悦 紧张，担心小鳟鱼 激动、难过，同情小鳟鱼
有无相似乐段	有，第一乐段和第二乐段
伴奏乐器	钢琴

（完成情绪变化后）教师：从表面上看，作品表达了作者对小鳟鱼的喜爱与同情，实际上，该作品有更深层次的内涵，该作品的歌词内容出自舒巴尔特的一首抒情诗。

（完成有无相似乐段后）教师：它们哪里相似呢？让我们再听一遍。

教师播放引子及前两段音频，学生聆听后回答：旋律（伴奏）。

教师：这位同学回答得非常准确，第一乐段和第二乐段的伴奏音型是一样的，均出自开头6个小节的引子，表现出流水潺潺的景象。

设计意图：初步体验作品，感受作品音乐情绪的变化。了解作品的创作背景，认识作品更深层次的意义，理解舒伯特与舒巴尔特二人与《鳟鱼》之间的关系。

教师：接下来，让我们进一步了解作品，对比聆听第一乐段和第三乐段，运用调式、速度、力度、音色等音乐要素分析，作品是如何给我们带来不同的情感体验的。

教师播放音频，学生聆听后小组讨论分析作品，教师总结。

教师：作品的第一乐段是大调性的，色彩明亮，表现了小鳟鱼快乐戏水的情景，速度稳定，力度也比较柔和，显得轻松愉悦，这也是作者内心所渴望的自由与美好；第三段前半部分是小调，后半部分又转回大调，强弱对比较明显，表达了作者紧张、激动的心情，速度上渐慢的处理充分表现了作者内心对小鳟鱼的同情，同时也隐晦地表达出作者对当时社会现状的愤慨与不满。

设计意图：引导学生运用音乐要素分析作品，感受其词曲的配合，理解旋律与歌词所描绘情景之间的关系及其所表达的思想内容。认识到音乐要素的变化对音乐情绪的影响，培养学生独立分析音乐作品的能力。

教师：接下来，我们一起唱一唱这两个乐段，注意情绪的准确表达。

教师带领同学们一起唱。

3. 音乐知识——艺术歌曲

教师：同学们唱得非常好，现在，老师想让同学们听一听另一首作品《我住长江头》，请同学们找出这首作品和《鳟鱼》的相同点。

教师播放音频，学生聆听后小组讨论回答，教师总结。

教师：像这样选用名人诗词创作的歌曲我们称它为艺术歌曲。今天老师想请同学们以小组为单位，选择一首你们喜欢的诗词，运用民族五声音阶创作一首属于自己的艺术歌曲，让我们行动起来吧！

教师：同学们的作品都完成了吗？老师想先分享一首老师创作的作品，请同学们欣赏。

```
4/4  5  5  6· 5 | 3  2  3  - | 3 2 1 6  1  2 | 3 - - -
     碧  玉  妆  成  一  树  高，  万 条 垂 下  绿  丝  绦。
     5  5  6· 5 | 3  6  5  - | 5 3 2 1  6  2 | 1 - - -
     不  知  细  叶  谁  裁  出，  二 月 春 风  似  剪  刀。
```

教师演唱后并说明：这是根据唐朝诗人贺知章的诗《咏柳》创作的，接下来，哪个小组愿意分享你们的作品？（随机抽小组，组内安排同学演唱）

4. 音乐知识——声乐套曲

教师：同学们真是太有才华了，为你们点赞！在前面的内容中我们知道舒伯特一生中创作了600多首歌曲，在这600多首歌曲中除了艺术歌曲以外，还有一种歌曲类型在他的作品中也占有重要地位，这就是声乐套曲。请同学们跟着老师一起了解什么是声乐套曲吧。

在内容上有某种关联的若干首歌曲所组成的音乐称作"声乐套曲"。

表4-4-14

声乐套曲	1. 内容用某种情节予以贯穿，各首歌曲却各自独立，如舒伯特的《冬之旅》 2. 题材内容是统一的，每首歌却各自独立

设计意图：掌握有关艺术歌曲、声乐套曲的基础知识。

（三）课堂小结

教师：今天这节课我们认识了早期浪漫主义代表人物舒伯特，欣赏了他的代表作《鳟鱼》，认识了两种不同的声乐类型——艺术歌曲和声乐套曲。19世纪开始，欧洲音乐迈入感性的时代，在这个浪漫主义时期，音乐家们更善于用作品表达内心丰富的情感世界，情感表达细腻而深邃。今天这节课就到这里，同学们，下课！

（四）教学反思

在这一节课中，通过对作品《鳟鱼》的聆听、对比、探究、演唱，充分运用音乐要素如旋律、力度、调式、情绪等，带领学生分析、体验了作品，认识到旋律与歌词所描绘的情景之间的关系及其所表达的思想内容，感受了浪漫主义时期艺术歌曲的表现形式。通过创作、练习，进一步掌握了有关艺术歌曲的基础知识。但在艺术歌曲伴奏的地位上讲解得不够充分，仅在介绍艺术歌曲特点时一带而过，教师可以通过示范演奏运用不同伴奏形式表现作品，让学生感受到在艺术歌曲中伴奏所占的重要地位。

撰写人简介：

石颖，高中一级音乐教师，毕业于安徽师范大学，现就职于广东省韶关市乳源瑶族自治县高级中学。坚信音乐教育就是"接触美—挖掘美—领会美—创造美"的过程，希望每一个孩子都能在生活中寻找音乐之美，在音乐中感受生活之悦。

邹丽怡，女，高中二级教师，广东省韶关市乳源瑶族自治县高级中学音乐教师，团委书记，毕业于星海音乐学院。从事一线音乐教学工作5年。多次带领学生参加市、县级比赛，并取得优异成绩。2021年，参加韶关市第三届中小学青年教师教学能力大赛荣获高中组音乐学科专业一等奖。同年，在第三届广东省中小学青年教师教学能力大赛中荣获普通高中教育组音乐学科三等奖。

第5课时　柏辽兹

【学习内容】

《幻想交响曲》、柏辽兹、固定乐思。

【内容出处】

人民音乐出版社普通高中《音乐鉴赏》第十四单元第二十八节。

【课时建议】

1课时。

【内容分析】

本课选自人民音乐出版社普通高中《音乐鉴赏》第十四单元"自由幻想的浪漫乐派"的第二十八节"柏辽兹",本节课将主要欣赏、学习柏辽兹创作的《幻想交响曲》第二乐章,以及初步了解标题音乐的基本特征。《幻想交响曲》是柏辽兹最著名的交响乐作品,其丰富的想象力和新颖的构思充分显示了浪漫主义音乐的特色。

【学情分析】

高中生知识结构完整,有一定的艺术修养。学生在学习柏辽兹作品之前,已认识了一些浪漫主义音乐的代表人物,对浪漫主义音乐流派的音乐风格有了一定的认识。但西方音乐对于高中生来说相对还是较为陌生,教师一味地讲容易使课堂氛围枯燥,导致学生学习积极性降低,本节课将运用多媒体教学手段创设具体、生动的画面,达到视觉听觉的高度结合。

【学习目标】

（1）聆听《幻想交响曲》第二乐章，感受乐曲中蕴含的丰富情感；熟悉第一主题（圆舞曲主题），能根据音乐要素的特点展开联想。学习标题音乐的基本知识。

（2）熟悉第一主题（圆舞曲主题），能根据音乐要素的特点展开联想并能用快三的舞步表现音乐；对比聆听乐曲中的固定乐思片段，运用画旋律线等手段理解该乐段中使用的模进式创作技法。

（3）了解柏辽兹，能从柏辽兹的人生经历收获感悟，追求自己的理想；能理解浪漫主义时期音乐的风格特点形成的原因。

【学习重、难点】

（1）学习重点：熟悉固定乐思旋律片段并展开联想和想象。

（2）学习难点：分析固定乐思片段，理解模进的作曲技法。

【评价要点】

（1）聆听《幻想交响曲》第二乐章，谈一谈作品的音乐特点。（检测目标1）

（2）聆听音乐作品，准确判断固定乐思及圆舞曲主题。（完成"实践活动三、四"，检测目标2）

（3）谈一谈你对柏辽兹的印象。（完成"实践活动一、二"，检测目标3）

【实践活动建议】

活动一：名人传

1. 活动目的

了解法国作曲家、指挥家艾克托尔·路易·柏辽兹及其音乐特点，培养学生自主探究的学习能力。

2. 活动过程

课前准备工作（以小组为单位）。

（1）收集作曲家柏辽兹的相关信息（文字或音像资料），认识作曲家柏辽兹，了解其音乐特点。

（2）运用已掌握的信息技术知识整合收集的资料（制作演示文稿、视频或微课等）；小组代表课上分享整合资源。

3. 活动评价

表4-5-1

评价要求	基本完成	完 成	未完成
能够用准确的语言，有条理、富有表现力地介绍音乐家柏辽兹及其音乐特点			

活动二：音乐手抄报

1. 活动目的

培养学生自主探究的学习能力，认识标题音乐与非标题音乐。

2. 活动过程

课前准备工作（以小组为单位）。

（1）收集相关材料（文字、视频、音频），了解标题音乐与非标题音乐的异同。

（2）以图文形式制作手抄报；音乐课代表负责收集，教师及学生代表进行打分评比，选出优秀作品张贴并给予奖励。

3. 活动评价

表4-5-2

评价要求	基本完成	完 成	未完成
能够用准确的语言，有条理并富有表现力地说明什么是标题音乐，什么是非标题音乐；版面设计新颖、有活力；内容准确，条理清晰，具有代表性			

活动三：聆听、对比、分析

1. 活动目的

体验固定乐思在不同乐章的表现形式。

2. 活动过程

①对比聆听第一乐章、第二乐章的固定乐思；②小组讨论，运用音乐要素分析两首作品的异同；③小组讨论并形成具体文字，小组代表阐述内容要点。

3. 活动评价

运用音乐的语言进行分析，表达清晰、流畅、准确。

活动四：视唱音乐主题

1. 活动目的

体验圆舞曲的旋律特点，提高识读乐谱的能力。

2. 活动过程

①聆听音乐主题片段；②自主学习，识读乐谱；③跟旋律视唱音乐主题。

3. 活动评价

表4-5-3

评价要求	基本完成	完 成	未完成
节奏、音准正确；力度对比鲜明；准确把握音乐情绪			

活动五：标题设计

1. 活动目的

为自己熟悉并喜爱的音乐作品设计标题。培养学生探索实践的精神和深入挖掘作品内涵的能力，激发学习兴趣，提升审美情趣。

2. 活动过程

选择一首音乐作品，了解作品创作背景及表达内容，根据作品的思想内涵设计标题。

3. 活动评价

表4-5-4

评价要求	基本完成	完 成	未完成
标题精练且能够准确表述作品内容			

【学后反思】

表4-5-5

学后反思方向	反思结果
本节课你印象最深刻的内容是什么？最感兴趣的环节是哪个	

续 表

学后反思方向	反思结果
你觉得标题对于音乐作品有着怎样的作用	
对于浪漫主义时期的作品，你有了怎样的认识	

【课堂学业质量评价单】

（1）（　　）使用了"固定乐思"的创作手法。

　　A.舒伯特《鳟鱼》　　　　　　B.贝多芬《第五〈命运〉交响曲》

　　C.柏辽兹《幻想交响曲》　　　D.海顿《〈惊愕〉交响曲》

（2）聆听音乐片段，主要演奏乐器为（　　）。

　　A.铜管组　　　B.木管组　　　C.打击乐器组　　　D.弓弦组

（3）标题音乐是指用（　　）说明创作意图以帮助听者理解音乐内容的器乐曲体裁。

（4）从历史上看，标题音乐可以追溯到14世纪，但有文字说明的标题音乐，当属（　　）首创。

　　A.贝多芬　　　B.柏辽兹　　　C.李斯特　　　D.肖邦

【课后拓展任务单】

（1）《幻想交响曲》是（　　）的作品，他是（　　）国的作曲家、指挥家、评论家，其在（　　）方面的成就对后来的欧洲音乐产生了深远影响。

（2）（　　）是浪漫主义作曲家将音乐与文学、戏剧、绘画等姊妹艺术相结合而产生的又一综合性音乐形式，这是一种用（　　）来说明作曲家创作意图和作品思想内容的器乐曲。

（3）真正具有浪漫主义精神的标题交响曲在（　　）的创作中首次出现。

（4）聆听《幻想交响曲》第二乐章，谈谈音乐表达了人物怎样的情绪变化。

【拓展资源】

（1）柏辽兹简介。

（2）《幻想交响曲》第二乐章（视频）。

（3）实践活动三音频。

（4）课堂学习任务二。

【教学流程】

（一）导入

教师总结巴洛克时期、古典主义时期、浪漫主义时期音乐的发展特点并引出浪漫主义音乐表达作曲家丰富内心情感的特点。

（二）新课内容

1. 聆听无标题固定乐思

教师：观看视频认真聆听乐曲，根据自己感受到的音乐特点，画出自己想象的画面，并为自己的画作命名。

设计意图：学生根据自己的感受作画并命名。

2. 了解标题音乐

用演示文稿展示柏辽兹写在歌曲总谱前的导语，并复听固定乐思片段。

"一位具有病态过敏气质又极富想象力的青年音乐家，在一次绝望爱情的打击下用药物自杀。药物的剂量太少不足以致命，却使他陷入沉睡并进入奇异的梦境：在梦中，意识、感情和记忆在他失常的脑海里都化为音乐的形象和主题。他爱着的人作为一支旋律出现在他的面前，像一个固定乐思，一个萦绕于怀的主题，无论他走到哪里都不绝于耳。"

教师：同学们觉得这段音乐在描写导语中的哪个人物形象呢？其实这种在音乐前面用文字来说明作曲家创作意图和表达作品思想内容的形式是浪漫主义时期一个很显著的特点，我们称之为标题音乐。

设计意图：通过纯音乐和有标题的音乐的对比聆听，了解标题音乐。

3. 作者和作品简介

教师：每个人在成长的过程中都要不断地修正自己的梦想，最终才能找到适合自己的职业。作曲家柏辽兹从小酷爱音乐，他是贝多芬的忠实粉丝，但是最开始他受到家里人的影响，选择的职业是医生，后来才找到适合自己的发展方向并成为浪漫主义时期著名的作曲家。他的代表作就是《幻想交响曲》。

设计意图：介绍柏辽兹并希望学生能从柏辽兹的成长经历感受到一些东西。

教师：交响曲起源于希腊，直到海顿才使其有了一个固定的模式。下面是传统交响曲和《幻想交响曲》的结构对比，请同学们试着找一下两者有什么不同。

设计意图：通过对比让学生发现传统交响曲和浪漫主义时期交响曲在结构上的变化。

教师：老师现在节选了《幻想交响曲》中的音乐片段，请同学们根据感受到的音乐要素告诉我它来自哪个乐章。

设计意图：用音乐的方式找到《幻想交响乐》第二乐章《舞会》。

4. 作品赏析

教师：要想听懂交响乐，我们一定要先了解乐曲中的关键乐段。

（1）分段欣赏《幻想交响曲》第二乐章。

引子部分：

思考：在该段音乐中是用怎样的乐器来营造作曲家所说的"梦境"的？

（运用竖琴朦胧的音色，以及华丽的琶音，使音乐更加华美，富有浪漫、梦幻的色彩，音乐形象更加生动）

聆听第一部分：

学生任务：①聆听音乐主题片段，说说乐曲主题大部分由哪个乐器组演奏；②用学生选择的动作一起随音乐舞动。

设计意图：根据旋律的节拍、节奏、速度等特点体验圆舞曲。

聆听第二部分（固定乐思）：

① 教师：刚才我们一起体验了盛大的舞会场景，那这段旋律又在描绘什么场景呢？请描绘听到这段音乐后你的脑海里出现的是怎样的舞会画面。

设计意图：学生初步感受固定乐思片段，并产生意境联想。

② 分析固定乐思旋律片段特点，了解该片段的创作技法。

③ 对比聆听第一乐章、第二乐章的固定乐思。小组讨论，运用音乐要素分析两首作品的异同。

设计意图：通过分析、体验画旋律线和对比聆听等手段，让学生记住固定乐思的旋律，了解固定乐思不是一成不变的，它在不同的地方起着不同的作用。

聆听再现部：

教师：再现了哪个部分？乐曲大部分由哪个乐器组演奏？寓意何在？

聆听尾声：

教师：这段音乐的主奏乐器是什么？旋律主题是什么？寓意着什么？

设计意图：引导学生逐步学会自己分析、感受和理解音乐，提高学生鉴赏音乐的能力。

（2）复听全曲。

设计意图：根据前面感受的旋律片段特点，完整地欣赏《舞曲》。

（三）课堂总结

通过对《幻想交响曲》第二乐章的欣赏，我相信同学们对这部交响曲有了一定的理解和认识。柏辽兹为音乐写下标题和文字注释，方便人们更好地理解音乐所表达的情节和思想内容，这一举措受到了普通大众的好评，也得到了同期作曲家们的拥护。因为有了标题音乐，作曲家们可以更加深层次地表达自己的内心情感而不用担心不能引起观众共鸣了。表现作曲家丰富的内心情感成为浪漫主义音乐的典型特征。标题音乐成就了柏辽兹的爱情，也成就了柏辽兹的事业，对后来的欧洲音乐产生了深远影响，也成为浪漫主义时期的一种特点音乐。

（四）课后作业

选择一首音乐作品了解其创作背景及表达内容，根据作品的思想内涵设计标题。

（五）教学反思

（1）将作品分两步鉴赏，这种分段过渡式的鉴赏，比先完整介绍再完整鉴赏的效果可能会好一些。

（2）在鉴赏中，要引导学生依据作者提供的文字说明聆听音乐，展开联想与想象，也要启发学生脱离文字说明，用自己喜欢的方式展开联想与想象，以发展学生的创造性思维，提高学生的音乐审美能力。

撰写人简介：

石颖，广东省韶关市乳源瑶族自治县高级中学教师。

邹丽怡，广东省韶关市乳源瑶族自治县高级中学教师。

谭国兵，广东省韶关市田家炳中学教师。

第6课时　肖邦

【学习内容】

《降b小调夜曲》、"钢琴诗人"肖邦、夜曲。

【内容出处】

人民音乐出版社普通高中《音乐鉴赏》第十四单元第二十七节。

【课时建议】

1课时。

【内容分析】

参考人民音乐出版社普通高中《音乐鉴赏》教师用书第246—248页。

【学情分析】

通过对浪漫主义时期代表人物舒伯特、柏辽兹音乐作品的学习，学生对浪漫主义时期音乐特点已经有了一定的了解，且本节课所要认识的音乐家肖邦，同学们在初中时期已经有所接触。所以，本节课的内容是对知识的巩固、提升，相信在本课的教学中，学生能够较好地完成学习任务。

【学习目标】

（1）聆听《降b小调夜曲》，从作品的音乐要素方面体验音乐情感的起伏。着重分析音乐主题，深入理解作品的意境及内涵。初步懂得"夜曲"的基础知识。

（2）对比聆听《c小调练习曲》，通过两首作品总结肖邦的音乐风格特征。

（3）观看视频了解肖邦生平，理解肖邦音乐创作的时代环境和个人境遇。

【学习重、难点】

（1）学习重点：聆听《降b小调夜曲》，从旋律、节奏、速度、力度、调式等方面来体验音乐情感的起伏。剖析音乐主题，深入理解作品的意境及内涵。

（2）学习难点：结合浪漫主义时期三位代表人物的音乐风格，尝试运用音乐的语言总结浪漫主义的艺术特点。

【评价要点】

（1）聆听《降b小调夜曲》，探讨"钢琴诗人"肖邦是如何运用音乐要素表达音乐情绪的？（检测目标1）

（2）以表格形式对比《降b小调夜曲》和《c小调练习曲》，总结肖邦的音乐风格特征。（完成"实践活动三"，检测目标2）

（3）通过阅读课本、查阅资料等方式，了解有关"夜曲"的基础知识，并能对其代表作品进行举例说明。（完成"实践活动一、二"，检测目标3）

【实践活动建议】

活动一：名人传

1. 活动目的

探究波兰作曲家、钢琴家肖邦的音乐特点，培养学生自主探究的学习能力，深入了解肖邦作品中具有的意蕴及家国情怀。

2. 活动过程

①观看视频，填写以下表格，并组织成文；②随机抽选学生分享自己心中的肖邦形象。

表4-6-1

姓 名	国 籍	职 业	代表作	风格特点

3. 活动评价

表4-6-2

评价要求	基本完成	完 成	未完成
能够用准确的语言，有条理并富有表现力地介绍自己所认识的钢琴家肖邦			

活动二：音乐手抄报（课后活动）

1. 活动目的

培养学生自主探究的学习能力，深入了解"夜曲"这一音乐体裁的发展过程及旋律特点，进一步感知浪漫主义音乐的风格特征和艺术表现力。

2. 活动过程

准备工作（以小组为单位）：①收集"夜曲"的相关材料（文字、视频、音频），了解"夜曲"体裁特点，以图文形式制作手抄报；②音乐课代表负责收集，教师及学生代表进行打分评比，选出优秀作品张贴并给予奖励。

3. 活动评价

表4-6-3

评价要求	基本完成	完 成	未完成
版面设计新颖、有活力；内容准确，条理清晰，具有代表性			

活动三：聆听探究 I

1. 活动目的

感知音乐表现要素对作品情感表现的影响。

2. 活动过程

①熟悉作品A主题旋律；②教师通过改变速度、力度、装饰音等方式演奏该主题；③学生通过对比聆听感受音乐色彩的变化，小组讨论形成具体文字，小组代表阐述内容要点。

3. 活动评价

表4-6-4

评价要求	基本完成	完 成	未完成
能敏锐地捕捉到音乐要素的变化给音乐的色彩带来了怎样的变化，并能用音乐语言准确表述A主题的旋律特点，探究浪漫主义时期音乐的特点			

活动四：聆听探究Ⅱ

1. 活动目的

鼓励学生运用音乐语言分析音乐作品，总结肖邦的音乐风格特点。

2. 活动过程

（1）对比聆听《降b小调夜曲》和《c小调练习曲》片段，完成以下表格。

表4-6-5

作品	作者	调式	节奏	速度	情绪	体裁

（2）小组讨论并形成具体文字，小组代表阐述内容要点。

3. 活动评价

表4-6-6

评价要求	基本完成	完 成	未完成
运用音乐的语言进行分析，表达清晰、流畅、准确			

活动五：聆听探究Ⅲ

1. 活动目的

进一步加深对"夜曲"这一体裁旋律特点的认识。

2. 活动过程

①准备两首"夜曲"体裁的作品，如《降b小调夜曲》和《降E大调夜曲》；②聆听作品（完整聆听或聆听音乐片段）；③运用音乐要素进行对比、分析。

3. 活动评价

表4-6-7

评价要求	基本完成	完成	未完成
找出旋律的共同特点，运用音乐语言准确表达，总结"夜曲"的音乐特点			

活动六：聆听探究Ⅳ

1. 活动目的

进一步了解浪漫主义时期音乐的特点。

2. 活动过程

①准备一首古典主义时期的钢琴作品，如《土耳其进行曲》；②聆听作品（完整聆听或聆听音乐片段）；③运用音乐要素进行对比、分析。

3. 活动评价

表4-6-8

评价要求	基本完成	完成	未完成
找出旋律的不同之处，运用音乐语言准确表达，总结浪漫主义时期音乐的特点			

【学后反思】

表4-6-9

学后反思方向	反思结果
你觉得音乐要素在作品的情感表现上起到了怎样的作用？请举例说明	
你觉得肖邦是一位怎样的钢琴家？你是通过怎样的学习手段认识他的	
关于"夜曲"，你了解多少	
关于音乐语言的运用，你是否有好的方法和大家分享	

【课堂学业质量评价单】

(1) 观看视频后填空。

肖邦,(　　)(国家)作曲家,(　　)乐派代表人物,有着(　　)的美誉。

(2) 聆听下列音频,属于"夜曲"体裁的是(　　)。

A. 莫扎特曲　　B. 肖邦曲1　　C. 肖邦曲2　　D. 萨拉萨蒂曲

(3) 舒曼曾说,(　　)的作品是藏在花丛中的大炮。

A. 肖邦　　B. 舒伯特　　C. 贝多芬　　D. 李斯特

(4)《降b小调夜曲》主部的旋律特点是(　　)。

A. 欢快、活泼　　　　　　B. 柔美、略带忧伤

C. 激昂、铿锵有力　　　　D. 悲伤、压抑苦闷

【课后拓展任务单】

(1)《降b小调夜曲》是(　　)的作品,他的作品是19世纪浪漫主义钢琴音乐中的璀璨明珠。他的创作几乎都集中在(　　)领域。在他的音乐里,时常流露出一种细腻、柔美、诗意、梦幻般的意境,令人陶醉,因而人们称他为(　　)。

(2) 对比聆听《降b小调夜曲》和《c小调练习曲》片段,完成以下表格。

表4-6-10

作　品	调　式	节　奏	速　度	旋　律	演奏技巧

(3) 阅读音乐知识,完成以下填空。

(　　)是指爱尔兰作曲家菲尔德于19世纪创立的一种钢琴音乐体裁。起源于(　　)的器乐合奏小夜曲,其(　　)优美抒情,富有(　　),伴奏声部多采用(　　)和弦,意境沉静而深邃。

(4) 说一说"钢琴诗人"肖邦是如何表达音乐情绪的。

(5) 对比浪漫主义时期歌剧音乐与古典主义时期歌剧音乐的异同,完成一

篇300字左右的研究性学习小论文。

【拓展资源】

（1）肖邦简介（视频）。

（2）舒伯特《小夜曲》（音频）。

（3）《c小调练习曲》（音频）。

（4）《降b小调夜曲》谱例（图片）。

（5）《c小调练习曲》谱例（文档）。

（6）《降E大调夜曲》（音频）。

（7）课堂学业质量评价单第二题（音频）。

（8）课后拓展任务二（音频）。

【教学流程】

（一）导入

教师：上节课，我们认识了浪漫主义乐派代表人物柏辽兹，今天我们继续探索浪漫主义时期的音乐，认识另一位音乐家肖邦，相信同学们通过查阅资料对肖邦已经有了初步的认识。接下来，我们通过一个视频，进一步了解肖邦。请同学们结合自己所查资料与视频完成表格。

（二）新课内容

1. 认识作者

教师播放视频，学生完成表格后抽选同学分享，教师总结。

表4-6-11

姓 名	国 籍	职 业	代表作	风格特点
肖 邦	波 兰	作曲家 钢琴家	《c小调练习曲》 《波兰舞曲》 《夜曲》	体裁多样 感情丰富 手法华丽 具有民族性

教师：著名的波兰作曲家、钢琴家肖邦像莫扎特一样在很小的时候就展现出了超人的音乐天赋，因其一生中创作的作品以钢琴曲为主，所以他被后人誉为"钢琴诗人"。今天，就让我们跟随教材一起学习肖邦的《降b小调夜曲》。

设计意图：了解肖邦生平，理解肖邦音乐创作的时代环境和个人境遇。

2. 音乐知识——夜曲

教师：在学习作品之前，先让我们一起认识一种新的音乐体裁——夜曲。

演示文稿展示"夜曲"概念，教师简介"夜曲"知识。

教师：肖邦创作的《夜曲》加强并丰富了"夜曲"体裁的结构、内涵与表现力，在当时成为一种新的模式。

设计意图：初步了解"夜曲"的基础知识。

3. 作品分析

教师：接下来，我们先听一段旋律，请同学们聆听并思考，运用音乐要素说一说，它为我们带来怎样的音乐色彩。

教师播放音频（A主题），学生聆听后回答，教师总结。

教师：这段旋律是《降b小调夜曲》的A主题，音色柔和、细腻，弱起的乐句，仿佛把我们带入一个遥远、静谧的氛围，前四小节小调性的色彩略带忧伤，第五小节转为大调，色彩转为明亮，使人感到耳目一新，然后又回到小调上，为主旋律的再次出现做准备，在作品的第一部分旋律主要围绕着这一主旋律进行。让我们完整聆听旋律的第一部分。

教师播放第一部分音频，学生聆听。

教师：接下来，我们一起聆听第二部分，听一听它在力度、色彩、调式上和第一部分有哪些不同。

教师播放第二部分音频，学生聆听后完成表格。

教师：在这一部分旋律中，音型已由第一部分的以琶音为主转变为以右手八度进行和左手的分解和弦为主，色彩上也由第一部分的小调为主转变为大调性，形成鲜明的对比，力度的变化也较为明显，表现了作者起伏不定的心理变化。

教师：现在，作品还剩下最后一部分，仔细聆听，这部分旋律带给我们怎样的感受？是否有熟悉的感觉呢？

教师播放第三部分音频，学生聆听后回答。

教师：这位同学说得非常好，这一部分是第一部分的再现，以琶音为主要音型的旋律，力度柔和，给人一种唯美的感受，紧接着作品就进入尾声，旋律从小调转为大调，使得音乐情感更加丰富。

教师：整首作品由三个部分组成，上下部分直接由区别于主题的乐句进行衔接，这是一首复三部曲式结构的作品，三个部分可称为主部+中部+再现部。整首作品曲调柔美婉转，带着淡淡的忧伤又饱含了对美好生活的向往。让我们再完整地聆听一遍作品，进一步感受作品的情绪吧。

教师播放音频。

设计意图：从旋律、和声、织体、调式等方面来体验音乐情感的起伏。剖析音乐主题，深入理解作品的意境及内涵。

教师：肖邦是一位极具爱国情怀的作曲家，他在一生中创作了非常多具有爱国情怀、民族思想的音乐作品。下面这首《c小调练习曲》就是他在华沙沦陷后创作的作品，请同学们认真聆听，对比《降b小调夜曲》，感受这首作品不同的音乐风格并完成下表。

教师播放音频，学生聆听并完成表格。

表4-6-12

音乐要素	《降b小调夜曲》	《c小调练习曲》
节　拍	$\frac{6}{4}$	$\frac{4}{4}$
速　度	快	快
力　度	弱	强
调　式	降b小调	c小调
情　绪	柔美、忧伤	激昂、悲愤
体　裁	夜　曲	练习曲

设计意图：对比聆听《c小调练习曲》，通过两首作品总结肖邦的音乐风格特征。

（三）拓展探究

教师：两首作品虽然在音乐要素的构成上有着很多不同之处，但它们都表现出了作者丰富的内心情感，是极具浪漫主义时代特点的音乐作品。同学们能够通过这些作品，对比古典主义时期的音乐作品，总结出浪漫主义时期音乐的特点吗？请小组讨论后回答。

小组讨论后，教师随机抽取小组代表回答并总结。

设计意图：通过知识回顾，总结浪漫主义时期音乐的特点。

教师：浪漫主义时期是一个思想自由、人才辈出、百花齐放的时期，涌现出了如舒伯特、肖邦、勃拉姆斯、威尔第等优秀的音乐家。他们的作品情感丰富，体裁多样，结构自由，运用多种形式表达自己内心的情感，强调个人主观的感受，富于幻想，在传承古典乐派的同时又有了极大的创新，为人类留下了大量经典的音乐作品，是我们宝贵的音乐财富。希望同学们在课后能够多去了解，用音乐丰富自己的精神世界。今天的课就上到这里，同学们，下课！

（四）教学反思

在这一节课中，通过作品《降b小调夜曲》的聆听、对比、探究引导学生体验了"钢琴诗人"肖邦的音乐特点。本节课的重点在于从旋律、节奏、速度、力度、调式等方面来体验音乐情感的起伏，剖析音乐主题，深入理解作品的意境及内涵，感受浪漫主义钢琴音乐的特征。但在整个过程中缺乏实践体验，教师可设置适当的实践体验活动进一步激发学生对音乐的好奇心和探究欲，使学生在以艺术体验为核心的多样化实践中，提升艺术素养。

撰写人简介：

石颖，广东省韶关市乳源瑶族自治县高级中学教师。

邹丽怡，广东省韶关市乳源瑶族自治县高级中学教师。

第7课时　民族乐派——斯美塔那与西贝柳斯

【学习内容】

《捷克的原野和森林》《芬兰颂》。

【内容出处】

人民音乐出版社普通高中《音乐鉴赏》第十五单元第三十节。

【课时建议】

1课时。

【内容分析】

交响诗套曲《我的祖国》是斯美塔那创作的，以捷克人民反抗异族压迫的斗争历史和传说、波希米亚美丽的自然风光等为题材。《捷克的原野和森林》是其中描绘捷克大地风光之美的第四乐章。交响诗《芬兰颂》是西贝柳斯创作的，具有强烈的爱国主义思想，表达渴望民族独立的心情。民族乐派作曲家大量运用民族民间音乐素材，创造性地与西欧传统音乐的表现手法和艺术技巧相结合，使作品具有鲜明的民族特色并达到较高的艺术水平。而在体裁上，民族乐派作曲家们基本沿用了西欧古典主义时期和浪漫主义时期的各种音乐体裁。

【学情分析】

通过初中阶段"歌剧揽胜""七彩管弦"等系列音乐课程的学习，高一年级学生对西方音乐的艺术风格、作品体裁已有一定的认识。前几单元有关西方音乐的课程学习再次为学生们巩固了这些基础知识。

【学习目标】

（1）聆听《捷克的原野和森林》和《芬兰颂》，感受民族乐派的风格特征；初步了解民族乐派的概况，了解作曲家斯美塔那和西贝柳斯。

（2）反复聆听、分析讲解、学唱音乐主题，加深对《捷克的原野和森林》和《芬兰颂》的主题旋律认识；进行小组讨论，能独立思考作品中运用民族民间音乐素材进行创作的手法，并尝试运用到其他学科。

（3）能理解民族乐派作品与深厚民族感情、强烈民族意识的紧密联系。

【学习重、难点】

（1）学习重点：体验民族乐派音乐风格特征。

（2）学习难点：对比分析不同乐器的音色，快速捕捉音乐中的主题旋律。

【评价要点】

（1）对比分析不同乐器的音色，快速捕捉音乐中的主题旋律。（完成"实践活动一"，检测目标1、2）

（2）体验民族乐派音乐风格特征，探索民族的音乐语言和表现形式。（完成"实践活动二"，检测目标3）

（3）感受民族乐派的风格特征，并且能准确分辨。（完成"实践活动三"，检测目标1）

【实践活动建议】

活动一：聆听体验活动

1. 活动目的

熟悉乐曲主题旋律，并准确判断乐器的音色，感受旋律中的复调手法，理解民族乐派对欧洲音乐文化传统的继承，培养多重听觉能力。

2. 活动过程

（1）聆听音乐片段，说出主题一共出现了多少次。

（2）再次聆听音乐片段，每次主题呈现时主奏乐器分别是什么？

（呈示主题一的开始4小节旋律）

第一次由（　　　）乐器演奏；

第二次由（　　　）乐器演奏；

第三次由（　　　）乐器演奏。

3. 活动评价

表4-7-1

评价要求	基本完成	完　成	未完成
能快速捕捉音乐中的主题旋律，准确识别出主题旋律呈现时乐器的音色特点			

活动二：综合创意实践——画配乐

1. 活动目的

民族乐派的作品内容主要描写瑰丽山河、大地风光、反抗异族压迫等内容，学生在聆听音乐的过程中，发挥想象力，联想相对应的音乐画面。

2. 活动过程

（1）前期准备（教师通过提供一些图片或者短视频，如高山、森林、英雄人物等作为授课内容）。

（2）学生活动（要求学生以小组为单位，对教师播放的《捷克的原野和森林》《芬兰颂》音乐选段与教师准备的图片、视频进行筛选组合）。

（3）交流探讨。

3. 活动评价

表4-7-2

评价要求	基本完成	完　成	未完成
能将音乐所表达的内容与图片或短视频内容相结合，并分组展示，从而更准确地理解作品并加深印象			

活动三：聆听选择活动

1. 活动目的

学生从三段或多段音乐中，选择属于民族乐派的选项，增加学生对本课内容的印象，并检测学生是否掌握了民族乐派音乐的特征。

2. 活动过程

（1）前期准备（教师收集民族乐派在内的不同时期、不同乐派的多段音乐，做简单的剪辑）。

（2）学生活动（学生聆听教师播放的音乐段落，根据民族乐派音乐的特征，选择一首属于民族乐派的音乐段落）。

3. 活动评价

表4-7-3

评价要求	基本完成	完 成	未完成
在聆听音乐段落后，能准确选择属于民族乐派的选项			

【学后反思】

表4-7-4

学后反思方向	反思结果
通过鉴赏《捷克的原野和森林》说出主题一共出现了几次，每次呈现时主奏乐器分别是什么	
在学习本课内容后，是否觉得有什么内容掌握不牢，需要老师提供何种帮助	

【课堂学业质量评价单】

（1）写出《捷克的原野和森林》和《芬兰颂》的共同特征。

（2）聆听以下三段旋律，选出哪段在《捷克的原野和森林》中出现过。

旋律一　　旋律二　　旋律三

【课后拓展任务单】

（1）请用几个关键词形容"民族乐派音乐"的特点。

（2）结合学习内容，试写出一至两位我国的民族音乐家及其代表作品。

表4-7-5

作曲家	作 品

【拓展资源】

（1）音频素材：01《捷克的原野和森林》（片段）、02西贝柳斯《芬兰颂》。

（2）图片/谱例：01斯美塔那、02西贝柳斯、03大地风光图、04反抗外族图、05反抗外族图、06反抗外族图、07反抗外族图、08瑰丽山河图、09潺潺河流、10人民受难图。

（3）视频/微课：01《捷克的原野和森林》（片段）、02西贝柳斯《芬兰颂》、03捷克风光1、04捷克风光2、05芬兰风光、06贝德里赫·斯美塔那、07斯美塔那介绍、08西贝柳斯介绍、09民族乐派——19世纪中叶以后活跃于欧洲乐坛的音乐家、10西贝柳斯介绍视频、11民族乐派音乐介绍。

（4）文字资料：01民族乐派文字资料。

【教学流程】

（一）导入

播放《沃尔塔瓦河》主题音乐。

教师提问：还记得初中学过的这首作品的名字、作者或与作品有关的内容吗？

（《沃尔塔瓦河》、斯美塔那）

出示课题：民族乐派——斯美塔那与西贝柳斯。

设计意图：直接用音乐导入，引起学生对本课内容的关注。

（二）新课内容

（1）教师展示民族乐派的资料，介绍民族乐派、交响音诗及交响诗套曲《我的祖国》。

（2）教师播放第四乐章《捷克的原野和森林》，并介绍主题旋律。

（3）再次聆听《捷克的原野和森林》主题旋律一，介绍其中所使用的主奏乐器。（详见学历案实践活动建议之活动一）

（4）播放引子及A、B、C三个部分旋律，了解作品的风格特点。

（5）介绍作曲家斯美塔那。

（6）教师播放《芬兰颂》引子、苦难的圣咏主题、赞美诗主题，并对作品、作者做简单介绍。

（7）课堂小结。

设计意图：从音乐要素、乐器的使用等方面感受民族乐派音乐的风格特点。

（8）音画联动。教师播放音乐段落，并展示图片，学生根据所聆听的段落，选择对应的图片。（详见学历案"实践活动二"）

设计意图：巩固知识，加深印象。

（三）总结

（1）回顾课堂内容。

（2）请学生写出《捷克的原野和森林》和《芬兰颂》的共同特征。

（3）聆听以下三段旋律，选出哪段在《捷克的原野和森林》中出现过。（详见学历案"实践活动三"）

设计意图：总结民族乐派音乐的风格特征，加深对民族乐派的认识。

（四）教学反思

本课在教学过程中可以加入学生唱谱环节，或者把唱谱作为作业布置给学生进行课后练习。在唱谱环节上选择主题二的旋律，因其相对简单，歌唱性更强。在完成《捷克的原野和森林》主题一A、B两个部分后，可根据课程时间安排，适当展开解释主题所表达的思想内容、作品情绪等。学习主题旋律的部分时，可以对相关谱面知识进行讲解，如拍号、调号、音乐情绪记号、作品旋律中出现的三连音等学生较为少见的节奏型。如课堂中有富余的时间，可以对《芬兰颂》进行进一步的主题解析。

撰写人简介：李文，男，乌克兰卢甘斯克国立大学艺术（演唱）专业硕士，高中音乐一级教师，广东省韶关市曲江中学音乐教师、团委书记，韶关市音乐家协会会员，韶关市曲江区音乐家协会副主席，韶关市曲江区高中音乐兼职教研员，从事一线音乐教学工作8年，发表多篇音乐学科论文，参与的竞赛、执教课例等多次获得省、市、区级奖项，多次被评为"优秀教师"。

第8课时　色彩斑斓的印象派

【学习内容】

德彪西《海上——从黎明到中午》。

【内容出处】

人民音乐出版社普通高中《音乐鉴赏》第十六单元第三十二节。

【课时建议】

1课时。

【内容分析】

　　交响素描《大海》是德彪西最大的一部交响音乐作品。在这部交响素描中，德彪西用音符做颜色，旋律做线条，描绘的是一部只能用听觉来欣赏和感受的经典之作。作品采用了象征主义的表现手法，新颖的和声、短小的旋律、丰富的音色、自由的发展，这些印象派的手法，刻画出了一幅幅大海的生动画面，并通过整个乐队的不同音区，极为强烈地表现出"大海"中各种画面的色彩。

　　《大海》创作技法复杂、专业程度较深，音乐要素、音乐表现手段并不像学生以前学过的作品那样容易把握，关键是找到切入点，将印象派绘画要素特点与印象派音乐要素特点进行链接，采用通感、联觉的手法，直接感受、体验、比较音乐作品的风格。全曲分为三大部分：《海上——从黎明到中午》《波浪的嬉戏》《风与海的对话》。本课以第一乐章《海上——从黎明到中午》为重点欣赏内容。

【学情分析】

高一年级学生对管弦乐作品接触得比较少，特别是对于篇幅比较长的作品，在没有教师的引导和辅助性学习的前提下，聆听起来是有难度的，因此，应重视学生欣赏前的铺垫学习。高中生具有一定的探究能力，因此教师可以引导学生结合音乐内容和相关知识，大胆运用联觉机制，将听到的音乐与绘画相结合，展开联想与想象，帮助他们更好地理解作品的意境，进而顺利地把握印象派音乐的特征。

【学习目标】

（1）聆听德彪西钢琴曲《月光》，体会乐曲的意境，初步感知印象主义音乐朦胧、模糊的音乐特点；对比聆听《海上——从黎明到中午》中的三个主题旋律，感受音乐要素的变化；知道印象主义音乐独特的表达方式和基本特征，了解作曲家德彪西的美学观点。

（2）能从莫奈画作《印象·日出》的风格特点中，运用联觉机制初步识别印象主义音乐模糊的线条、缥缈的音色、朦胧的意境等特点；结合以前学过的古典主义时期、浪漫主义时期的交响乐作品的音色特点，探究德彪西在配器方面关注管弦乐队的新声音、挖掘乐器另一种风格和情绪的特点。

（3）在聆听音乐的过程中探索旋律、节奏、速度、力度、调式等音乐要素与点、线、面、色块等美术要素的联系，进一步理解音乐与美术的共通性。

（4）理解音乐不同流派的多样性，对音乐与姊妹艺术的关系有进一步探索的兴趣。

【学习重、难点】

（1）学习重点：欣赏德彪西印象派作品《大海》第一乐章《海上——从黎明到中午》，感受印象主义音乐模糊、飘逸、朦胧等风格特点。

（2）学习难点：感悟印象主义音乐的特征，理解德彪西在配器方面关注管弦乐队的新声音、挖掘乐器另一种风格和情绪的特点。

【评价要点】

（1）初步识别印象主义音乐的创作手法与风格特点，了解德彪西在配器上的创新。（完成"实践活动一""实践活动二""实践活动四""实践活动五"和"课堂学业质量评价单1—5"，检测目标1、2）

（2）能理解音乐与美术的共通性。（完成"实践活动三"，检测目标3）

（3）尊重音乐不同流派的多样性。（完成"课堂学业质量评价单4、5"，检测目标4）

【实践活动建议】

活动一：印象主义音乐之初体验

1. 活动目的

运用联觉机制初步识别印象主义音乐模糊的线条、缥缈的音色、朦胧的意境等特点。

2. 活动过程

（1）呈现莫奈画作《印象·日出》，分析画作的特点，在以下词中圈出这幅画的特点。

清晰　　　模糊　　　光与色彩　　　辉煌

神秘　　　庄重　　　瞬间的主观印象

（2）结合印象主义绘画的特点，聆听两段音乐（贝多芬《月光》、德彪西《月光》），选出哪一段是印象主义音乐，并说出理由。

第一段：旋律线条（　　　），速度（　　　），节拍（　　　），节奏（　　　），音色（　　　），是（　　　）音乐。

第二段：旋律线条（　　　），速度（　　　），节拍（　　　），节奏（　　　），音色（　　　），是（　　　）音乐。

（3）总结德彪西《月光》的音乐特点。

3. 活动评价

表4-8-1

评价要求	基本完成	完　成	未完成
能敏锐地捕捉印象派绘画风格的关键词；在教师的引导下，90%以上的学生能最大限度地发挥通感想象，快速而准确地识别出印象派音乐片段			
语言表达精练、清晰			

活动二：聆听探究 I

1. 活动目的

探究乐曲中三个主题音乐要素的变化和配器的特征。

2. 活动过程

（1）聆听乐曲《海上——从黎明到中午》的第一主题和第二主题，感受主题旋律之间的对答以及配器的特征。

主题一（"海浪"主题）：

主题二（"光线"主题）：

（2）跟随钢琴视唱这两个主题，判断两个主题的演奏乐器。

主题一的演奏乐器是（　　　）、（　　　）。

主题二的演奏乐器是（　　　）、竖琴、中提琴。

（3）聆听主题三（"海鸥"主题），感受（　　　）乐器奏出由级进上行的波音构成的旋律主题，这段主题形如海上乘风滑翔的海鸥的动态。

（4）思考：以上三个主题旋律用到的乐器中，（　　　）占有主导地位。

A. 木管组　　　　B. 铜管组　　　　C. 弦乐组

3. 活动评价

表4-8-2

评价要求	基本完成	完　成	未完成
90%以上的学生能说出管弦乐队中的乐器组别，感受到木管组乐器的音色比较适合表现模糊、朦胧、缥缈的意境			

活动三：联觉体验

1. 活动目的

探究音乐与美术的共通性。

2. 活动过程

（1）聆听音乐片段《步步高》，你想到了（　　　）颜色。

（2）聆听音乐片段《石头岛》，乐曲中的节奏让你想到的图形是（　　　）。

（3）聆听音乐片段《异域风情》，乐曲中的旋律让你想到的线条是（　　　）。

（4）聆听《水中倒影》，你想到的画面是（　　　）。

（5）讨论：说说音乐与美术的共通之处。

音乐要素：节奏　　旋律　　调式　　速度

美术要素：图形　　线条　　色块　　画面　　色彩

3. 活动评价

表4-8-3

评价要求	基本完成	完　成	未完成
能大胆地表达出聆听每一段音乐后产生的想象，并与音乐中的要素相符；快速捕捉到音乐要素与美术要素之间的共通性，总结语言精练到位			

活动四：聆听探究Ⅱ

1. 活动目的

了解德彪西在配器上关注管弦乐队的新声音、努力挖掘乐器另一种风格和情绪的特点。

2. 活动过程

（1）聆听古典主义时期、浪漫主义时期、印象主义时期具有代表性的交响曲片段，如莫扎特《g小调第四十交响曲》片段、柏辽兹《幻想交响曲》片段、德彪西《波浪的嬉戏》片段，对比三个时期乐器组配器的音色特点。

（2）完成填空。

古典主义时期以（　　）组乐器为主，铜管乐器加强力度、充实和声。

浪漫主义时期以（　　）组乐器为主，铜管乐器演奏旋律，增加了其他新的乐器。

印象主义时期以（　　　）组乐器为主，铜管乐器加上弱音器，改变音色。

3. 活动评价

表4-8-4

评价要求	基本完成	完　成	未完成
90%以上的学生能识别三个时期乐器组配器的音色特点，理解印象主义时期配器音色变化的原因			

活动五：认识全音音阶

1. 活动目的

体验德彪西使用全音音阶创作营造的朦胧色彩感，了解印象派音乐的风格特征。

2. 活动过程

（1）聆听德彪西钢琴作品《帆》、管弦乐《牧神午后》中全音音阶旋律片段。

（2）列出全音音阶，分析音级之间大二度的关系。

（3）对比大调音阶、小调音阶和全音阶的不同，分别演奏三种音阶创作的旋律，感受其色彩和意境的不同。

（4）分小组，用"do re mi #fa #sol #la"编创一条两小节的旋律。

（5）分享与交流。各组将编创的旋律在钢琴上弹奏展示。

3. 活动评价

表4-8-5

评价要求	基本完成	完　成	未完成
能识别全音音阶，感受全音音阶形成的朦胧色彩感			
能用全音音阶编创旋律片段			

【学后反思】

通过这节课的学习，你是否已经清楚印象主义音乐与传统音乐的不同？你是如何解决学习的难点的？还有什么好的经验分享给大家？

【课堂学业质量评价单】

（1）印象主义乐派是19世纪末20世纪初以法国作曲家（　　　）为代表的音乐流派。

（2）德彪西偏离浪漫主义音乐那些感情丰富的宏大主题，用（　　　）的旋律线条、（　　　）的音色、独特的和声记录自己瞬间的印象。

（3）连线题。聆听以下音阶，用连线将相对应的音阶名称连起来。

第一段　　　　　　　　　　小调音阶

第二段　　　　　　　　　　全音音阶

第三段　　　　　　　　　　大调音阶

第四段　　　　　　　　　　五声音阶

（4）聆听以下三段音乐，哪一段是印象主义音乐？（音频见"检测听辨1、2、3"）

A.第一段音乐　　　B.第二段音乐　　　C.第三段音乐

（5）印象主义音乐有怎样的特点？

【课后拓展任务单】

你知道还有哪些印象主义音乐或绘画吗？

【拓展资源】

（1）音频素材：01主题一（"海浪"主题）.mp3，02主题二（"光线"主题）.mp3，03主题三（"海鸥"主题）.mp3，04贝多芬《月光》.mp3，05德彪西《月光》.mp3，06《步步高》.mp3，07《石头岛》.mp3，08《异域风情》.mp3，09《水中倒影》.mp3，10莫扎特《g小调第四十交响乐》片段.mp3，11柏辽兹《幻想交响曲》片段.mp3，12德彪西《海上——从黎明到中午》片段.mp3，13检测听辨1、2、3。

（2）图片/谱例：01《海上——从黎明到中午》管弦乐总谱、02《神奈川冲浪里》、03莫奈《印象·日出》、04主题一、05主题二、06《吉内弗拉·德·本齐》、07《亚麻色头发的少女》。

（3）视频/微课：01卡拉扬指挥《海上——从黎明到中午》、02"曲谱同步"《海上——从黎明到中午》动态乐谱、03微课《音乐的色彩大师——德彪西》。

【教学流程】

（一）导入

（1）展示法国绘画大师莫奈的风景画《印象·日出》。

教师提问：这幅画给了你哪些直观的感觉？选出合适的词语。

（如模糊、朦胧、看不清楚、画面凌乱、没规则）

（2）聆听两段音乐（贝多芬《月光》、德彪西《月光》），你觉得哪一段音乐具有"模糊、朦胧、不规则"的风格特征？

教师：当我们说起月光、大海、水中倒影的时候，都会想到一幅画面，我们提到的这些名称，正是法国印象派作曲家德彪西的音乐作品的名字。

出示课题——色彩斑斓的印象派。

设计意图：用通感、联觉的手法直接感受音乐作品中音乐要素的特点。

（二）新课内容

（1）认识德彪西。

（2）用关键词归纳印象主义音乐特征。

（3）简单介绍交响音画《大海》。

（4）欣赏《大海》。

① 聆听乐曲主题。聆听《海上——从黎明到中午》的第一主题和第二主题，感受主题旋律之间的对答以及分析配器的特征。（详见学历案"实践活动二"）

② 全曲欣赏，感受乐曲音乐要素的变化。

表4-8-6

时　间	你联想到的画面	演奏乐器
黎　明		
太阳出来——上午		
中　午		

③课堂小结。

设计意图：从音乐要素、乐器的使用等方面感受印象派音乐的风格特点。

（5）风格听辨。

听三个作品片段（如莫扎特《g小调第四十交响曲》片段、贝多芬《第九〈合唱〉交响曲》片段、德彪西《波浪的嬉戏》片段），判断哪首是印象派的音乐作品，并说说理由。（详见学历案"实践活动四"）

设计意图：巩固知识，举一反三。

（三）总结

（1）回顾课堂内容。

（2）德彪西说："我非常热爱音乐。正由于我热爱音乐，我试图让它脱离使它受到抑制的贫乏的传统。音乐是真诚洋溢的自由艺术，是室外的艺术，像自然那样无边无际，像风，像地面，像海洋。绝不能把音乐关在屋子里，成为学院派的艺术。"印象主义音乐善于表达内心的变幻，追求感官的美；在和声、配器和织体手法上新颖、细腻，色彩丰富。它是现代音乐许多重要特点和精神意境的发端。

设计意图：点题，用德彪西的话引出印象派音乐的风格特征，加深对印象派的认识。

（四）教学反思

如何引导学生聆听交响乐？用什么方法才能真正听懂音乐作品中的思想内涵？这一直是让笔者觉得困惑的地方。

学生若没有西洋管弦乐队乐器聆听的基础，在欣赏大型交响乐作品时便觉得吃力，教师若不能及时调整教学方法，激发学生兴趣，只顾一直讲，课堂便互动不起来。因此，首先要了解学生的能力、基础，针对弱项提前做好功课，可用微课提前学习管弦乐器的相关知识，课堂教学中多设计活动体验，如唱、肢体律动、画、对比体验等，只有让学生亲身参与，调动起学生的积极性，才能起到事半功倍的效果。

撰写人简介：曾群，女，高中高级教师，广东省韶关市第一中学音乐教师，星海音乐学院音乐教育硕士，中国音协奥尔夫专业委员会理事。从事一线音乐教学工作13年，钻研音乐教学，发表多篇音乐学科论文；执教课例多次获省、市级一等奖；参与编写普通高等学校学前教育专业教材《奥尔夫音乐教育》；多次被评为"优秀教师""教学研究先进个人"。

第9课时　传统风格的解体

【学习内容】

勋伯格《五首管弦乐曲》第一首《预兆》。

【内容出处】

人民音乐出版社普通高中《音乐鉴赏》第十七单元第三十三节。

【课时建议】

1课时。

【内容分析】

本节课内容是"外国音乐发展历程"单元最后1课时,介绍了20世纪现代音乐的表现主义音乐、勋伯格及其代表作品。勋伯格的《五首管弦乐曲》(作品第16号)是勋伯格从调性音乐转向无调性音乐的代表性作品,音乐用无调性的作曲手法展现了一个处于极度痛苦的幻觉世界,表现了恐惧和焦虑的情绪。本节课还介绍了勋伯格"十二音体系",引导学生了解20世纪现代主义音乐理论。

【学情分析】

学生通过前面8个课时的学习,对外国音乐的发展脉络和各个时期音乐的特征已基本掌握。本节课的内容是传统风格的解体,音乐从有调性转变为无调性,对于这种新奇独特的音响,学生会产生好奇心,进而主动去探求产生这种音乐的原因及其创作的方法等,学生在欣赏时便能很快进入状态。

【学习目标】

（1）聆听勋伯格《五首管弦乐曲》第一首《预兆》，初步感知表现主义音乐的创作手法与艺术特征；能初步辨别现代音乐与传统音乐的不同；知道表现主义音乐、无调性音乐、十二音音乐等知识，认识作曲家勋伯格及其艺术成就。

（2）尝试用哼唱、即兴动作、对比聆听、分析曲谱、编排音列等实践活动感受勋伯格无调性音乐和十二音音乐的创作特点。比较分析表现主义音乐与美术作品的共通之处。

（3）能结合20世纪社会历史背景和时代特征对表现主义音乐的内涵、意义等方面作出一定的分析，探讨表现主义音乐的价值，理解音乐不同流派的多样性。

【学习重、难点】

（1）学习重点：感受勋伯格无调性音乐和十二音音乐的创作特点，初步辨别现代音乐与传统音乐的不同。

（2）学习难点：对表现主义音乐的内涵、意义等方面作出一定的分析，探讨表现主义音乐的价值，理解音乐不同流派的多样性。

【评价要点】

（1）能感知表现主义音乐的创作手法与艺术特征。（完成"实践活动一""课堂学业质量评价单1、2、3"，检测目标1）

（2）了解无调性音乐和十二音音乐创作的特点。（完成"实践活动二"，检测目标2）

（3）探究表现主义音乐和美术作品的共通之处。（完成"实践活动三""实践活动四"，检测目标3）

（4）理解音乐不同流派的多样性。（完成"课堂学业质量评价单4"，检测目标4）

【实践活动建议】

活动一：用肢体动作表现音乐要素特点

1. 活动目的

感知表现主义音乐旋律、节奏、速度等特点。

2. 活动过程

（1）播放《预兆》音乐片段，感受音乐要素的变化，在以下词中圈出音乐的特点。

规整的　　无序的　　稳定的　　焦虑的　　高低音对比

突兀的　　柔和的　　刺耳不协和的　　无调性　　大小调

（2）用肢体动作（直、曲、扭、颤、抖、顿等）表现音乐中旋律、节奏、速度的变化。

（3）教师出示刚才播放的音乐片段《预兆》谱例截图，观察乐谱的特点。

（4）归纳概念：无调性音乐打破大小调体系束缚，八度中十二个半音处于平等地位，避免和否定了中心音的存在。

3. 活动评价

表4-9-1

评价要求	基本完成	完 成	未完成
能敏锐地捕捉《预兆》音乐要素特点，大胆地用肢体动作表现，且动作能符合音乐要素特点，具有表现力和创意性			

活动二：用十二音技法"逆行""倒影"进行音列编排

1. 活动目的

在编创实践中熟知表现主义音乐的十二音技术基本创作方法。

2. 活动过程

（1）观察"逆行"的乐谱截图，了解"逆行"的编排方法：以原主题最后一个音为起音，用逆行方向，将各音按原主题音高和节奏进行模仿，直至原主题的起音。

主题原形：G F E ♭A B ♭D C ♭G ♭E ♭B D A（用五线谱记谱）

逆　　行：A D ♭B ♭E ♭G C ♭D B ♭A E F G（用五线谱记谱）

（2）观察"倒影"的乐谱截图，了解"倒影"的编排方法：以原主题第一个音为起音，用镜面（或倒影）方向的规律，将各音按原主题音高和节奏进行模仿，相邻的音之间的音程关系不变，直至原主题的最后一个音。

主题原形：G F E ♭A B ♭D C ♭G ♭E ♭B D A（用五线谱记谱）

倒　　影：G A ♭B #F ♭E #C D #G B E C F（用五线谱记谱）

（3）根据谱例中的主题原形音列，分别用"逆行""倒影"编排新的音列。

E F G ♭D ♭G ♭E ♭A D B C ♮A ♭B（用五线谱记谱）

3. 活动评价

表4-9-2

评价要求	基本完成	完　成	未完成
100%的同学能完成"逆行"的音列，80%以上的同学能编排出"倒影"的音列，并在教师的帮助下修改；60%以上的同学能基本理解十二音技法的创作价值			

活动三：打击乐器编创现代主义风格的音乐

1. 活动目的

将美术中的各种符号和音响结合，利用色彩与线条等元素来表达内心情绪，用符号画面作为乐谱，演奏音乐，听音而动。

2. 活动过程

（1）欣赏并分析康定斯基的画作《音乐会》，提问：在图画里看到哪些形状（点、线、面）、色彩（黄、红、黑）、结构（对比、变化、布局）、风格

（时代、流派等）？

（2）选择四种打击乐器（如鼓、双响筒、串铃、单面钹等），对应它们的音响特征画出相应的符号或图形，注意分配每种乐器的颜色。

（3）根据康定斯基《音乐会》这幅画，每人编创打击乐器的总谱（图形谱）。

（4）分组讨论，讲自己的"音乐"。

（5）讨论评价，推选出一个较好的作品，其作者担任指挥，其余每人选择一件乐器，听音乐即兴表演。

（6）分为打击乐器演奏和布袋表演两组，分配好各布袋所代表的乐器。

（7）分组表演，讨论与评价。

3. 活动评价

表4-9-3

评价要求	基本完成	完　成	未完成
能敏锐地捕捉绘画音乐要素特点			
能根据绘画编创打击乐器图形谱			
大胆地用打击乐器演奏			
即兴表演与打击乐节奏配合默契，具有表现力和创造性			

活动四：选择合适的音乐为画配乐

画一：《猎人的葬礼》　　画二：《呐喊》　　画三：《水中倒影》

1. 活动目的

寻找音乐要素与美术要素的共同点，培养敏锐的感知力、想象力和判断力。

2. 活动过程

教师播放3个音乐片段，引导学生分析音乐中的要素特点，选择合适的音乐为画配乐，说出你选择的理由。

（音频：勋伯格《预兆》、德彪西《水中倒影》、马勒《第一交响曲》第二乐章）

3. 活动评价

表4-9-4

评价要求	基本完成	完 成	未完成
所选音乐符合画面意境，并能从音乐要素上说出选择的理由			

【学后反思】

（1）通过这节课的学习，你所获得的核心知识有哪些？能自己分辨无调性音乐吗？你还有什么好的经验跟大家分享？

（2）自主梳理本单元知识脉络。

【课堂学业质量评价单】

（1）总结表现主义音乐的特点，将关键词写在下面括号内。

（　　　　）（　　　　　）（　　　　　　）（　　　　　　）

（2）聆听以下两段音乐，（　　）是无调性音乐。

A. 第一段音乐　　　　　　　　B. 第二段音乐

（3）结合本单元所学内容，完成以下表格：

表4-9-5

时　期	音乐风格特征	作曲家	代表作品	体　裁
巴洛克主义时期音乐（16世纪末—18世纪中叶）	复调音乐达到全盛，数字低音使用，大小调取代中古调式			
古典主义时期音乐（18世纪下半叶—19世纪二三十年代）	音乐风格大多明朗乐观，形式结构均匀严谨，主调音乐占绝对优势	莫扎特		
			《第九〈合唱〉交响曲》	
浪漫主义时期音乐（19世纪二三十年代—20世纪初）			《鳟鱼》	
			《幻想交响曲》	
		肖邦		
民族乐派音乐		斯美塔那		
		西贝柳斯		

续表

时 期	音乐风格特征	作曲家	代表作品	体 裁
（19世纪30年代—20世纪初）		格林卡		
印象主义时期音乐（19世纪八九十年代—20世纪初）	模糊的旋律线条、缥缈的音色、独特的和声记录瞬间的印象		《大海》	
20世纪音乐（20世纪初）			《预兆》	

（4）请根据谱例中的音列，用十二音技法中的"逆行""倒影"进行音列编排。

E F G ♭D ♭G ♭E ♭A D B C ♮A ♭B（用五线谱记谱）

【课后拓展任务单】

你还知道哪些20世纪音乐？

【拓展资源】

（1）音频素材：01勋伯格《预兆》、02勋伯格《升华之夜》、03勋伯格《预兆》、04德彪西《水中倒影》、05马勒《第一交响曲》第二乐章、06检测题听辨1、07检测题听辨2。

（2）图片/谱例：01勋伯格《五首管弦乐曲》管弦乐队总谱、02五线谱格子。

（3）视频：01指挥版《预兆》、02"曲谱同步"勋伯格《预兆》、03《一个华沙幸存者》1、04《一个华沙幸存者》2、05勋伯格6首钢琴小品。

【教学流程】

（一）导入

1. 活动体验

（1）聆听《预兆》音乐片段，感受音乐要素的变化，在以下词中圈出所听音乐的特点。

规整的　　无序的　　稳定的　　　焦虑的　　高低音对比
突兀的　　柔和的　　刺耳不协和的　无调性　　大小调

（2）用肢体动作（直、曲、扭、颤、抖、顿等）表现音乐中旋律、节奏、速度的变化。

（3）教师出示刚才播放的音乐片段《预兆》谱例截图，观察乐谱的特点。

（4）归纳概念：无调性音乐是（　　　　　　）。

2. 出示课题

传统风格的解体。

设计意图：通过聆听感受、动作体验、观察乐谱，找到无调性音乐与调性音乐的关系和区别。

（二）新课内容

新课内容主要如下：第一，了解什么是表现主义音乐及代表人物勋伯格；第二，初步感受勋伯格《五首管弦乐曲》第一首《预兆》。

（1）欣赏乐曲，提问：

① 乐曲中"预兆"了什么？

② 乐曲的节奏、音高、音量上有什么特点？

设计意图：在聆听中初步感受乐曲用尖锐的音色、不规则的节奏、独特的配器、夸张的力度变化等极端的方式表现人类精神世界与内心的孤独和绝望。

（2）了解勋伯格作曲发展的三个阶段及其创作特点。

（3）对比欣赏《升华之夜》《一个华沙幸存者》片段，感受勋伯格不同阶段创作风格的变化。

设计意图：对无调性音乐有进一步的认识。

（4）认识"十二音体系"的作曲技法。

① 教师在键盘图示上示范半音的构成。

设计意图：认识音程的构成关系，为接下来的编排创作做准备。

②出示"主题原形"片段乐谱，引导学生学习"逆行"的创作。

教师：观察"逆行"的乐谱截图，了解"逆行"的编排方法：以原主题最后一个音为起音，用逆行方向，将各音按原主题音高和节奏进行模仿，直至原主题的起音。

作曲体验1，出示练习题"逆行"创作。

③出示"主题原形"片段乐谱，引导学生学习"倒影"的创作。

④作曲体验2，出示练习题"倒影"创作。

设计意图：通过编排创作实践，对无调性音乐的"十二音技法"更深刻地理解。

展示学生的成果，请会弹钢琴的学生在钢琴上弹奏。

设计意图：激发学生的学习兴趣，培养创作意识。

（三）课堂检测题

（1）请用几个关键词形容"表现主义音乐"的特点。

（2）聆听以下音乐片段，判断（　　）是无调性音乐。

A.第一段音乐　　　B.第二段音乐　　　C.第三段音乐

设计意图：巩固本节课学习内容，检测学习效果。

（四）教学反思

这节课在探索、比较、合作、实践的过程中让学生了解了勋伯格音乐创作的特点，同时激发了学生的创作思维。本节课将学习重点放在体验勋伯格无调性音乐的特点上，相继提出：勋伯格为什么创作无调性音乐？造成不和谐音乐的要素是什么？在教师的引导下，随着问题的提出和解决，充分调动了学生探究的欲望，学生不仅能够积极体验无调性音乐，还能即兴创作无调性音乐来表达情感，对勋伯格的音乐产生了思考。因此，教师应尽可能地为学生创设自主学习的环境。

撰写人简介：曾群，广东省韶关市第一中学教师。

第五单元

音乐与姊妹艺术

一、单元内容结构及课时安排

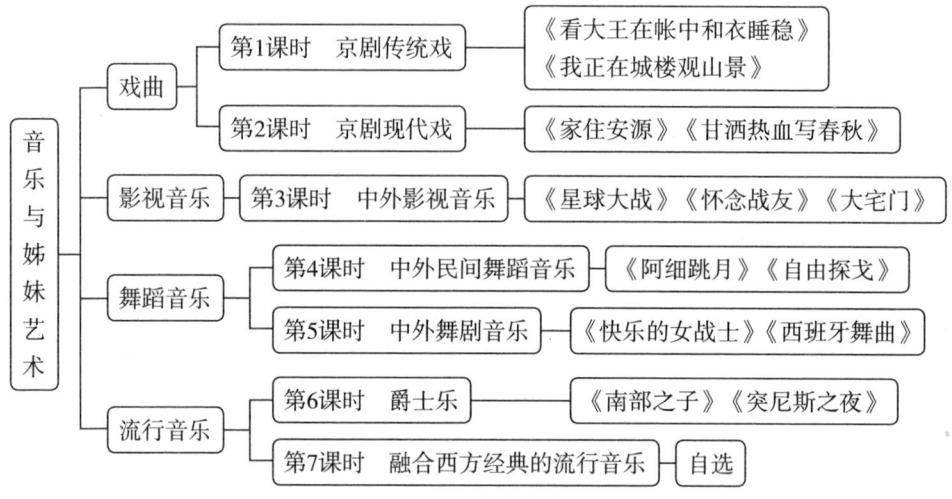

二、单元整合思路

在梳理《音乐鉴赏》所有单元时，我们发现京剧、舞蹈音乐、影视音乐、爵士乐相关的几个单元内容既有独立性，又与音乐有着互融互通的联系，都属于音乐的姊妹艺术范畴。学生在学习这些课程的时候需要具备一定的音乐鉴赏能力，同时为承接其他必修模块或选修模块的课程内容，形成了第五单元"音乐与姊妹艺术"。

在单元学历案设计上，我们遵循以中国作品为主、外国作品为辅的学习原则，内容上调整了"舞蹈音乐"的组合方式，把代表中外民间舞蹈音乐的《阿细跳月》《自由探戈》合并为1课时，把代表中外芭蕾舞剧音乐的《快乐的女战士》和《西班牙舞曲》合并为1课时，注重中外同类作品之间的对比和关联，同类作品中不同风格的对比和联系，更好地达到拓宽学生认知领域、丰富学生文化视野的目的。

三、单元学习目标

1. 审美感知

欣赏本单元具有代表性的京剧、影视音乐、舞蹈音乐和爵士乐作品，了解这几类音乐作品不同的音乐风格和相关的音乐知识，探究旋律、节奏、力度、速度等音乐要素在这几类音乐中的重要作用。

2. 艺术表现

在以聆听为主、活动为辅的教学活动中，能尝试用正确的发声方法，有表现力地哼唱音乐作品的主题片段，能用自己的方式表达不同作品的不同意境。

3. 文化理解

赏析本单元各类音乐，领略音乐中的文化内涵，熟悉中华民族在戏曲、影视音乐、歌舞音乐等姊妹艺术领域的发展情况；感受世界其他国家优秀音乐作品的魅力，进而培养学生多元的国际文化视野。

第1课时　京剧传统戏

【学习内容】

《看大王在帐中和衣睡稳》《我正在城楼观山景》。

【内容出处】

人民音乐出版社普通高中《音乐鉴赏》第四单元第七节。

【课时建议】

1课时。

【内容分析】

本课主要包含的教学内容为《看大王在帐中和衣睡稳》和《我正在城楼观山景》片段鉴赏。其中《看大王在帐中和衣睡稳》为《霸王别姬》中的旦角选段，《我正在城楼观山景》为《空城计》中的老生选段，两段都为旦角和老生两大行当的经典唱段，能充分体现旦角（主要是梅派唱腔）、老生唱腔在发音位置、音色、咬字收音等方面的特点，因此本课程教学设计的主线就是——唱腔。

【学情分析】

在传统文化日益受到重视的大环境下，学生在小学、初中的音乐课中都会积累一些与京剧相关的知识，因此对于四大行当、四大名旦等基础知识的了解程度大概率在80%以上。但是由于地域、年代、主观选择等因素的影响，学生接触到的京剧曲目有限，学唱的机会也较少，对于京剧唱腔的了解和认知尚处于很浅显的阶段。

【学习重、难点】

（1）学习重点：聆听、体验并学唱旦角梅派和老生唱腔。

（2）学习难点：分析总结旦角梅派唱腔的特点、老生与花脸唱腔的不同，并能进行分辨。

【学习目标】

（1）课前自学微课《中国戏曲基础知识》，了解中国戏曲及京剧的基础知识，参与课堂上的戏曲、京剧知识抢答比赛，知道并掌握与戏剧相关的一般知识。

（2）观看微视频《梅兰芳简介》，能全面地认识一代京剧大师——梅兰芳的人生经历、艺术贡献和民族精神。

（3）聆听《看大王在帐中和衣睡稳》唱段，诵读唱段的第一句唱词，模仿、学唱唱段的第一句唱腔，发现和分辨旦角唱腔尤其是梅派唱腔发音、音色和收音的特点，体验旦角唱腔，感受旦角唱腔的美，了解方言对京剧咬字发音的影响。

（4）聆听《我正在城楼观山景》唱段，能发现老生唱腔发音、发声和断句的特点；对比聆听老生和花脸唱腔的唱段，能发现老生和花脸唱腔在发音位置、咬字归音上的不同；模仿、学唱《我正在城楼观山景》第一句，体验老生唱腔的咬字发音，并能准确进行分辨其音色高、亮、窄的特点。

（5）在欣赏、聆听的过程中，了解作品的创作背景、故事梗概及各种不同派系的代表作品，领略京剧魅力所在，引导学生关注京剧艺术，激发学生对京剧的喜爱。

【评价要点】

（1）了解并掌握中国戏曲和京剧的一般知识。（完成"实践活动一"，"课堂学业质量评价单"任务一，"课后拓展任务单"第一题和第二题，检测目标1）

（2）了解四大名旦之首的梅兰芳大师的生平、贡献和作品。（完成"课堂

学业质量评价单"任务二，"课后拓展任务单"第二题，检测目标2）

（3）了解作品的创作背景、故事梗概，感受并探讨旦角、老生唱腔的发音、音色、归韵和拖音的特点。（完成"课堂学业质量评价单"任务三和任务六，检测目标3、4、5）

（4）体验旦角梅派及老生唱腔的韵味，总结各自的独特之处，区分梅派与其他派系、老生与花脸的不同。（完成"实践活动二"，"课堂学业质量评价单"任务四和任务七，"课后拓展任务单"第二题、第五题和第八题，检测目标3、4）

（5）巩固学生分辨梅派唱腔和老生唱腔的分辨能力。（完成"实践活动三"，"课堂学业质量评价单"任务五和任务八，"课后拓展任务单"第三题和第六题，检测目标3、4）

（6）引导学生关注更多不同行当的典故和不同派系的代表作品。（完成"课后拓展任务单"第二题、第六题，检测目标5）

【实践活动建议】

活动一：抢答比赛

1. 活动目的

了解中国戏曲和京剧的基础知识。

2. 活动过程

①课前发放《中国戏曲》微课视频，要求组长带领组员认真观看；②整合微课内容，小组绘制思维导图；③根据微课内容，在演示文稿上以选择和填空的形式出题，各组以组为单位参与抢答。

3. 活动评价

表5-1-1

评价要求	基本完成	完 成	未完成
课前自学微课《中国戏曲知识》，参与课堂抢答赛，了解中国戏曲及京剧的基础知识			

活动二：了解京剧大师——梅兰芳

1. 活动目的

大致了解京剧大师梅兰芳的生平经历以及他对京剧艺术做出的伟大贡献。

2. 活动过程

①课前老师制作好时长2分钟以内的《梅兰芳简介》的微视频；②提前设问引导学生有目的地观看，或建议小组分配问题进行关注；③带着问题观看视频，同时在任务单上做好记录；④小组以抢答方式分享从视频中收获的答案，同时完成自我评价。

3. 活动评价

表5-1-2

评价要求	基本完成	完 成	未完成
观看《梅兰芳简介》微视频，了解一代京剧大师的伟大贡献和代表作品			

活动三：聆听探究

1. 活动目的

发现梅派唱腔和老生唱腔在发音、音色、断句方面的特点。

2. 活动过程

①设问引导学生聆听时要关注的方向；②建议学生进行小组分工，通过合作完成聆听任务；③聆听京剧片段音频，同时在任务单上做好记录；④小组以抢答方式分享答案，同时完成自我评价。

3. 活动评价

表5-1-3

评价要求	基本完成	完 成	未完成
聆听南梆子唱腔《霸王别姬》选段《看大王在帐中和衣睡稳》，发现旦角梅派唱腔发音、音色、断句、拖音等特点			
聆听老生唱腔《空城计》选段《我正在城楼观山景》，探索老生唱腔的特点			

活动四：学唱体验活动

1. 活动目的

体验旦角梅派唱腔和老生唱腔的韵味，感受旦角梅派唱腔和老生唱腔的风格特点。

2. 活动过程

①教师分别用普通话朗诵一遍《看大王在帐中和衣睡稳》和《我正在城楼观山景》第一句唱词,学生对比聆听两个京剧唱段里第一句唱词,发现哪几个字的咬字发音不同;②集体按照京剧的咬字发音分别朗读一遍两个唱段的第一句;③教师带领学生找旦角的假音位置和丹田气音的位置,连续发单音;④教师逐字逐音教唱两个唱段的第一句唱词;⑤学生跟随伴奏练唱。

3. 活动评价

表5-1-4

评价要求	基本完成	完 成	未完成
学唱《看大王在帐中和衣睡稳》第一句,体验旦角唱腔的韵味,总结梅派的特点			
学唱《我正在城楼观山景》第一句,体验老生与旦角不一样的发音位置、音色特点,再对比聆听花脸唱腔时的感受,作出总结			

活动五:唱腔听辨活动

1. 活动目的

能总结行当的唱腔特点,并能准确分辨。

2. 活动过程

①学唱《看大王在帐中和衣睡稳》和《我正在城楼观山景》第一句的唱腔;②总结唱腔在发音位置、音色及拖音归韵的特点;③聆听音频听辨唱腔。

3. 活动评价

表5-1-5

评价要求	基本完成	完 成	未完成
聆听四段旦角唱段,判断哪段是梅派的唱腔,检验梅派唱腔特点的掌握情况			
聆听四段唱段,判断哪两段是老生唱腔,检验老生唱腔的把握程度			

【学后反思】

表5-1-6

学后反思	内　容
本节课介绍的关于中国戏曲和京剧的基础知识,以及京剧大师梅兰芳的生平和贡献,你是否已经有了初步的认识和了解	
通过对梅派唱段的聆听、分析、学唱,你是否已经把握了梅派唱腔的特点,并能够进行准确分辨	
你能准确听辨出老生和花脸的唱腔吗	
这节课的内容你最感兴趣的是哪些?你最喜欢的环节是什么?你还有哪些内容不太清楚?课余时间你愿意了解更多京剧知识吗	

【课堂学业质量评价单】

任务一:戏曲、京剧知识抢答。

(1)中国戏曲知识篇。

① 世界古老三大戏曲:(　　)、(　　)、(　　)。

② 中国戏曲大约有(　　)个种类。

③ 中华戏曲百花苑主要包含(　　)、(　　)、(　　)、(　　)和(　　)五大剧种。

④ 聆听戏剧片段,判断该片段属于(　　)。

A. 京剧　　　　B. 越剧　　　　C. 黄梅戏

D. 评剧　　　　E. 豫剧

(2)京剧的起源与特色篇。

① 京剧距今有(　　)年历史。

② 四大徽班是:(　　)、(　　)、(　　)、(　　)。

③ 京剧的表演特色:(　　)、(　　)、(　　)、(　　)。

④ 京剧的表演技法:(　　)、(　　)、(　　)、(　　)、(　　)。

⑤ 京剧的前身是(　　),"京戏"一词始创自(　　)。

(3) 辨行当（此处用图片让学生进行识别抢答）。

① 老生、娃娃生、武生、小生

② 花旦、青衣、刀马旦、老旦、彩旦

③ 做工花脸、唱功花脸

④ 文丑、武丑

(4) 四大名旦（此处用图片让学生进行识别抢答）。

① 梅兰芳剧照、生活照。

② 程砚秋剧照、生活照。

③ 尚小云剧照、生活照。

④ 荀慧生剧照、生活照。

任务二：观看微课梅兰芳的简介，思考以下问题。

表5-1-7

京剧为什么可以成为国粹	
梅兰芳的贡献有哪些	
说出三部以上梅兰芳的代表作	

任务三：欣赏南梆子唱腔《霸王别姬》选段《看大王在帐中和衣睡稳》，思考：

表5-1-8

旦角唱腔使用的是真声还是假声	
梅派唱腔音色有什么特点	
你发现尾音收音有什么特点	
演唱时每句的字数和断句有什么规律	

任务四：学唱《看大王在帐中和衣睡稳》第一句，总结梅派唱腔的特点。

表5-1-9

发声	
音色	
尾音	

任务五：听辨四段旦角唱腔，判断哪一段是梅派唱腔。

表5-1-10

派　系	唱　词	剧　目
	春秋庭外风雨暴	
	为驸马冒风霜	
	小姐你多风采，君瑞呀	
	一家人闻边报雄心振奋 穆桂英为保国再度出征	

任务六：欣赏老生唱腔《空城计》选段《我正在城楼观山景》，思考：

表5-1-11

老生唱腔使用的是真声还是假声	
老生唱腔音色有什么特点	
演唱时每句的断句节奏有什么特点	

任务七：欣赏花脸唱腔完成下列表格。

表5-1-12

行　当	用　嗓	音　色	发音位置	咬字归音
老　生				
花　脸				

任务八：听一听，辨一辨，哪两段是老生唱腔？

第一段　包龙图打坐在开封府。

第二段　将身儿来至在大街口，尊一声过往宾朋听从头，一不是响马并贼寇，二不是歹人把城偷。

第三段　我魏绛闻此言如梦初醒。

第四段　劝千岁"杀"字休出口。

【课后拓展任务单】

（1）观看课前微视频，绘制思维导图。

```
┌─────────────────────────────────────────────────┐
│                                                 │
│                                                 │
│                                                 │
│                                                 │
│                                                 │
└─────────────────────────────────────────────────┘
```

（2）四大名旦知识。

① 四大名旦分别是：（　　）、（　　）、（　　）、（　　）。

② 梅兰芳的代表作：（　　）、（　　）、（　　）。

③ 其他三位名旦及代表作：（　　）；（　　）；（　　）。

④ 梅兰芳的唱腔特点：（　　）；（　　）；（　　）。

（3）聆听旦角唱腔，判断（　　）是梅派唱腔。

第一段　哎呀！爹娘啊，孩儿今日别了你。

第二段　你枉读诗书习经典，岂不知非礼勿能言。

第三段　海岛冰轮初转腾。

第四段　没来由遭刑宪受此大难。

（4）老生和花脸唱腔有何异同：

表5-1-13

行　当	用　嗓	音　色	发音位置	咬字归音
老　生				
花　脸				

（5）老生和花脸派别：

① 老生的流派：（　　）、（　　）、（　　）。

② 花脸的流派：（　　）、（　　）、（　　）。

③ 老生流派的代表作：（　　）、（　　）、（　　）。

④ 花脸流派的代表作：（　　）、（　　）、（　　）。

（6）聆听四段唱腔，判断（　　）、（　　）是老生唱腔。

第一段　一轮明月照窗前

第二段　尊奉将令沂州往

第三段　老娘不必珠泪降

第四段　父子们在宫院伤心落泪

（7）复习所学的两句唱腔。

旦角：看大王在帐中和衣睡稳　　老生：我正在城楼观山景

（8）完成教材本单元后面"拓展与探究"第五题。

【拓展资源】

（1）图片：01a老生、01b娃娃生、01c武生、01d小生、02a花旦、02b青衣、02c刀马旦、02d老旦、02e彩旦、03a做工花脸、03b唱功花脸、04a文丑、04b武丑、05a梅兰芳剧照和生活照、05b程砚秋剧照和生活照、05c尚小云剧照和生活照、05d荀慧生剧照和生活照、06卢胜奎剧照。

（2）文字（相关知识的文字介绍）。

① 中国戏曲和京剧的基础知识。

② 梅派唱腔的特点。

③ 京剧的咬字。

④ 中国京剧形成初期演员卢胜奎（1822—1889）简介。

⑤ 花脸和老生的不同（旋律、唱法和发声特点的不同）。

（3）音频：01豫剧《花木兰》片段、02《霸王别姬》选段《看大王在帐中和衣睡稳》第一句、03梅派唱腔的听辨、04《空城计》选段《我正在城楼观山景》的第一句、05老生和花脸的唱腔听辨、06课后拓展任务单第三题、07课后拓展任务单第七题。

（4）视频/微课：01微课《中国戏曲及京剧基础知识》、02微课《梅兰芳简介》、03《空城计》电视剧片段、04《空城计》选段《我正在城楼观山景》动态带歌词唱段、05花脸唱腔、06老生和花脸的对唱。

【教学流程】

课前预习：把制作好的微课《中国戏曲基础知识》发放给学生，要求学生在课前自学，并以小组为单位共同绘制出课程内容的思维导图。

以小组为单位，边参与课堂活动边完成配套的"课堂学业质量评价单"。

设计意图：课前自学教师有针对性制作的微课程，可以使学生在短时间内吸收到与课程内容密切相连的相关基础知识，节省大量课堂上的时间，同时也帮助学生预热，对以往碎片化的信息做了一个系统的整合。小组合作绘制思维导图，既培养学生团队协作能力，还能对微课内容进行提炼，有利于加深学生印象，对正课学习起到了很好的铺垫作用。

（一）导入

全班举行"中国戏曲知识抢答比赛"（内容看"课堂学业质量评价单"）。

设计意图：检验和巩固预习的基础知识，活跃课堂气氛。

（二）新课内容

1. 观看微视频《京剧大师梅兰芳简介》，并回答问题

（1）京剧为什么可以成为国粹？

（2）梅兰芳的贡献有哪些？

（3）说出三部以上梅兰芳的代表作。

学生回答，教师进行补充：梅兰芳，四大名旦之首，他不断创新、改革服装、化妆、表演及唱腔，创立"梅派"，把京剧带出国门，使京剧成为世界瞩目的戏剧之一。代表作有：《贵妃醉酒》《霸王别姬》《西施》《穆桂英挂帅》等。

设计意图：帮助学生快速、全面地了解一代大师梅兰芳的生平经历和贡献，用问题指引学生观看微课，能有效提升学生的关注度，加深对知识的记忆。

2. 聆听梅兰芳演唱的《看大王在帐中和衣睡稳》，并回答问题

（1）旦角唱腔使用的是真声还是假声？

（2）梅派唱腔的音色有什么特点？

（3）尾音收音有什么特点？

（4）演唱时每句的字数和断句有什么规律？

聆听唱段，小组分工寻找答案，并尝试在评价单上进行作答，同时进行分享，教师对答案给予补充完善。

设计意图：带着任务去聆听京剧唱段，使学生有的放矢，减少聆听时的盲目感，降低学生出现聆听时无所事事的概率。

3. 学唱《看大王在帐中和衣睡稳》第一句

（1）教师用两种不同的方式朗诵这句唱词，让学生对比哪几个字的发音不一样。第一种方式是正常普通话发音，第二种方式是演唱式的发音。

答案：看大（dai）王在帐中和（huo）衣睡稳。

发音不同的原因是：拓展资源3的内容。

（2）带领学生一起朗读唱词。

（3）按照断句的规律学唱第一句唱词。

设计意图：京剧唱腔咬字发音的不同也是其特点之一，通过对比使学生明白发音不同的缘由，做到"知其然知其所以然"。逐字逐句地教唱是京剧传统的学习模式，学生只有亲身体验才能感受到梅派唱腔的拖音处理和音色要求，哪怕做不到标准也能留下较深的印象。

4. 实践与总结

（1）总结出梅派唱腔的特点。

发声：小嗓演唱　位置靠前；

音色：中正平和　清脆明亮；

尾音：气沉丹田　尾音下滑。

（2）聆听四段旦角唱段，判断哪个是梅派的唱腔。

第一段　春秋庭外风雨暴；

第二段　为驸马冒风霜；

第三段　小姐你多风采，君瑞呀；

第四段　一家人闻边报雄心振奋，穆桂英为保国再度出征。

设计意图：总结归纳是对知识的提炼，精练出来的文字也是听辨时判断的依据。

5. 老生唱腔的学习

（1）聆听《空城计》中《我在城楼观山景》唱段，说说你知道的《空城计》故事。

教师补充编写卢胜奎的相关介绍。

（2）复听唱段，思考课堂学业质量评价单任务六。

（3）找出第一句唱词中特殊咬字的字，学唱第一句唱词，体验老生唱腔。

设计意图：从"空城计"故事入手，拉近京剧与学生的距离，有了旦角唱腔学习的基础，学习老生唱腔时学生会自主地进行比较，很多唱腔知识不讲自然也明白了。

6. 老生和花脸的分辨

（1）分别观看老生和花脸的京剧视频片段，从以下几个方面去发现他们之间唱腔的不同。

表5-1-14

行　当	用　嗓	音　色	发音位置	咬字归音
老　生				
花　脸				

（2）从四段唱腔中判断哪两段是老生唱腔。

四段唱词内容见课堂学业质量评价单任务八。

（3）介绍老生和花脸的流派。

老生：谭（鑫培）派　　马（连良）派　　麒（麟童）派

花脸：金（少山）派　　裘（盛戎）派　　郝（寿臣）派

设计意图：运用对比法进行学习最为直观，激发学生探究学习的主动性。

（三）课堂小结

（1）简单了解了梅兰芳的一生和他为京剧艺术所做出的贡献；

（2）大致了解了京剧剧作家卢胜奎；

（3）初步体验了京剧旦角、老生的经典唱腔；

（4）听辨了四大名旦的演唱；

（5）分析了梅派唱腔的特点；

（6）欣赏并对比分析了老生、花脸唱腔的特点和不同；

（7）初步了解了老生和花脸的流派。

（四）教学反思

笔者从教20多年来，京剧内容的课已经做过5种以上不同主线的设计，以基础知识为主、念为主、做为主、梅兰芳人物介绍为主等等。唯独没有以唱为主的，笔者心里总觉得京剧的唱腔太独特、太专业，一方面自己没有专业功底，底气不足；另一方面担心学生接受难度太大，教学目标实现不了，导致京剧教学一直在边缘徘徊。直到这次笔者鼓起勇气多方收集资料、吸收他人课程设计的精华，同时在唱腔模仿上不断练习，遵照新课标和教参的要求，围绕唱腔展开设计。在课堂上进行实践时，笔者惊讶于学生活跃的气氛和参与的兴致，由此笔者得到了一个新的感悟：一是不要看低你的学生；二是前行时不需要想象障碍，大胆尝试前做好充分的准备就够了。

这节课笔者感觉终于让学生真正学到了京剧，但是也发现自己在这块的专业积累还是远远不够，不管是唱腔的表演还是京剧唱段的曲目积累，以及相关细化的知识都需要不断去学习和积累。

> **撰写人简介**：杨珂，女，高中高级教师，毕业于湖南省衡阳师范学院音乐舞蹈专业，就职于广东省韶关市第一中学，担任韶关市第一中学音乐教研组组长。从事一线音乐教学工作23年，其中初中8年、高中15年，执教的优秀课例多次获得省、市级一等奖，撰写的教学设计多次获得省、市级一等奖，曾参与撰写花城版《艺术与生活》教师用书部分内容，专注于音乐课堂学习中体验式学习的探究，注重课堂教学中体验式活动的设计。

第2课时　京剧现代戏

【学习内容】

《家住安源》《甘洒热血写春秋》。

【内容出处】

人民音乐出版社普通高中《音乐鉴赏》第四单元第八节。

【课时建议】

1课时。

【内容分析】

本课内容为《家住安源》和《甘洒热血写春秋》，分别选自《杜鹃山》的旦角和《智取威虎山》的老生经典唱段。两部剧都属于现代京剧，是八大样板戏中脍炙人口的片段，在"双百方针"的指引下，京剧从内容情节、服装、化妆、板眼特点、发声位置、音色处理和咬字归韵上较之京剧传统戏有了更为明显的改变，某种程度上更接近人民生活，更能被群众所接受，内容表达也更直接和流畅，是京剧发展历史上的一次创新性的变革。

【学情分析】

在学习传统京剧后，学生基本建立了京剧的基础知识结构，大约95%的学生对京剧的行当分类、四大名旦、四大徽班、大致发展历史有了一定的了解，80%的学生能通过音频准确分辨出四大行当，50%的学生能区分老生和花脸，30%的学生能听辨出梅派的唱腔。

相比京剧传统戏，学生对于八个现代京剧的接触则更少。虽然学生在中国现代史的学习中会了解到"双百方针"对传统艺术创新的指引和影响，但由于没有亲身体验和感受，并不知道此时的传统艺术改变了什么、创新了什么，传统戏与现代戏之间的区别就更加不明白了。

【学习目标】

（1）观看京剧《苏三起解》片段，聆听授课，自主思考和分析，了解京剧念白、"板""眼"和"西皮""二黄"的相关知识，明白念白的分类及皮黄的起源和特色，对以上知识有一定的分辨能力，同时巩固传统京剧的相关知识。

（2）分段聆听《家住安源》唱段，同时结合对唱词的理解，分析唱腔在速度、声腔、板式上的不同导致的表达情绪的差异。

（3）对比观看《家住安源》和《铡美案》视频片段，分析京剧现代戏和京剧传统戏在服装化妆、咬字、唱腔、伴奏等方面的异同，总结出京剧现代戏的特点，并能准确分辨。

（4）模仿《甘洒热血写春秋》的最后一句，体验京剧现代戏老生不一样的发音、咬字、吐字，感受这段唱腔豪迈、大气的情绪，体会现代京剧的唱腔韵味，提高学生鉴赏现代京剧的能力。

（5）在观赏、聆听的过程中，了解京剧现代戏形成的社会背景，认识具有时代代表性的经典八大样板戏，熟悉作品《杜鹃山》的故事梗概，理解现代京剧的文化内涵，懂得欣赏其他京剧现代戏。

【学习重、难点】

（1）学习重点：感受并分析现代京剧的特点，同时总结其与传统京剧的不同之处。

（2）学习难点：能准确区分现代京剧与传统京剧。

【评价要点】

（1）了解京剧念白的相关知识并能准确分辨。（完成"实践活动一"，"课堂学业质量评价单"任务一，"课后拓展任务单"第三题的第三小题，检

测目标1）

（2）了解京剧关于板眼和皮黄唱腔的相关知识并能准确分辨。（完成"课堂学业质量评价单"任务二和任务三，"课后拓展任务单"第二题的第一小题和第二小题，检测目标1）

（3）了解作品的创作背景、故事梗概，感受并分段分析唱段，理解现代京剧的文化内涵，懂得欣赏其他京剧现代戏。（完成"课堂学业质量评价单"任务四，检测目标2、5）

（4）分析传统京剧与现代京剧的异同，总结现代京剧的特点，能进行分辨。（完成"课堂学业质量评价单"任务五、任务六、任务七和任务九，"课后拓展任务单"第一题、第二题中的第三小题和第四小题、第三题中的第四小题，检测目标3）

（5）体验京剧现代戏。（完成"实践活动二"，"课堂学业质量评价单"任务八，"课后拓展任务单"第四题，检测目标4）

（6）巩固上一节课的知识内容。（完成"课后拓展任务单"第三题中的第一小题和第二小题，检测目标1）

【实践活动建议】

活动一：念白体验活动

1. 活动目的

体验念白中京白和韵白的不同表现手法，掌握念白的分辨方式。

2. 活动过程

①观看《苏三起解》中苏三与狱卒念的一段对白，要求学生发现两人念白上的不同之处；②对学生的发现做补充和总结，让学生全面、准确地了解念白的相关知识；③模仿狱卒："好人有什么用？你瞧我这个岁数了，连个儿子都没有。"苏三："哎呀呀！这样的好人，怎会没（木）有儿子啊！"首先通过标音调捕捉音调上的不同，然后从断句、拖音上去逐步练习，引导学生去探究实践完成；④鼓励学生分角色进行对白表演。

3. 活动评价

表5-2-1

评价要求	基本完成	完 成	未完成
欣赏视频，分析并体验念白，掌握京剧念白的分类及各自的特点，能准确分辨			

活动二：聆听探究活动

1. 活动目的

分析《家住安源》唱段中对情绪造成影响的主要要素的变化。

2. 活动过程

①用表格的方式引导学生聆听唱段时要关注的方向；②建议学生进行小组分工，通过合作完成聆听任务；③聆听京剧片段音频，同时在任务单上做好记录；④小组以抢答方式分享答案，同时完成自我评价。

3. 活动评价

表5-2-2

评价要求	基本完成	完 成	未完成
分段聆听《家住安源》，分析两段唱腔中对情绪造成影响的多个要素的变化，了解《杜鹃山》的故事梗概，巩固念白、板眼和皮黄的知识			

活动三：观赏探究活动

1. 活动目的

对比发现传统京剧与现代京剧的不同之处，总结京剧现代戏的特点。

2. 活动过程

①用表格的方式引导学生关注京剧传统戏和京剧现代戏的几个对比点；②建议学生进行小组分工，通过合作完成探究任务；③观赏两段京剧视频，同时在任务单上做好记录；④小组以抢答方式分享答案，同时完成自我评价。

3. 活动评价

表5-2-3

评价要求	基本完成	完 成	未完成
对比观赏京剧现代戏和京剧传统戏，能分析两者的异同，总结京剧现代戏的特点，并能准确分辨			

活动四：学唱体验活动

1. 活动目的

体验现代京剧老生的唱腔特点。

2. 活动过程

①肚脐下三指为丹田，双手叉腰，蓄力丹田，在低声区发"啊"；②朗读"甘洒热血写春秋"这句词，模仿正确的断句和气势；③教师用传统一字一音的方式教唱，在"血"和"秋"两字的拖音上要放慢，保证拖音中的滑音、装饰音的准确性。

3. 活动评价

表5-2-4

评价要求	基本完成	完 成	未完成
学唱《甘洒热血写春秋》的最后一句，体验京剧现代戏老生唱腔的韵味			

【学后反思】

表5-2-5

学后反思	内　容
对于本节课补充的知识：念白、板眼和皮黄，你是否已大致清楚了	
通过对《家住安源》的分段鉴赏和对比聆听传统戏，你有没有感受到传统戏和现代戏的异同，你能准确地听辨出来吗	
学习完京剧的整个篇章，你对于京剧的传承有什么想法和创意	

【课堂学业质量评价单】

任务一：观看视频，思考问题。

表5-2-6

问 题	答 案
演员分别属于什么行当	
表演方式是唱、念、做、打中的哪一种	
有何不同	

任务二：根据京剧的"板""眼"知识回答。

有板无眼是（　　），无板无眼是（　　），三拍子属于（　　）。

任务三：西皮、二黄的区别。

表5-2-7

京剧腔调	情绪上	过门儿的特点
西 皮		
二 黄		

任务四：聆听《杜鹃山》片段《家住安源》，完成表格。

表5-2-8

段 落	大致内容	速 度	声 腔	板 式	情 绪
第一段					
第二段					

任务五：观看《家住安源》的视频，完成表格。

表5-2-9

类 型	服装化妆	咬 字	唱 腔	伴 奏
京剧传统戏				
京剧现代戏				

任务六：总结京剧现代戏的特点。

化妆：（　　）；（　　）。

念白：（   ）；（   ）。

发音：（   ）；（   ）。

主题：（   ）；（   ）。

任务七：八大样板戏：（   ）、（   ）、（   ）、（   ）（   ）、（   ）、（   ）、（   ）。

任务八：观看《甘洒热血写春秋》京剧片段，回答问题。

表5-2-10

问　题	答　案
属于什么京剧腔调	
判断依据	
板式有什么特点	
属于什么行当	

任务九：聆听三段唱腔，判断是属于京剧传统戏还是京剧现代戏。

第一段（   ）；

第二段（   ）；

第三段（   ）。

【课后拓展任务单】

1. 传统京剧与京剧现代戏之间的异同

表5-2-11

京剧种类	服装化妆	咬　字	唱　腔	伴　奏
传统京剧				
京剧现代戏				

2. 填空题

（1）京剧中"板""眼"对应的是音乐中的（   ），"板"即是（   ），"眼"即是（   ），那么"一板三眼"是（   ），"一板两眼"是（   ），"有板无眼"是（   ），"一板一眼"是（   ）等。

（2）"西皮"的唱腔特点：（   ）；适合表现（   ）情绪；"二黄"的唱腔特点：（   ）；适合表现（   ）情绪。

（3）八个现代京剧：（　　　）、（　　　）、（　　　）、（　　　）、（　　　）、（　　　）、（　　　）、（　　　）。

（4）京剧现代戏的特点：（　　　）。

3. 听辨题

（1）聆听作业课件上的两段旦角音频，哪一段是梅派唱腔？（　　　）

（2）聆听作业课件上的三段唱腔，哪两段是老生唱腔？（　　　）

（3）判断三段视频中的行当和"念"的种类。

第一段行当（　　　）念的种类（　　　），行当（　　　）念的种类（　　　）；

第二段行当（　　　）念的种类（　　　）；

第三段行当（　　　）念的种类（　　　）；

（4）聆听作业课件上的音频，哪两段是现代京剧？（　　　）（　　　）

4. 复习本单元前两节课所学的唱腔

①旦角：《看大王在帐中和衣睡稳》；②老生：《我正在城楼观山景》；③现代老生：《甘洒热血写春秋》。

【拓展资源】

（1）图片：01《杜鹃山》、02《红灯记》、03《智取威虎山》、04《奇袭白虎团》、05《沙家浜》、06《龙江颂》、07《海港》、08《白毛女》、09《甘洒热血写春秋》简谱。

（2）文字（相关知识的文字介绍）。

① 京剧中的念分为京白和韵白两种。

② 京剧中的"板"和"眼"。

③ "西皮"和"二黄"两种不同的唱腔。

（3）音频：01《家住安源》第一段、02《家住安源》第二段、03传统京剧和现代京剧的听辨、04"课后拓展任务单"第三题第一小题a、05"课后拓展任务单"第三题第一小题b、06"课后拓展任务单"第三题第二小题、07"课后拓展任务单"第三题第四小题。

（4）视频/微课：01认识念白的京剧片段、02《家住安源》视频、03传统京剧视频片段、04《甘洒热血写春秋》视频、05"课后拓展任务单"第三题第三小题。

【教学流程】

课前巩固：选取一个音乐小组的课后拓展任务单进行展示，教师针对回答给予补充。

教师和其余同学分别给予评价。

设计意图：帮助知识的巩固和承接，多方的评价提升学生的感知能力。

以音乐小组为单位，边参与课堂活动边完成配套的"课堂学业质量评价单"。

（一）导入

（1）观看视频回答问题。

① 通过角色分辨其属于什么行当？

② 表演是唱、念、做、打的哪一种？

③ 表演在发音上有什么不一样？

（2）补充念白、板眼、皮黄的相关知识。

设计意图：补充京剧相关知识，为现代京剧的学习做好准备。

（二）新课内容

（1）现代京剧发展的历史背景和含义解释。

（2）介绍《杜鹃山》内容概要。

（3）分段聆听《家住安源》，完成表格。

表5-2-12

段落	大致内容	速度	声腔	板式	情绪
第一段					
第二段					

设计意图：用表格形式辅助学生对比《家住安源》唱段在表达不同情绪和情感时速度、声腔和板式的变化，引导学生自己学会分析音乐。

（4）对比欣赏《家住安源》和另一段传统京剧的表演视频，完成表格。

表5-2-13

类型	服装化妆	咬字	唱腔	伴奏
京剧传统戏				
京剧现代戏				

① 根据表格所表现的内容，总结现代京剧的特点。

　　　　　生不挂须，净不勾面；

　　　　　取消韵白，只留京白；

　　　　　尽量用真声演唱；

　　　　　主题赞颂革命英雄。

② 补充八个现代京剧的内容：《杜鹃山》《红灯记》《智取威虎山》《奇袭白虎团》《沙家浜》《白毛女》《龙江颂》《海港》。

设计意图：通过视觉对比学生能直观地观察到传统京剧与现代京剧的不同，再用表格加以指引，帮助学生把感受到的不同转化成具象的文字，使学生能清晰、明确地了解现代京剧的创新和革新。

（5）实践与巩固。

① 观看《甘洒热血写春秋》，回答问题。

属于什么京剧腔调？为什么？

板式有什么特点？

属于什么行当？

② 带领学生一起朗读唱词。

③ 按照断句的规律（4+3）学唱最后一句唱词。

④ 听辨：三段京剧音频，哪两段属于现代京剧？

设计意图：体验现代京剧的腔调，深入体会现代京剧的特点，结合已学京剧知识进行融合，进一步转化成能力，通过听辨来运用和巩固。

（三）课堂小结

（1）初步明确了京剧"念"的分类、"板""眼"和"西皮""二黄"唱腔的相关知识；

（2）聆听并分析了柯湘《家住安源》的唱段；

（3）了解了《杜鹃山》的故事梗概；

（4）体验了现代京剧的唱腔；

（5）分析了现代京剧与传统京剧的不同；

（6）了解了八个现代京剧的名字。

（四）教学反思

本节课的设计以立足传统京剧对比现代京剧的思路展开，以唱腔的咬字吐字、发音位置和音色特点为主要关注点,加上用对比的手法更直观、更明了,重点、难点的解决就显得比较轻松,学生课堂活动的参与效果也有很明显的提升,但是由于现代京剧真声为多,在学唱上对于没有基础、学习时间又紧的高中生来说有些勉强,在这方面用什么办法可以起到更好的效果,需要多思考、多学习。

撰写人简介: 杨珂,广东省韶关市第一中学教师。

第3课时　中外影视音乐

【学习内容】

《星球大战》《怀念战友》《大宅门》。

【内容出处】

人民音乐出版社普通高中《音乐鉴赏》第六单元第十一节、第十二节。

【课时建议】

1课时。

【内容分析】

本节课的教学内容选自人民音乐出版社普通高中《音乐鉴赏》(必修)第六单元《音画交响——影视音乐》的第十一节和第十二节。课型为综合课,1课时,包括《中国影视音乐》与《外国影视音乐》两节的内容。中国影视音乐选取了电影《冰山上的来客》插曲《怀念战友》、电视剧《大宅门》的同名主题曲。

插曲《怀念战友》是由雷振邦、赵心水作词,雷振邦作曲的。歌曲是在一班长和几位战士于冰峰哨所消灭了匪帮头目后,因没有接到冰峰上将会出现雪暴的天气预报,为了守护国家安全而被冻死在冰峰上,当战友们看到一班长他们壮烈牺牲时唱起的。此时,歌曲起到渲染剧情、烘托人物内心情感的作用。

歌曲《大宅门》是由易茗作词、赵季平作曲。音乐采用我国戏曲音乐"散—慢—中—快—散"的结构形式,配器中运用的京剧锣鼓经"急急风",使音乐的京腔京韵更为突出。各种混合节拍、大跳音程、后附点节奏及润腔的运用,都是对演唱技术的挑战。京剧唱腔的灵活运用,起到了很好的烘托气氛、渲染剧情、刻画人物性格的作用，生动地表现了该剧的主题，使人感受到中国传统戏曲音乐文化的魅力。

外国影视音乐选取了电影《星球大战》同名主题曲，是约翰·威廉姆斯具有划时代意义的作品。《星球大战》主题曲是星球大战组曲中的第一首，作曲家多处使用三连音的节奏型，奏出催人奋进的时代旋律。

【学情分析】

学生有一定音高概念，对音乐要素中节奏、节拍、调式等相关知识有一定基础；对中外影视剧有一定了解，但对影视音乐体裁、结构以及音乐作用了解较少，理性深入分析中外影视音乐作品的能力有待提高。课堂上教师要经常通过唱、练、赏的音乐体验活动让学生对音乐课程产生兴趣，引导学生学会欣赏不同体裁及不同风格的音乐作品。

【学习目标】

（1）聆听电视剧《大宅门》主题曲，体验、辨识并描述音乐的时代特征和民族风格，了解影视剧的内容与时代背景，以及影视剧音乐风格之间的契合度对影视剧产生的影响和作用，了解影视音乐体系由主题歌、主题曲、插曲等多种体裁形式构成。

（2）模唱《大宅门》主题曲前两个乐句，探究影视音乐与戏曲元素的融合，感受戏歌《大宅门》节奏多变和旋律京韵化的特点。

（3）对比聆听《怀念战友》和《大宅门》两首影视音乐作品，了解不同体裁形式的影视音乐作品，如插曲和主题曲，在影视剧中的作用和创作意图。

（4）能根据特有的影视画面，尝试为影视画面中不同场景、剧情、人物运用音乐要素的特点进行音响设计，并能融合多种表现手法进行表演设计，激发学生的想象力、创造力，培养团队合作精神。

（5）对比聆听中外影视音乐，了解中外影视音乐作品的创作背景、创作风格、表现手法等，认识音乐文化的传承与发展、继承与借鉴、共性与个性之间的关系，学习、理解世界其他国家和我国的优秀民族音乐文化，树立文化自信，同时拥有尊重文化多样性的人文情怀。

【学习重、难点】

（1）学习重点：掌握影视音乐的风格特点、体裁形式。
（2）学习难点：总结、归纳音乐在影视剧中的作用。

【评价要点】

（1）掌握影视音乐的风格特点、体裁形式以及不同体裁形式的影视音乐作品在影视剧中的作用和创作意图。（完成"实践活动三"，"课后拓展任务单"第一题和第三题，"课堂学业质量评价单"任务二，检测目标1、3）

（2）参与活动，感受戏歌《大宅门》节奏多变和旋律京韵化的特点，提高学生的艺术表现力。（完成"实践活动一"，"课后拓展任务单"第二题，"课堂学业质量评价单"任务三，检测目标2）

（3）理解配乐在不同场景、剧情、人物性格刻画中的作用。（完成"实践活动二"，检测目标4）

（4）探究中外影视音乐作品，认识音乐文化的传承与发展、继承与借鉴，树立文化自信，理解多元文化。（完成"课后拓展任务单"第三、四、五题，"课堂学业质量评价单"任务四，检测目标5）

【实践活动建议】

活动一：体验音乐主题的活动

1. 活动目的

学生学唱歌曲《大宅门》主题歌前两个乐句。

2. 活动过程

①对照谱例，教师一句一句地教唱《大宅门》主题歌前两个乐句；②强调学生在演唱时注意准确处理咬字、吐字和归韵，如：倚音、拖腔和装饰音；③学生演唱时要注意歌曲的旋律、节奏、速度的变化，要唱出京剧音乐的韵味；④最后全班集体演唱主题歌《大宅门》片段。

3. 活动评价

表5-3-1

评价要求	完　成	基本完成	未完成
学生学唱《大宅门》主题歌片段，感受戏曲音乐节奏多变和旋律包含京韵的特点			

活动二：拓展实践活动

1. 活动目的

播放一段电影画面《猫和老鼠》（无声电影），请学生为电影画面变化设计声音。

2. 活动过程

①学生以小组为单位，分配人员为电影画面中出现的动画角色或情节配音；②学生借用肢体和物体的碰撞以及其他可发出的声音元素进行创意表达；③各个小组分别展示对《猫和老鼠》（无声电影）电影画面变化的个性化声音设计，完成拓展实践活动。

3. 活动评价

表5-3-2

评价要求	完　成	基本完成	未完成
播放一段电影画面《猫和老鼠》（无声电影），请学生尝试为影视画面中不同场景、剧情、人物进行配音，并能融合多种表现手法进行设计，激发学生的想象力、创造力，培养团队合作精神			

活动三：影视音乐听辨活动

1. 活动目的

聆听影视音乐，并能准确分辨主题曲和插曲。

2. 活动过程

聆听四首影视音乐：插曲《天竺少女》、主题曲《好汉歌》、主题曲《碟中谍》、插曲《采莲》，说出四首影视音乐的体裁形式。

3. 活动评价

表5-3-3

评价要求	完　成	基本完成	未完成
聆听四首影视音乐作品，并能准确分辨主题曲和插曲			

【学后反思】

表5-3-4

学后反思	内　容
你能区分影视音乐主题歌、主题曲、插曲等多种体裁形式吗	
老师教唱的《大宅门》要求演唱时注意准确处理咬字、吐字和归韵，这些你学会了吗	
在给电影画面配音时，你能理解配乐在不同场景、剧情、人物性格刻画中的作用吗？对于中外影视音乐的特点及功能作用，你还有其他疑惑吗？能在课后尝试收集相关的影视音乐资料并和大家一起分享吗	

【课堂学业质量评价单】

任务一：聆听几首音乐，完成音画连线题。

根据音乐选择相对应的影片：

图1《哈利·波特》照片　　　　　歌曲1

图2《甄嬛传》照片　　　　　　　歌曲2

图3《西游记》照片　　　　　　　歌曲3

图4《泰坦尼克号》照片　　　　　歌曲4

任务二：聆听插曲《怀念战友》完成表格。

表5-3-5

体　裁	
旋　律	
节　奏	
音乐作用	

任务三：对比聆听《怀念战友》《大宅门》，完成表格。

表5-3-6

	体裁形式	旋　律	节　奏	音乐作用
《怀念战友》				
《大宅门》				

任务四：总结音乐在影视中的作用。

【课后拓展任务单】

（1）《怀念战友》是电影《冰山上的来客》中的（　　　）。

（2）歌曲《大宅门》采用了我国戏曲音乐的（　　　）结构形式，配器中运用的京剧锣鼓经使音乐的京腔京韵更突出。

（3）影视音乐中常见的体裁形式（　　　）。

（4）《星球大战》（　　　）曲是（　　　）于1977年创作的。除此之外，他创作了大量的优秀作品，大家耳熟能详的音乐还有（　　　）、（　　　）、（　　　）等。

（5）完成教材后面"拓展与探究"第四题。

【拓展资源】

（1）图片：01《哈利·波特》、02《甄嬛传》、03《泰坦尼克号》、04《西游记》、05《怀念战友》（1、2、3、4）、06《大宅门》主题曲简谱、07《大宅门》（1、2、3）、08《锣鼓经乐器》（1、2）、09《约翰·威廉姆斯》、10《星球大战》（1、2、3）。

（2）文字：影视音乐简介和约翰·威廉姆斯（1932—至今）简介。

（3）音频：01《西游记》、02《甄嬛传》、03《哈利·波特》、04《泰坦尼克号》、05《大宅门》锣鼓经片段、06《大宅门》主题曲前两个乐句、07插曲

《天竺少女》、08主题曲《好汉歌》、09主题曲《碟中谍》、10插曲《采莲》。

（4）视频/微课：01《怀念战友》视频、02《大宅门》视频、03《猫和老鼠》视频配乐。

【教学流程】

（一）导入

播放四首音乐，让学生连线相对应的影视剧图片。

设计意图：教师通过听辨游戏的方式，让学生根据已看过的影视剧说出影片名称，进而自然巧妙地过渡到新课。

（二）新课内容

1. 讲解影视音乐的定义及体裁形式

2.《怀念战友》

（1）介绍电影《冰山上的来客》插曲——《怀念战友》。

提问：可能大家对《怀念战友》这首歌曲有点儿陌生，老师给同学哼唱另外一段旋律，看看同学们有没有听过。（哼唱《花儿为什么这样红》）

（2）作品分析。

观看《怀念战友》视频，思考问题：

① 你能从歌曲中判断出电影场景发生在什么地方吗？

设答：新疆。

② 这首歌曲情绪有何变化？音乐在这里起到什么作用？

设答：从低沉到悲愤；渲染剧情，烘托人物内心情感。

提示：给出《怀念战友》谱例，从歌词、音乐要素、演唱情绪分析。

③ 完成表格。

表5-3-7

	体 裁	旋 律	节 奏	音乐作用
《怀念战友》	插 曲	句尾下滑型装饰音、八度大跳	弱起、切分节奏	在特定的场景，渲染剧情，烘托人物内心情感

设计意图：在了解电影背景的同时，通过课程学习让学生了解影视剧体裁形式中的插曲，以及插曲在影视剧中的作用。

3.《大宅门》

(1)介绍电视剧《大宅门》主题曲——《大宅门》。

老师讲述《大宅门》故事概况。

(2)作品分析。

观看《大宅门》视频,思考问题:

① 歌曲融入了哪种中国传统艺术风格?

设答:京剧。

② 歌曲运用了戏曲的哪些元素?

设答:乐器、唱腔。

认识锣鼓经乐器。

出示图片:单皮鼓、板、大锣、小锣、镲、京胡。

聆听《大宅门》锣鼓经片段。

设计意图:认识锣鼓经乐器的同时,让学生了解配器在音乐中的作用。

③ 谱例分析。

演示文稿展示《大宅门》主题曲简谱谱例,教师引导学生观察谱例,并找出谱例中的节奏特点、旋律特点以及唱腔、结构形式和演唱情绪。

提示:作曲家在北京话发音的基础上进行创作,音乐采用了我国戏曲音乐结构形式"散—慢—中—快—散",使音乐的京腔京韵更为突出。

(3)体验音乐主题的活动。

学唱歌曲《大宅门》主题歌前两个乐句。

设计意图:让学生感受戏曲音乐节奏多变及旋律走向的风格特点,提高学生的艺术表现力。

(4)结合《怀念战友》和《大宅门》,完成表格。

表5-3-8

	体 裁	旋 律	节 奏	音乐作用
《怀念战友》	插 曲	句尾下滑型装饰音、八度大跳	弱起、切分节奏	在特定的场景,渲染剧情,烘托人物内心情感
《大宅门》	主题曲	京韵十足装饰音	后附点节奏、急急风	概括凸显作品主题,人物形象刻画,烘托气氛

设计意图：在了解影视剧的内容与时代背景的同时，通过对比使学生了解不同体裁形式的影视音乐作品——如插曲和主题曲——在影视剧中的作用和创作意图。

4.《星球大战》

（1）简单介绍美国作曲家约翰·威廉姆斯。

（2）介绍电影《星球大战》主题曲——《星球大战》。

提问：下面三幅图片是出自哪部电影？

（3）作品分析。

观看《星球大战》视频，思考问题：

乐曲开始哪个乐器吹出了主题？说说这部影视音乐作品的创作风格和表现手法。

设答：小号；气势恢宏的交响乐三连音。

提问：为什么会用这些乐器来演奏？

提示：作曲家约翰·威廉姆斯采用交响乐队配乐，作品气势恢宏。《星球大战》让观众看到了一个将视觉和听觉结合的典范。

设计意图：了解外国影视音乐作品的创作背景、创作风格、表现手法等。

（4）总结音乐在影视中的作用。

① 渲染气氛。

② 抒发人物内心情感。

③ 概括、凸显作品主题，塑造人物形象。

④ 推动故事情节发展。

⑤ 强化影片结构。

5. 拓展实践活动

播放一段《猫和老鼠》电影画面，学生以小组为单位尝试为影视画面中不同场景、剧情、人物进行情景设计配音。

设计意图：学生参与的同时可以理解配乐在不同场景、剧情、人物性格刻画中的作用，使学生在轻松愉快的学习环境中获取知识，激发学生的想象力、创造力，培养良好的团队意识与合作精神。

6. 检测

播放以下四首音乐，让学生聆听后说出该曲属于影视音乐体裁中的主题曲还是插曲。

插曲《天竺少女》、主题曲《好汉歌》、主题曲《碟中谍》、插曲《采莲》。

设计意图：能准确分辨出主题曲和插曲。

（三）课堂小结

（1）了解影视音乐的体裁。

（2）了解插曲、主题曲在影视音乐中的作用。

（3）学唱《大宅门》前两个乐句。

（4）为影视片段进行配乐。

（四）自主拓展探究

（1）翻阅教材第76页，了解从无声电影到有声电影的发展过程。

（2）完成教材本单元"拓展与探究"第4题，请在课后收集中外影视音乐方面的资料并与同学们交流。

（五）教学反思

为了上好这节课，教师收集了一些学生喜爱的影视作品作为本节课的切入点，成功引起学生情感的共鸣。在学习和引导过程中通过作品对比聆听、体验学唱，学生能基本掌握影视音乐的风格特点、体裁形式，并能总结、归纳音乐在影视剧中的作用。在设计拓展实践环节时，本课时选择了学生更为熟悉的《猫和老鼠》片段让学生为电影画面配音，其主要目的就是让学生理解配乐在不同场景、剧情、人物性格刻画中的作用。学生在这一活动中学习兴趣浓厚，如果时间充足效果会更理想。教师还是要多思考如何在短时间内让学生的团队合作达到更好的效果。

撰写人简介：吴光欣，女，高中一级教师。2004年毕业于黑龙江省哈尔滨师范大学舞蹈专业，2020年于湖北师范大学硕士研究生毕业。现就职于广东省韶关市田家炳中学。从事一线音乐舞蹈教学工作19年，指导学生编排的舞蹈作品曾多次获市级奖项，擅长音乐舞蹈方向的教学与研究。

第4课时 中外民间舞蹈音乐

【学习内容】

《阿细跳月》《自由探戈》。

【内容出处】

人民音乐出版社普通高中《音乐鉴赏》第七单元第十三节、第十四节。

【课时建议】

1课时。

【内容分析】

《阿细跳月》是一首彝族风格的少数民族舞蹈音乐,在舞曲分类中属于民俗舞曲类别,它运用五拍子3+2的节拍强弱规律把彝族民间舞蹈中"单腿跳"的舞步特色表现出来,而稳定循环不变的节奏及主题和单一的曲式结构也是群众在一起舞蹈时能和谐统一的关键因素之一,选择民族管弦乐队中不同音色乐器分别演奏主题音乐让整个乐曲清晰、规整又不单调乏味。

《自由探戈》是皮亚佐拉创作的一首现代风格的探戈舞曲。这部作品在保留阿根廷传统探戈音乐风格的同时,运用了性格单一的音乐材料、变化重复等结构发展手法、打破传统节拍强弱规则的复合节奏,以及调性色彩转换,表现了自由、奔放、充满激情的南美风情。

【学情分析】

我国是个多民族的国家,学生对彝族舞蹈相比藏族、蒙古族、维吾尔族舞蹈来说知之甚少，若没有一定的舞蹈基础，学生恐难以准确辨识。对于探戈舞蹈的特点学生的了解程度则较为乐观，它属于社交舞蹈范畴，气氛热烈、风格时尚，是当下比较受欢迎的舞蹈类别，比如说到探戈学生就会想到它标志性的甩头动作。

【学习目标】

（1）学习彝族舞蹈的基本动作"单腿跳"和"拍手跳"，体验彝族舞蹈音乐的节奏特点，掌握五拍子的节拍规律和节拍的分类等音乐理论知识；学生运用课上所学舞蹈动作元素，自主排练彝族舞蹈片段，活学活用提升学生的艺术表现力和对舞蹈音乐的兴趣。

（2）观看介绍《阿细跳月》的微视频，了解彝族舞蹈的起源及其相关发展历史；聆听、设问、讨论以及视唱音乐主题旋律，感受《阿细跳月》中节奏、力度、曲式结构、音色等音乐要素在体现音乐舞蹈性方面起到的作用。

（3）体验探戈的甩头动作，感受探戈舞曲中独特的切分节奏的顿挫感。

（4）学唱《自由探戈》大提琴的主题旋律，了解作曲家是如何通过音乐要素中音色、节拍强弱、旋律中的音程关系以及织体的灵活变化，来实现探戈、爵士、古典三种风格的对位和融合的。

（5）能了解舞曲的分类、中国民族管弦乐队的编制等基础知识，并能准确分辨与本节课作品相关的主要代表人物；学习感受各国不同舞曲的民族风格特点，了解不同的音乐节奏特征以及作品形成的素材来源，能对舞蹈音乐有一定的认知，引导学生关注舞蹈艺术，激发学生对舞蹈音乐的热爱。

【学习重、难点】

（1）学习重点：体验彝族舞蹈和探戈的特色舞蹈动作，感受音乐中的舞蹈性。

（2）学习难点：分析并总结舞曲中支撑和帮助表达舞蹈风格及情绪的音乐要素的运用和变化。

【评价要点】

（1）掌握五拍子的节拍规律和节拍的分类等理论知识。（完成"实践活动一"，"课堂学业质量评价单"任务二，"课后拓展任务单"第一题和第二题，检测目标1）

（2）把握探戈音乐的风格，体验探戈的特色节奏。（完成"实践活动四"，检测目标2）

（3）发挥学习的主动性和创新性。（完成"实践活动三"，"课后拓展任务单"第四题，检测目标1）

（4）了解《阿细跳月》的发展历程。（观看微课视频《阿细跳月》，完成"课堂学业质量评价单"任务一，检测目标2）

（5）探究音乐要素在彝族舞曲《阿细跳月》中发挥的作用。（完成"课堂学业质量评价单"任务三，检测目标2）

（6）探究音乐要素在《自由探戈》中发挥的作用。（完成"课堂学业质量评价单"任务四，检测目标4）

（7）了解各国不同舞曲的风格特点。（完成"课后拓展任务单"第三题和第五题，检测目标5）

【实践活动建议】

活动一：彝族舞蹈体验活动

1. 活动目的

体验彝族舞蹈的风格特点，掌握五拍子的节拍规律。

2. 活动过程

①学习单一的"单腿跳"动作，只学习脚上动作：右—左—右交替踩，蹬左脚收左脚，换边；②学习拍手的节奏：前两拍双手在身体两侧30°的位置不动，第三拍开始拍三下；③老师叫口令把手和脚的动作配合起来，完成"拍手跳"的学习；④跟口令反复练习可以由慢到快（要求学生一起数拍子），然后跟音乐完成彝族舞蹈体验。

3. 活动评价

表5-4-1

评价要求	完成	基本完成	未完成
学习彝族舞蹈基本动作,体验彝族舞蹈的风格,感受五拍子的动律特点			

活动二：了解彝族舞蹈历史发展

1. 活动目的

了解彝族舞蹈的起源、发展和社会背景。

2. 活动过程

①课前教师制作好2分钟以内介绍彝族舞蹈历史的微视频；②提前设问引导学生有目的地观看，或建议小组分配问题进行关注；③带着问题观看视频，同时在任务单上做好记录；④小组以抢答方式分享从视频中收获的答案，同时完成自我评价。

3. 活动评价

表5-4-2

评价要求	完成	基本完成	未完成
观看微视频,了解彝族舞蹈的历史发展渊源			

活动三：《阿细跳月》听赏探究活动

1. 活动目的

发现哪些音乐要素对《阿细跳月》的舞蹈性发挥着作用。

2. 活动过程

①学唱主题音乐，引导学生关注节拍特点、节奏的发展规律和演奏记号的运用；②聆听全曲通过数主题音乐出现的次数，思考全曲的曲式结构特点；③重复聆听前五遍主题音乐，关注音色的变化；④边参与活动边寻找答案，同时在任务单上做好记录，完成自我评价。

3. 活动评价

表5-4-3

评价要求	完 成	基本完成	未完成
多种方式、多层次地聆听，关注和分析音乐中多种音乐要素并明确其作用			

活动四：探戈舞动作初体验

1. 活动目的

发现探戈舞曲中的特色节奏（切分节奏）产生的原因，从而理解并掌握探戈舞曲切分节奏的特点。

2. 活动过程

①口数节拍，教师带领学生练习头部抢拍、甩头、留头、归正中位的动作，尽量准确地完成探戈的甩头动作，掌握甩头的节奏要领；②播放一段探戈舞曲（建议用《小伙伴》），让学生自己尝试把甩头动作套上音乐，探索发现音乐中哪个节点能与甩头动作做到完美配合；③把能配合上甩头动作的节奏用自己的方式模唱或击打出来，教师用规范的节奏书写方式把它记录下来，并带领学生口读节奏再次进行甩头动作。

3. 活动评价

表5-4-4

评价要求	完 成	基本完成	未完成
学习探戈舞的甩头动作，掌握切分节奏的要领，明确探戈舞曲最突出的节奏特点			

活动五：《自由探戈》听赏探究活动

1. 活动目的

从音乐要素着手分析《自由探戈》如何实现探戈、古典、爵士三种风格的融合。

2. 活动过程

①聆听全曲，引导学生关注乐器的出场顺序，从而得出曲式结构的特点；②学唱第二段大提琴的主题音乐，通过切分节奏与大提琴主题旋律的二声部合作，分析从音程、弱起、织体等方面的创作特点；③观看钢琴版的演奏，直观地分析全曲的织体变化；④边参与活动边探索答案，并在任务单上做好记录，同时完成自我评价。

3. 活动评价

表5-4-5

评价要求	完 成	基本完成	未完成
多种方式的体验、聆听，多种版本的鉴赏，分析音乐要素所发挥的作用			

活动六：彝族集体舞创编活动

1. 活动目的

复习所学的彝族舞蹈动作，在合作的前提下，培养学生的创新思维。

2. 活动过程

课后以小组为单位，以课堂上学会的彝族舞蹈动作为主要元素，进行队形和手部动作的舞蹈创编实践活动。①学习彝族舞蹈"单腿跳""拍手跳"的基本动作；②教师给出在基本动作的基础上如何进行动作改编和队形创编的建议和实例；③对创编活动提出具体要求，如：表演时长、参与人数、队形变换次数、评价的标准等作业要求。

3. 活动评价

表5-4-6

评价要求	完 成	基本完成	未完成
小组同学表演完整、流畅，与音乐节奏一致，动作可以调整亦可不调整只改变队形，参与同学要求达到小组半数以上，全组参与为最佳			

第五单元 音乐与姊妹艺术

【学后反思】

表5-4-7

学后反思	内　容
本节课你印象最深刻的内容是什么？最感兴趣的环节是哪一个	
五拍子的节拍特点和节拍分类的知识你掌握了吗？能准确分辨了吗	
通过鉴赏《阿细跳月》，你感受到中国民间舞蹈音乐在哪些要素上发挥了作用	
通过鉴赏《自由探戈》，能说出皮亚佐拉利用了哪些要素的作用，做到了探戈、古典、爵士三者融为一体	
能运用课堂上我们鉴赏音乐的方法去鉴赏其他民间舞蹈音乐，并把鉴赏收获与老师分享	

【课堂学业质量评价单】

任务一：观看彝族舞蹈《阿细跳月》微视频，填写表格。

表5-4-8

产生的原因	
音乐特点	
发源地是	

任务二：用思维导图的方式绘制出节拍的分类和含义。

任务三：参与分析《阿细跳月》全曲，完成表5-4-9。

任务四：参与鉴赏《自由探戈》，完成表5-4-10。

表5-4-9

活 动	问 题	答 案	对应的音乐要素
演唱主题	节拍的强弱规律		
	出现了什么符号		
	都在什么位置上		
	四小节节奏有什么规律		
聆听全曲	主题一共重复了几次		
	绘出曲式结构		
聆听前五遍	演奏乐器组		

表5-4-10

活 动	问 题	答 案	对应的音乐要素
聆听全曲	乐器出场顺序是什么		
	每段主奏乐器是什么		
	曲式结构是什么		
演唱大提琴主题	第一小节的特点		
	音程关系的特点		
	属于什么织体特点		
观看钢琴版视频	全曲的织体变化		

【课后拓展任务单】

（1）下列节拍属于节拍的哪一种？

① $\frac{4}{4}$ ② $\frac{3}{4}$ ③ $\frac{7}{8}$ ④ $\frac{1}{4}$

（2）聆听旋律，判断它的节拍并说出属于哪类节拍。

①（   ） ②（   ）

（3）聆听旋律，判断属于哪种风格。

①（   ） ②（   ）

（4）在课堂所学的基本节奏动作的基础上，小组自行创编《阿细跳月》的队形以及简单的手部动作。

（5）各类舞蹈音乐的总结。

表5-4-11

曲　名	舞蹈音乐类型	所属地域	节奏特点	作曲家	音乐特点
《阿细跳月》					
《自由探戈》					
《小步舞曲》					

【拓展资源】

（1）图片：01吹管乐器组图、02弹拨乐器组图、03拉弦乐器组图、04打击乐器组图、05《自由探戈》图片、06皮亚佐拉照片、07马友友照片、08班多钮手风琴、09《自由探戈》大提琴演奏旋律片段、10《阿细跳月》主题旋律简谱。

（2）文字（相关知识的文字介绍）：

① 彝族三弦舞《阿细跳月》。

② 班多钮手风琴。

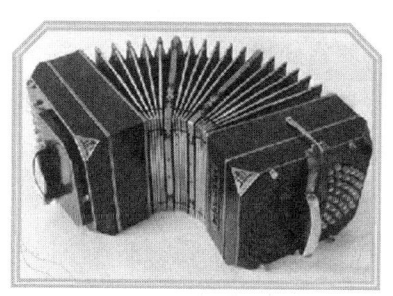

图5-4-1

（3）音频：01《阿细跳月》舞蹈律动片段、02《阿细跳月》前五遍的片段、03探戈舞曲《小伙伴》、04课后拓展任务单第二题和第三题听辨①、05课后拓展任务单第二题和第三题听辨②。

（4）视频/微课：01微视频彝族舞蹈《阿细跳月》的发展历史、02《自由探戈》钢琴演奏版、03小步舞与小步舞曲的发展历史、04《自由探戈》大提琴演奏动态乐谱。

【教学流程】

（一）导入

学习彝族代表性舞蹈动作"单脚跳"和"拍手跳"。

设计意图：学习彝族舞蹈代表性动作，体验彝族蕴含在舞蹈中的民族风情，感受五拍子（3+2）的动律特点，营造热烈的课堂氛围。

（二）新课内容

1. 彝族舞曲《阿细跳月》的学习

（1）观看《阿细跳月》的微视频，回答以下问题：

①产生的原因；②音乐特点；③发源地。

设计意图：了解彝族民间舞蹈的历史渊源，更能使学生产生情感共鸣。

（2）思考：哪些音乐要素在音乐中发挥作用，使音乐富有舞蹈性？

①教师击拍唱示范主旋律，学生感受节拍的律动。

②学习节拍的分类（单拍子、复拍子和混合拍子）：

　A.各类节拍含义的解释；

　B.节拍类型的分辨。

③一起探索音乐中的要素变化：

　A.学生唱主旋律，感受强弱规律，判断五拍子节拍类型——节拍；

　B.发现节奏重拍的特点——力度；

　C.把握四小节节奏——节奏；

　D.聆听全曲主题旋律重复的数量，绘制曲式结构——曲式；

　E.聆听前五段主题音乐，判断使用的乐器——音色。

（完成"课堂学业质量评价单"内对应的表格）

④补充中国民族管弦乐队的编制：吹管乐器、拉弦乐器、弹拨乐器、打击乐器。

（3）舞曲的分类：仪式舞曲、社交舞曲、表演舞曲、民俗舞曲。

设计意图：通过唱、听和观察，分析和发现音乐在表达民族风格之余同时具有舞蹈性以及这其中的音乐要素发挥的主要作用。

2. 阿根廷探戈《自由探戈》的学习

（1）教师表演探戈甩头动作，带领学生一起学习：

① 跟随探戈音乐《小伙伴》寻找音乐中支撑甩头的节奏——切分节奏；介绍动力型节奏的概念和原理。

② 初次聆听《自由探戈》片段寻找甩头的节奏。

设计意图：用甩头来感受切分的动律和重拍，让学生加深印象也更加具象，也能成为探戈风格的判断依据。

（2）介绍《自由探戈》的作曲家皮亚佐拉以及大提琴演奏家马友友，介绍作品中古典、爵士、探戈三者融合的风格和特点，认识探戈的灵魂乐器——班多钮手风琴。

思考：音乐是如何做到古典、爵士、探戈三者融合的？

① 聆听全曲，说出乐器的出场顺序及几个短的主奏乐器的名字。

② 以大提琴演奏的主旋律为例分析，聆听并学唱此段主旋律：

A. 第一小节的特点：弱起——节拍；

B. 旋律的音程级进和跳进的交错进行——旋律；

C. 学生拍打动力型节奏与此段主旋律配合——织体。

（3）观看钢琴演奏版的《自由探戈》视频，分析全曲的曲式结构和各段的织体类型。

（填写"课堂学业质量评价单"内对应的表格）

设计意图：用探究的方式深入音乐内部，感知音乐要素的变化和作用，在唱、听、击打的过程中发现古典、爵士、探戈三者融合的痕迹。

3. 意大利《小步舞曲》的学习

（1）观看《小步舞曲》发展史的小视频，了解小步舞曲的大致发展历程。

（2）简单认识意大利作曲家博凯里尼。

（3）聆听全曲，说说它的曲式结构。

设计意图：《小步舞曲》的学习自主性更高，也是在前面学习之后的一次实践尝试和检验。

（三）课堂小结

（1）了解了三首中外民间舞蹈音乐。

（2）掌握了节拍的三种分类；认识了动力型节奏。

（3）体验了舞蹈音乐主题旋律的音乐风格。

（4）分析了作品，巩固了织体、曲式结构等相关知识。

（5）了解三位音乐家。

（6）了解三种民间舞蹈特征性动作，以及三种民间舞蹈音乐的发展历程。

（四）教学反思

上课过程中笔者发现大部分学生对典型的中外民间舞蹈风格动作都很陌生，再次肯定了加深印象最有效的方法之一就是亲身体验彝族和探戈两种舞蹈的代表性动作，然后从音乐要素的角度去挖掘其对舞蹈音乐风格形成的帮助，发现其特点，这样才能真正做到"知其然知其所以然"，才能帮助学生建立起鉴赏舞蹈音乐的正确流程，提升学生音乐素养，同时也为后面舞剧音乐的学习打下基础并形成良好的听赏舞蹈音乐的习惯。

撰写人简介： 杨珂，广东省韶关市第一中学教师。

第5课时 中外舞剧音乐

【学习内容】

《快乐的女战士》《西班牙舞曲》。

【内容出处】

人民音乐出版社普通高中《音乐鉴赏》第七单元第十三节、第十四节。

【课时建议】

1课时。

【内容分析】

《西班牙舞曲》是芭蕾舞剧《天鹅湖》第三幕中的一段音乐,它运用了典型的西班牙波莱罗舞曲节奏,节拍为三拍子,节奏鲜明,气氛热烈,常用于男女对舞和独舞,作曲家大胆采用西班牙舞曲中常用的响板伴奏,使音乐更加符合舞蹈和西班牙民族音乐的特点。

《红色娘子军》是由同名电影改编而成的革命现代芭蕾舞剧。1964年由中国国家芭蕾舞团成功首演。2014年《红色娘子军》片段入选马年央视春节联欢晚会。《红色娘子军》是中国芭蕾史上一座傲人的里程碑,它破天荒地塑造了英姿飒爽的穿足尖鞋的中国娘子军的形象,将西方芭蕾舞技巧与中国民族舞蹈的表现手法结合,成就了中西文化在芭蕾艺术领域完美结合的世界奇迹。本课内容中《快乐的女战士》为其第四场的一段背景音乐,有中国版《四小天鹅舞曲》的美称。

【学情分析】

高中学生对芭蕾舞并不陌生，因为它有足尖鞋的特征，辨识度高，基本没人会分辨不出芭蕾舞，但是看过一部完整芭蕾舞剧的学生却很少，对芭蕾相关知识有了解的学生则更少。少量同学接触过一些芭蕾舞剧的音乐，比如《四小天鹅舞曲》，但对中国民族芭蕾舞剧的认识和积累少之又少。

【学习目标】

（1）参与节奏填空、节奏探究等活动，熟悉并掌握西班牙波莱罗舞曲节奏，同时复习节奏名称知识；学唱、对比聆听主题音乐，发现《西班牙舞曲》曲式结构的特点及音乐要素对音乐情绪变化的作用。

（2）对比聆听、学唱、观看交响乐演奏版《快乐的女战士》，分析乐谱中的AB主题，体验节奏、速度、音色、力度、旋律、曲式等音乐要素的变化对音乐情绪和舞蹈动作变化产生的作用以及对塑造舞剧人物形象和不同音乐风格的作用。

（3）对比欣赏《天鹅湖》和《红色娘子军》舞剧片段，感受音乐对舞剧的作用，了解中外芭蕾舞剧的异同。

（4）了解音乐家柴可夫斯基、吴祖强、杜鸣心的生平简介及其代表作品，了解他们对舞剧音乐的伟大贡献；观看微课，了解西方芭蕾舞的发展历史。

（5）引发学生对音乐与舞剧关系的思考，以及对中国舞剧的发展和分类的关注，激发学生对舞剧音乐的喜爱之情，推动学生后续对舞蹈艺术展开更多的关注和学习。

【学习重、难点】

（1）学习重点：了解中外芭蕾舞剧的异同；关注音乐对舞蹈动作和舞剧的作用和影响。

（2）学习难点：发现、分析和归纳舞剧音乐在舞剧中发挥作用时音乐要素的运用及变化。

【评价要点】

（1）掌握西班牙波莱罗舞曲的典型节奏并发现《西班牙舞曲》曲式结构的特点及情绪的变化。（完成"实践活动一""实践活动二"，"课堂学业质量评价单"任务一和任务二，检测目标1）

（2）感受音乐要素对舞剧情绪和舞蹈动作的作用。（完成"课堂学业质量评价单"任务五，检测目标2）

（3）进一步掌握节奏的相关知识。（完成"课后拓展任务单"第五题，检测目标1、2）

（4）了解音乐在舞剧中的作用，掌握中外芭蕾舞剧的不同之处。（完成"课后拓展任务单"第一题和第三题，"课堂学业质量评价单"任务四和任务六，检测目标3）

（5）了解西方芭蕾发展史及相关的作曲家及其代表作品。（完成"课堂学业质量评价单"任务三，"课后拓展任务单"第四题，检测目标4）

（6）掌握中国舞剧的发展历程和舞剧分类的知识。（完成"课后拓展任务单"第二题、第六题和第七题，检测目标5）

【实践活动建议】

活动一：节奏听辨活动

1. 活动目的

掌握《西班牙舞曲》典型的波莱罗节奏。

2. 活动过程

（1）演示文稿打出有空缺的节奏谱，教师放慢速度视唱《西班牙舞曲》第一主题旋律，要求学生关注空缺部分的节奏变化。

（　　）｜（　　）｜x·xx xx｜（　　）｜x·xx xxx｜…

（2）教师用"嗒"的口读方式把第一主题旋律读出来，要求学生可以用口读或手拍的方式补全空缺的节奏，并学习节奏的名称，引导学生理解节奏名称确定的逻辑。（根据学生能力判断是否增加此步骤）

（3）展示正确的空缺节奏内容，带领学生反复击打以熟悉节奏。

（4）聆听《西班牙舞曲》第一主题片段，要求学生找出出现最多的是哪个小节的节奏。

（5）学生听出"x͟x͟x͟ x͟x͟x͟x͟"是使用最多的节奏组合，引出西班牙波莱罗舞曲的典型节奏。

3. 活动评价

表5-5-1

评价要求	完　成	基本完成	未完成
根据教师的视唱乐谱和击打节奏补全空缺节奏，熟悉并认识西班牙波莱罗舞曲节奏，复习节奏的名称知识			

活动二：节奏探究活动（备选）

1. 活动目的

记住最能体现出西班牙急切、热烈风格的节奏组合。

2. 活动过程

这个活动是需要师生配合的，学生分别尝试用x͟x͟ x͟x͟ x͟x͟、x͟x͟x͟x͟ x͟x͟ x͟x͟、x͟x͟x͟ x͟x͟ x͟x͟给教师唱的主旋律伴奏，感受节奏改变所带来的不一样的风格。

（1）模仿音乐中的配合，教师唱旋律，学生用手击打基本节奏组合，分别用x͟x͟ x͟x͟ x͟x͟、x͟x͟x͟x͟ x͟x͟ x͟x͟、x͟x͟x͟ x͟x͟ x͟x͟与教师配合，同时记录下配合的情绪效果。

（2）对比之后反馈三种节奏组合所带来的情绪的差异，确定出最能表现这种急切、热烈风格的节奏组合。

3. 活动评价

表5-5-2

评价要求	完　成	基本完成	未完成
准确击打节奏，能说出最具西班牙风格的节奏，并说明理由			

活动三：《西班牙舞曲》听赏探究活动

1. 活动目的

感知音乐要素对舞剧音乐风格的作用。

2. 活动过程

①学唱第一主题和第二主题旋律，对比两者在旋律、音色、调性上的不同；②聆听感知全曲的曲式结构及其情绪的发展规律；③边聆听边做好记录，各组分享自己的答案，同时完成自我评价。

3. 活动评价

表5-5-3

评价要求	完 成	基本完成	未完成
多种方式聆听，完成对《西班牙舞曲》曲式结构、音乐情绪的分析			

活动四：学习芭蕾舞知识

1. 活动目的

初步了解芭蕾舞的发展历程。

2. 活动过程

课前教师制作好1分钟以内介绍芭蕾舞发展历程的微视频，提示学生要认真观看，之后会有问题要抢答；观看视频后，完成填空题，小组以抢答方式分享从视频中收获的答案，同时完成自我评价。

3. 活动评价

表5-5-4

评价要求	完 成	基本完成	未完成
观看微课了解西方芭蕾舞发展历史			

活动五：了解中外芭蕾舞剧的区别

1. 活动目的

发现中外芭蕾舞剧的不同之处，了解中国芭蕾舞剧的创新之处。

2. 活动过程

用表格的方式引导学生关注中外芭蕾舞剧的几个对比点（这个活动是穿插在《天鹅湖》和《红色娘子军》视频鉴赏时分别完成的），学生在任务单上做好记录；小组以抢答方式分享答案，同时完成自我评价。

3. 活动评价

表5-5-5

评价要求	完　成	基本完成	未完成
观看舞剧片段，对比发现中外芭蕾舞剧的异同			

活动六：《快乐的女战士》鉴赏探究活动

1. 活动目的

分析舞剧音乐要素的变化对舞剧动作设计的影响。

2. 活动过程

①学唱《快乐的女战士》第一段主题旋律，分析音乐的乐句、音色及创作手法的特点，营造的情绪氛围，同时结合画面发现舞蹈动作的设计特点；②学唱《快乐的女战士》第二段主题旋律，分析音乐在力度、旋律及音色上的变化，同时结合画面发现舞蹈动作的设计特点；③观看《红色娘子军》舞剧片段，分析舞剧音乐《快乐的女战士》全曲的曲式结构；④边参与活动边寻找答案，并在任务单上做好记录，同时完成自我评价。

3. 活动评价

表5-5-6

评价要求	完　成	基本完成	未完成
运用多种手段，从看、听、唱多个层面去体验作品，感受音乐要素对舞剧多方面的作用			

活动七：分析音乐对舞剧的作用

1. 活动目的

分析音乐在舞剧片段剧情的发展中发挥的作用。

2. 活动过程

这个活动是穿插在《天鹅湖》和《红色娘子军》视频鉴赏之后，与"活动五"一起完成，建议小组做好分工，分别鉴赏两个芭蕾舞剧片段后在任务单上做好记录；小组以抢答方式分享答案，同时完成自我评价。

3. 活动评价

表5-5-7

评价要求	完 成	基本完成	未完成
观看舞剧片段，体会并总结音乐对舞剧的作用			

【学后反思】

表5-5-8

学后反思	内 容
本节课学习的西班牙波莱罗舞曲节奏你记住了吗？你能准确击打出来吗	
舞剧音乐是怎样通过音乐要素对舞剧产生作用的	
本节课的两首舞剧音乐对舞剧的作用是什么呢	
你知道音乐与舞蹈存在怎样的关系吗	
继续关注更多的舞剧音乐，挖掘出更多舞剧音乐的作用，与老师分享	

【课堂学业质量评价单】

任务一：听教师演唱和击打节奏，把缺的节奏补上。

(　　) | (　　) | x · xx xx | (　　) | x · xx xxx

任务二：聆听《西班牙舞曲》全曲，填写表格。

表5-5-9

全曲共有几段	
第一主题在第几段	
第二主题在第几段	
记录曲式结构为	
情绪由弱到强的排列顺序为	

任务三：观看小视频，完成填空。

芭蕾舞又称(　　)，拥有(　　)年的历史，起源于(　　)时期的(　　)，于(　　)时期在(　　)发展，由最初的观赏性舞蹈逐步发展为反映（　　）的舞剧。

任务四：对比欣赏中外芭蕾舞剧片段，填写表格。

表5-5-10

	服　装	发　型	道　具	音　乐	动作特点
《天鹅湖》					
《红色娘子军》					

任务五：学习芭蕾舞剧《红色娘子军》选曲《快乐的女战士》，填写表格。

表5-5-11

曲式结构	音色（乐器）	舞蹈动作编排特点

任务六：欣赏芭蕾舞剧《天鹅湖》《红色娘子军》片段，思考音乐对舞剧的作用。

表5-5-12

舞剧片段	音乐对舞剧的作用
《天鹅湖》	
《红色娘子军》	

【课后拓展任务单】

（1）根据课堂所学，填写表格。

表5-5-13

舞剧音乐	选自舞剧类别	舞剧动作特点	音乐的作用
《快乐的女战士》			
《西班牙舞曲》			
《伎乐天》			

（2）观看舞剧片段，判断属于何种舞剧。

① _____ ；

② _____ ；

③ _____ 。

（3）说说以上舞剧片段中的音乐有何作用。

① _____ ；

② _____ ；

③ _____ 。

（4）补全以下信息：

①《快乐的女战士》选自（　　），作曲家（　　），代表作有（　　）。

②《西班牙舞曲》选自（　　），作曲家（　　），国籍（　　），代表作有（　　）。

③《伎乐天》选自（　　），作曲家（　　），代表作有（　　）。

（5）根据节奏名称写出节奏。

小切分：（　　）　　二八：（　　）　　八十六：（　　）

大附点后十六：（　　）　四十六：（　　）

（6）说说舞蹈与音乐的关系。（用图表示）

（7）总结何为舞剧以及中国舞剧的分类。

【拓展资源】

（1）图片：01《天鹅湖》剧照、02柴可夫斯基照片、03《西班牙舞曲》第一主题简谱、04《西班牙舞曲》第二主题简谱、05吴祖强照片、06《红色娘子军》剧照、07杜鸣心照片、08《快乐的女战士》A主题简谱、09《快乐的女战士》B主题简谱。

（2）文字（相关知识的文字介绍）：

① 舞剧《红色娘子军》简介。

② 西方芭蕾舞发展简史。

③ 舞蹈音乐简介。

④ 音乐对舞剧的作用。

（3）音频：01《西班牙舞曲》第一主题、02《西班牙舞曲》第二主题、03《快乐的女战士》A主题、04《快乐的女战士》B主题。

（4）视频/微课：01《快乐的女战士》所在舞剧片段、02《西班牙舞曲》所在舞剧片段、03《快乐的女战士》交响乐演奏版、04微课《芭蕾舞发展史》简介、05《西班牙第一主题》可视谱例、06《西班牙第二主题》可视谱例、07《快乐的女战士》A主题可视谱例、08《快乐的女战士》B主题可视谱例、09"课后拓展任务单"第一题和第二题①、10"课后拓展任务单"第一题和第二题②、11"课后拓展任务单"第一题和第二题③。

【教学流程】

课前巩固：一个小组进行"课后拓展任务单"的展示，根据教师补充，各小组修正答案，同时其余同学与教师分别对展示组的表现进行评价。

设计意图：巩固和回忆上节课的知识，有效的评价可提升学生的成就感，同时培养学生的表现力。

课堂上要求学生跟着教师的课堂活动同步完成"课堂学业质量评价单"。

（一）导入

演示文稿打出有空缺的节奏谱，教师放慢速度视唱《西班牙舞曲》第一主题旋律，要求学生关注空缺部分的节奏变化，把空缺的节奏填补上。

(   ) | (   ) | x · xx xx | (   ) | x · xx xxx |

教师带领学生反复熟练空缺节奏，并为节奏补上名称。聆听《西班牙舞曲》片段，让学生找出节奏谱中哪个小节的节奏在音乐中使用最多。

认识西班牙"波莱罗舞曲"典型节奏。

设计意图： 用节奏填空的游戏方法，让学生认识西班牙"波莱罗舞曲"典型节奏，既有趣味性也容易让学生记住。

（二）新课内容

1.《西班牙舞曲》的学习

（1）《西班牙舞曲》的介绍。

（2）俄国作曲家柴可夫斯基的介绍。

（3）观看芭蕾舞发展史视频，完成"课堂学业质量评价单"任务三。

（4）学唱主题音乐，聆听全曲，填写"课堂学业质量评价单"的任务二对应的表格。

设计意图： 加强对舞蹈音乐中要素的关注，培养学生聆听音乐的好习惯，也是培养学生音乐核心素养的有效手段。

（5）观看《西班牙舞曲》所在舞剧片段，思考音乐对舞剧发挥了怎样的作用。

设计意图： 舞剧音乐最终都是不能脱离舞剧，在观看舞剧片段的时候更能感受和捕捉到音乐发挥的作用。

2. 中国民族芭蕾舞剧《红色娘子军》及舞剧音乐《快乐的女战士》的学习

（1）介绍舞剧音乐作者：吴祖强和杜鸣心。

（2）介绍舞剧的大致内容。

（3）《快乐的女战士》第一部分的学习：

① 教师唱第一部分A主题音乐，思考：由几个乐句组成？乐句间有什么特点？

② 教师带领学生一起唱A主题。

③ 观看管弦乐队演奏的第一部分视频，思考：这段音乐一共重复了多少遍？音乐改变了哪些要素让主题重复而不乏味？

（4）观看第一部分所对应的舞蹈视频，发现音乐对舞蹈动作编排的影响。

（5）《快乐的女战士》第二部分的学习：

① 学唱第二部分B主题旋律，思考：旋律走向有什么特点？

② 观看管弦乐队的第二部分演奏视频，思考：B主题出现了几次？每次都选择了什么主奏乐器？

③ 观看第二部分所对应的舞剧视频，观察舞蹈动作是如何设计的。

（6）完整观看《快乐的女战士》所在的舞剧视频，回答：

① 在这段舞剧中音乐所起到的作用是什么？

表5-5-14

舞剧片段	音乐对舞剧的作用
《天鹅湖》	
《红色娘子军》	

② 中外芭蕾舞剧有何异同？

表5-5-15

	服装	发型	道具	音乐	动作特点
《天鹅湖》					
《红色娘子军》					

③ 舞剧音乐的整体分析。

表5-5-16

曲式结构	音色（乐器）	舞蹈动作编排特点

（填写"课堂学业质量评价单"内对应的表格）

设计意图：对主题音乐的分析采用唱、听、看的手段进行，同时结合以前所学过的音乐知识，让学生稍稍努力就能得到答案，通过填写表格的方式让小组同学分工合作，整节课每个学生都有事做，都有收获。

3. 小组讨论

（1）什么是舞蹈音乐？

（2）舞蹈和音乐有什么关系？

设计意图：这两个问题的讨论是整个单元学后的一个深度思考，不要求有很深、很全面的答案，只要能引发思考、提升格局就达到目的了。

（三）课堂小结

（1）观赏了中外两部芭蕾舞剧片段；

（2）认识了三位中外作曲家；

（3）了解了芭蕾舞的发展历史；

（4）了解了中外芭蕾舞剧的异同；

（5）认识了音乐对舞剧的作用；

（6）讨论了舞蹈与音乐的关系。

（四）课后作业

（1）何为舞剧？

（2）中国舞剧的分类。

（五）教学反思

在上一节中外民间舞蹈音乐的课程学习中，学生知道了在学习舞蹈音乐的过程中应当更关注哪些音乐要素的变化和特点。这节课在学习和引导过程中，学生的反应速度和敏锐度都有了很大的提高，发现问题、捕捉音乐的变化也更精准和深入，表述上也显得更专业、更贴切。同时在这一节课的课程设计中，还特别兼顾到了舞蹈（剧）与音乐之间的作用和联系，引导学生思考两门独立的艺术之间不可分割的渊源，运用辩证的思维方式去鉴赏此类音乐，更有利于与后期学习内容顺利对接。

撰写人简介：杨珂，广东省韶关市第一中学教师。

第6课时　爵士乐

【学习内容】

《南部之子》《突尼斯之夜》。

【内容出处】

人民音乐出版社普通高中《音乐鉴赏》第十八单元第三十四节。

【课时建议】

1课时。

【内容分析】

"爵士乐"是人民音乐出版社普通高中《音乐鉴赏》第十八单元《爵士乐掠影》第三十四节《流行精粹》中的内容。本单元是一个独立的关于爵士乐的单元，通过欣赏路易斯·阿姆斯特朗的《南部之子》以及迪齐·吉莱斯皮的《突尼斯之夜》，激发、培养学生对爵士音乐的兴趣，引导学生感受、体验爵士乐的艺术表现力，了解爵士乐。学生通过对爵士乐起源以及发展过程的学习，明白爵士乐逐步发展完善自己，进一步和世界音乐融合，形成了独具特色的音乐风格。

本课通过作品的赏析、对比分析、亲身参与节奏的模打等环节，带领学生深入感受爵士乐的音乐特色。学习本课之前，学生对爵士乐有很大的距离感，选择好的切入点非常关键。所以本课时从大单元整合的内容出发，将传统的民族器乐曲与流行音乐进行对比，突出爵士乐的节奏与演唱特点。通过实践展开教学，让学生深刻感受爵士乐魅力的同时，也最大限度地实现了将音乐与画面相结合的立体教学。

【学情分析】

大部分高中生对爵士乐了解较少,对爵士乐的认识模糊,只知道一些带有爵士乐风格的流行音乐,没有太多的理性认识,但有着很强烈的学习和探索的欲望。爵士乐的节奏和布鲁斯音阶相对较难,对于大部分没有乐理基础的学生,就要用较为通俗易懂的方式帮助他们理解和感受。调动学生学习的积极性,激发学生的学习兴趣,让学生课后因为兴趣再去听爵士乐,就能让他们真正走近并爱上爵士乐。

【学习目标】

(1)引导学生课前预习和聆听、体验音乐作品。了解爵士乐的起源、分类、发展及爵士乐队的编制与发展。感受爵士乐的魅力,理解和认同多元音乐文化、积极拓宽音乐视野,培养积极乐观的生活态度。

(2)聆听《南部之子》,模仿击打旋律的典型节奏型,了解爵士乐的切分、附点、弱起等节奏,知道其具有复杂多变的特点,并能区别布鲁斯和拉格泰姆的音乐风格。

(3)对比聆听作品《南部之子》《突尼斯之夜》的片段,感知迪克西兰爵士乐与自由爵士乐体现在风格上的不同特点,归纳出爵士乐即兴性的特点,并结合音乐电影《海上钢琴师》中的乐曲片段,深层次地感知爵士钢琴复杂多变的节奏型和即兴性,能够分析出演奏者在即兴创作时通过各种音乐要素的改变而带来的情绪变化。

(4)能够在最后的拓展改编阶段运用所学知识对短小的歌曲进行爵士风格的简单实践和创编。

(5)通过对中外爵士乐的欣赏,感知爵士乐与当代流行音乐的密切联系。

【学习重、难点】

(1)学习重点:了解爵士乐的音乐特点,能区分布鲁斯与拉格泰姆的音乐风格特点。

(2)学习难点:掌握爵士音乐典型的弱强、附点和切分节奏型,并能运用其典型节奏对短小的歌曲进行爵士风格的简单实践和创编。

【评价要点】

（1）掌握爵士音乐文化及其艺术价值，了解其乐队编制和发展。（完成"实践活动一"，"课堂学业质量评价单"任务一，"课后任务拓展单"第一题、第二题、第四题和第六题，检测目标1）

（2）掌握爵士音乐典型的弱强、附点和切分节奏型，并能运用其典型节奏对短小的歌曲进行爵士风格的简单实践和创编。（完成"实践活动二""实践活动三"，"课堂学业质量评价单"任务二和任务五，检测目标2、4）

（3）深入感受爵士音乐的主要特点，了解爵士乐的发展流派，区别感受、体会布鲁斯与拉格泰姆的音乐风格特点，观察、思考、归纳爵士乐即兴性的特点。（完成"课堂学业质量评价单"任务三和任务四，"课后任务拓展单"第五题，检测目标3）

（4）感知爵士音阶和元素对当代流行音乐的影响，从而关注更多的爵士音乐风格的歌曲和乐曲。（完成"课堂学业质量评价单"任务六，"课后任务拓展单"第三题和第七题，检测目标5）

【实践活动建议】

活动一：展示作业的形式说明——什么是爵士乐

1. 活动目的

课前小组同学自主收集有关爵士音乐文化的资料（文字、音频、视频），在课堂上进行展示与交流，共同探讨爵士音乐的风格特点，并了解其相关文化及艺术价值。

2. 活动过程

①各组课下收集资料（文字、音频、视频、演示文稿等）；②课上各组选出代表进行展示：爵士乐的起源，使用的乐器，发展与流派，演奏形式，风格与特点，代表人物及其作品等；③教师和学生灵活地进行交流和补充，教师引导学生用开放的心态，正确审视爵士音乐文化，增强学生对多元文化的接纳与包容的意识。

3. 活动评价

表5-6-1

评价要求	完　成	基本完成	未完成
通过课前预习了解爵士乐的起源、分类、发展及爵士乐队的编制与发展。要求表达流畅，思路清晰，知识点涵盖全面			

活动二：节奏的体验活动

1. 活动目的

通过节奏的模仿、训练，让学生掌握爵士音乐复杂多变的节奏特点。区别、体会布鲁斯和拉格泰姆的音乐风格特点。

2. 活动过程

①学生跟着教师模仿节奏，体验三组节奏的强弱区别；②教师出示节奏图谱，把全班学生分成三组，分别练习弱强、附点、切分三种节奏型；③三组学生依次连续地合作拍出弱强、附点、切分三种节奏型；④最后集体跟随乐曲连续地拍出刚才所模仿的三种典型节奏，完成节奏的体验活动。

谱例1：爵士乐典型性节奏

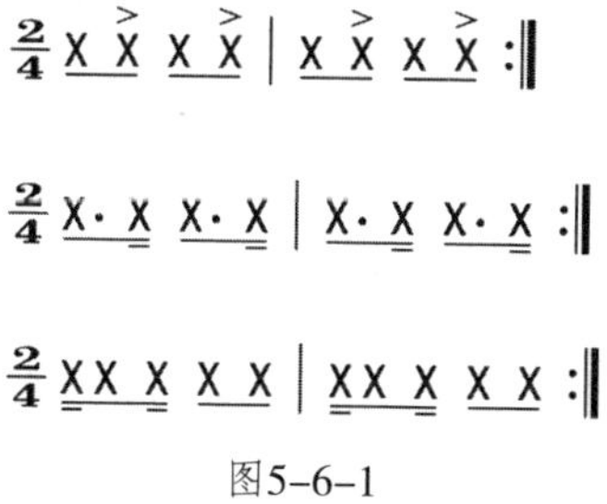

图5-6-1

谱例2：二声部合奏谱

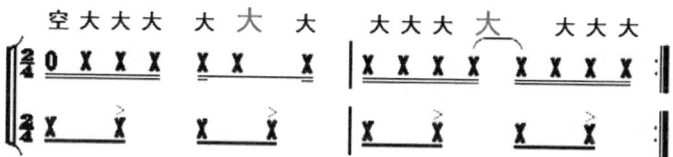

图5-6-2

3. 活动评价

表5-6-2

评价要求	完　成	基本完成	未完成
能准确地把握好节奏特点、强弱规律并熟练跟随音乐进行分组的节奏模打。能跟随模打的节奏思考乐曲旋律、音乐要素等与音乐画面的内在联系，并能区别布鲁斯和拉格泰姆的音乐风格			

活动三：编创具有爵士风味的《小星星》

1. 活动目的

引导学生运用所学知识对短小的歌曲进行爵士风格的简单实践和创编。

2. 活动过程

①教师以自然音阶为例，示范讲解并引导学生如何运用所学的爵士钢琴典型节奏型来改编旋律，使其具有爵士风味；②学生利用弱起、附点、切分三种典型节奏型来改编旋律，分组合作创编《小星星》；③请各组学生演唱展示自己的编创成果；④教师在钢琴上弹奏自己编创的《小星星》。

07谱例：自然音阶典型性节奏

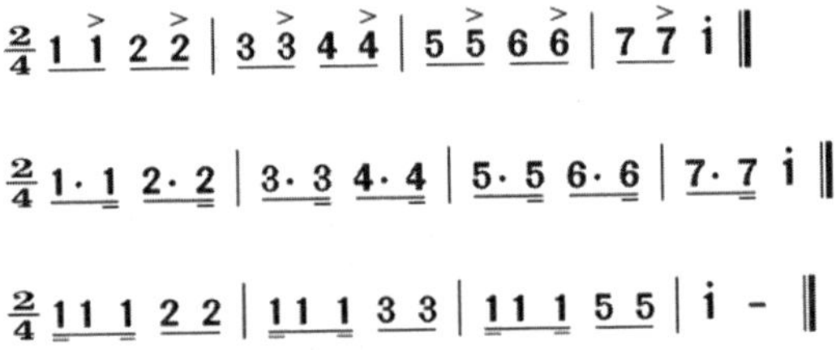

图5-6-3

3. 活动评价

表5-6-3

评价要求	完　成	基本完成	未完成
能根据乐谱快速、准确地编创出新的节奏，在教师的帮助下跟随钢琴节奏哼唱			

【学后反思】

表5-6-4

学后反思	内　容
本节课学习了爵士音乐文化及其艺术价值，与其乐队的编制和发展，你都了解了吗	
通过对作品的鉴赏和对比分析，你能总结出爵士乐的主要特点，以及准确地区分出布鲁斯与拉格泰姆的音乐风格吗	
对爵士乐的三种典型性节奏你掌握了吗？再试着用这几种节奏型和同学们一起创编其他音乐吧	
多聆听带有爵士风格的大型管弦乐作品，理解爵士音阶和元素对当代流行音乐的影响，把收获与大家分享	

【课堂学业质量评价单】

任务一：课前自主收集有关爵士乐的音乐文化资料：代表人物、乐器特点、发展历史、音乐特点、社会功能性等，并了解其相关文化及艺术价值。

任务二：模打节奏和聆听作品后，填写表格。

表5-6-5

	拉格泰姆	布鲁斯
表演形式		
情　绪		
特　征		
即兴表演		
速　度		

任务三：对比聆听《南部之子》《突尼斯之夜》，填写表格。

表5-6-6

	乐器	流派风格	特征	速度	表演特点
《南部之子》					
《突尼斯之夜》					

任务四：通过课堂上的聆听、感受、学习，总结爵士乐的音乐特征。

表5-6-7

节 拍	
节 奏	
音 阶	
表 演	

任务五：运用爵士乐的典型节奏型改编旋律，编创具有爵士乐风格的《小星星》进行课堂展示。

任务六：交流探索爵士乐在中国的发展及现状。

【课后拓展任务单】

（1）爵士乐是美国20世纪的音乐经典，它起源于（　　）音乐。

（2）始于1912年的迪克西兰爵士乐吸收了布鲁斯和（　　）的成分，形成了一种由（　　）领奏的小乐队即兴演奏特色。

（3）如今，严肃音乐也受到爵士乐的影响，著名作曲家（　　）的钢琴与乐队作品《蓝色狂想曲》就把爵士乐元素用于音乐会作品，并获得很大成功。

（4）（　　）被称为"爵士乐之父"。

（5）爵士乐带有很强的（　　）性，早期的黑人爵士乐演奏者多不识谱，演奏时只凭着灵感，对熟悉的曲调自由地进行变化演奏。

（6）请列举几个爵士乐的乐队组合：（　　　）。

（7）聆听《蓝色狂想曲》，分析乐曲中有哪些爵士元素，并能跟随旋律拍打出主要节奏。

【拓展资源】

（1）图片：01黑奴贸易1、02黑奴贸易2、03路易斯·阿姆斯特朗、04《蓝色狂想曲》、05爵士乐典型性节奏、06二声部合奏节奏、07自然音阶加典型性节奏、08《小星星》乐谱。

（2）音频：01民乐合奏《彩云追月》、02流行曲《彩云追月》、03《不知为何》、04《南部之子》、05《突尼斯之夜》、06《蓝色狂想曲》。

（3）视频/微课：01《海上钢琴师》影片片段。

【教学流程】

（一）导入

对比聆听：民族器乐曲《彩云追月》、流行乐《彩云追月》。

从风格、节奏、旋律、音乐的感情色彩等方面分析两段音乐有什么不同。通过学生回答，引出课题：爵士乐。

教师：今天我们就要走进极具动感的爵士乐中，一起体会爵士乐极具风格的悦耳旋律。

设计意图：以传统民间器乐曲进行导入，对传统丝竹乐进行回顾和熟悉。对比聆听流行风格的同首作品，风格上的巨大差异有利于激发学生的兴趣，从而拉近学生与音乐作品的距离。

（二）了解爵士乐起源

1. 初步了解爵士乐

活动过程如下：

（1）各组展示课下收集的资料（文字、音频、视频、演示文稿等）；

（2）按照内容分类，各组选出代表进行作业展示：爵士乐的起源，使用的乐器，发展与流派，演奏形式，风格与特点，代表人物及其作品等；

（3）教师和学生灵活地进行交流和补充，引导学生用开放的心态，正确审视美国爵士音乐文化，增强学生对多元文化的接纳与包容的意识。

2. 聆听体验、感受经典

（1）展示图片。

教师：我们跟随图片来到了17世纪的非洲，这是一艘从非洲开往美国的运输黑奴的船，大家看到了什么？（黑人被卖到美国后成为奴隶，被迫劳动，受尽折磨。这些黑奴在棉花地里进行劳作时，为了缓解痛苦，将黑人灵歌改编演唱，从中获得心灵上的慰藉。大家都知道忧郁蓝调，却不知浪漫的背后是一份苦难。）

（2）了解爵士乐的起源之一：布鲁斯。

布鲁斯音阶，将主调上的音阶的第3、5、7级音降半音，这些降音还常辅以滑音和颤音，因而更加强了歌曲忧郁、悲伤的色彩，在音效上给人以苦乐参半、多愁善感的听觉冲击。

教师：每当思念家乡的时候，他们用歌唱来表达自己的痛楚心声，那是一种什么样的歌声呢？让我们一起去乐曲中感受一下吧！

（3）聆听乐曲《不知为何》。

问：歌曲给你带来什么感受？以什么伴奏乐器为主？聆听歌曲时可以跟随歌曲进行简单的律动。（大提琴、钢琴）

乐曲在以大提琴、钢琴为主的爵士乐队伴奏下，歌声徐缓缠绵，曲调放松、略带悲伤，散发着一种特有的民谣清爽韵律。这种曲调被称作布鲁斯（Blues）。

（4）了解爵士乐的起源之二：拉格泰姆。

拉格泰姆钢琴音乐是爵士乐的另一个起源。它由非洲民间音乐发展而成，主要在钢琴上演奏，运用大量的切分节奏和三连音，形成重音的倒置，复杂多样，特别是跨小节的连续切分，经常将原有的节奏整小节移位，造成一种飘忽不定的游移感，是一种带有幽默、欢乐、活泼情绪的舞蹈音乐。

在没有今天的流行音乐之前，爵士乐才是真正的流行音乐。爵士乐的根基是布鲁斯和拉格泰姆，是非洲黑人音乐与欧美文化的结合，属于多元乐种。

（5）了解爵士乐的发展与流派。

设计意图：让学生了解爵士乐流行音乐的起源及其对世界流行音乐的影响；从历史文化方面理解爵士乐的产生；通过风格介绍让学生对爵士乐有一个总体的了解。

（三）鉴赏作品

1. 聆听作品《南部之子》

问：歌曲伴奏部分以什么乐器为主？演唱者是谁？乐曲中的强弱规律是什么？属于什么风格的爵士乐？

（1）介绍"爵士乐之父"路易斯·阿姆斯特朗。

（2）聆听作品总结出爵士乐的音乐特征。

乐器：爵士乐主要的乐器有小号、长号、架子鼓、钢琴、低音提琴、萨克斯管、单簧管等。

音阶：传统的自然大调音阶1 2 3 4 5 6 7。

爵士常用音阶（布鲁斯音阶）1 2 ♭3 4 ♭5 6 ♭7。

节奏：切分节奏、附点、连音。

2. 爵士乐拉格泰姆节奏的体验活动

（1）学生跟着教师模仿节奏，体验三组节奏的强弱区别；

（2）教师出示节奏图谱，把全班同学分成三组，分别练习弱强、附点、切分三种节奏型；

（3）三组学生依次连续地合作拍出弱强、附点、切分三种节奏型；

（4）集体跟随乐曲连续地拍出刚才所模仿的三种典型节奏，完成节奏的体验活动；

（5）手脚配合进行二声部的节奏模打。

拉格泰姆打破传统节拍的强弱规律，运用大量的切分节奏和三连音，形成重音的倒置，跨小节的连续切分，经常将原有的节奏整小节移位，造成一种飘忽不定的游移感。

设计意图：聆听音乐，体验拉格泰姆的节奏特点，感受爵士乐的风格。

3. 聆听作品《突尼斯之夜》

问：歌曲属于什么类型的爵士乐？你感受到的乐曲最突出的音乐特点是什么？

比博普爵士（20世纪40年代），自由、即兴的演奏特点。

（1）观赏音乐电影《海上钢琴师》中《Playing Love》片段。

问题一：音乐的情绪有没有发生过变化？是怎样的？（欢快转抒情，略带忧伤）

问题二：是通过哪些音乐要素的变化来体现的？

通过力度、节奏、旋律等要素的变化，在见到一见钟情的女孩儿后情绪发生转变，即兴地演奏出了这段美妙的旋律。

（2）观察、思考、归纳爵士乐即兴性这一特点，并结合电影片段深层次地感知爵士钢琴复杂多变的节奏型和即兴性，能够分析演奏者在即兴创作时通过各种音乐要素的改变而带来的情绪变化。

（3）总结爵士乐的特点。

表5-6-8

强 弱	重音后置，打破了传统节拍的强弱规律
节 奏	大量的切分节奏和三连音，富于变化性
音 阶	3（mi）、5（sol）、7（si）经常降低一点儿，加强了歌曲忧郁、悲伤的色彩
表 演	是一种即兴性的表演，富于创造性和想象力
乐 器	主要的乐器有钢琴、低音提琴、架子鼓、萨克斯管、小号、长号、单簧管等

（四）了解爵士乐的发展

劳动号子（18世纪），蓝调Blues（1870年），拉格泰姆（1890年），爵士乐（1918年），融合发展至今。

（五）拓展与改编

利用典型节奏型编创具有爵士乐风格的《小星星》。

（1）教师以自然音阶为例，示范讲解并引导学生如何运用所学的爵士钢琴典型节奏型来改编旋律，使其具有爵士风味；

（2）学生利用弱起、附点、切分三种典型节奏型来改编旋律，分组合作创编《小星星》；

（3）请各组学生演唱展示自己的编创成果。

（六）对比探究，理性思考

简单介绍爵士乐近一个世纪的发展过程，并引出爵士乐在中国的现状。

设计意图：通过对比欣赏培养学生开放性思维，引导学生关注爵士乐在与世界接轨的同时，不断变革、创新与自我完善。

中国的爵士乐起源于20世纪三四十年代的上海，最早是伴舞音乐，包括那个时期的代表人物白光、周璇和代表作品《夜上海》《玫瑰玫瑰我爱你》……后来因为历史原因，爵士乐在中国停滞了将近40年，于20世纪80年代末在香港和台湾得以复兴。

（七）课后探究

课下聆听美国历史上出现的第一部具有民族特色的交响音乐作品，格什温的《蓝色狂想曲》。

思考：该曲在管弦乐队中增加了什么乐器？这首乐曲具有什么音乐风格？请尝试用爵士乐的节奏对音乐进行模打。

设计意图：聆听带有爵士风格的大型管弦乐作品，理解爵士音阶和元素对当代流行音乐的影响。引导学生关注更多的爵士音乐风格的歌曲和乐曲。

（八）课堂总结

（1）了解爵士乐的起源、分类、发展及爵士乐队的编制与发展；

（2）能准确区分布鲁斯与拉格泰姆的音乐风格特点；

（3）了解爵士旋律的典型节奏，并尝试进行二声部的模打；

（4）对比聆听作品《南部之子》《突尼斯之夜》，感知不同流派爵士乐的风格特点；

（5）总结爵士乐的音乐特点，对短小的歌曲进行爵士风格的简单实践和创编。

（九）教学反思

本课以爵士乐的起源为切入点，以爵士乐的发展过程为主线，通过整体、分段听赏，让学生了解爵士乐中的表演形式、分类、作品的创作手法以及布鲁斯音阶、拉格泰姆节奏等特点。在课堂教学中，教师通过对比分析、教师范唱、学生学唱、模打节奏等一系列音乐实践活动让学生层层深入地感受爵士乐的魅力，减少了学生对爵士乐的距离感，了解爵士乐在不断发展、变化与完善。学生兴趣浓厚，课堂气氛活跃。

拓展环节要求学生将乐曲中最有特点的节奏模打出来并进行简单的创作，这一过程配合较难，如果能在此环节更有针对性地设计，就能为课上留出更多的时间去体验和感受，还会有更多的进步空间。

撰写人简介：张亚，女，高中一级教师，2004年毕业于湖北省长江大学艺术学院舞蹈表演专业，2020年于湖北师范大学硕士研究生毕业。现就职于广东省韶关市韶州中学，从事一线音乐舞蹈教学工作19年，指导学生编排的舞蹈作品曾多次获得省、市级一等奖，擅长音乐舞蹈方向的教学与研究。

第7课时　融合西方经典的流行音乐

【学习内容】

《灵魂的共鸣》《匆匆那年》《我不会唱歌》《琴伤》《最伟大的作品》等融合西方经典的流行音乐。

【内容来源】

流行音乐拓展课。

【课时建议】

1课时。

【内容分析】

本课自选了《灵魂的共鸣》（帕格尼尼《第24首随想曲》）、《匆匆那年》（巴洛克宫廷音乐风格）、《我不会唱歌》（李斯特《钟》）、《琴伤》（柴可夫斯基《船歌》、莫扎特《土耳其进行曲》）、《最伟大的作品》（历史故事情境、艺术家、乐器）、《快乐很伟大》（《欢乐颂》）、《知足》（《小星星》）七首融合西方经典的华语流行歌曲作为教学内容。通过欣赏与分析歌曲，归纳流行音乐融合西方经典的方法，认识西方音乐对流行音乐的影响，能围绕流行音乐与时代、社会的关系，进一步探讨融合西方经典音乐的流行音乐作品的艺术价值。

【学情分析】

高中生喜欢流行音乐，爱唱他们喜欢的歌手的歌曲，这类音乐通俗易唱，贴近生活，比起聆听古典音乐来说，他们更愿意欣赏和参与流行歌曲的表演。相反，高中生接触的西方古典音乐有限，若没有音乐理论学习和乐器学习的基础，很难关注到流行音乐中融合的西方经典音乐。因此，教师引导的方法非常重要。

【学习目标】

（1）聆听几首融合西方经典的流行音乐，感受流行音乐的创作风格特征；了解流行音乐、古典音乐的概念，能从流行音乐的音响特征出发，对流行音乐借鉴西方经典音乐的创作手法、构成要素和艺术特征等具有一定的感知与辨识能力，并能表达不同的聆听感受。

（2）通过对比聆听、哼唱、弹奏、分析乐谱等方式寻找流行音乐中融合的西方经典音乐；能在教师的引导下自主探究流行音乐的创作特征。

（3）认识到西方经典音乐对流行音乐的影响，能围绕流行音乐与时代、社会的关系，进一步探讨融合西方经典音乐的流行音乐的艺术价值。理解流行与古典不是泾渭分明，而是相辅相成的，培养音乐的创新意识，树立多元音乐文化观。

【学习重、难点】

（1）学习重点：能从流行音乐的音响特征出发，对流行音乐借鉴西方经典音乐的创作手法、构成要素和艺术特征等具有一定的感知与辨识能力，并能表达不同的聆听感受。

（2）学习难点：认识西方音乐对流行音乐的影响，能围绕流行音乐与时代、社会的关系，探讨融合西方经典音乐的流行音乐作品的艺术价值。

【评价要点】

（1）了解流行音乐、古典音乐的概念。（完成"课堂学业质量评价1"，检测目标1）

（2）对流行音乐借鉴西方经典音乐的创作手法、构成要素和艺术特征等具有一定的感知与辨识能力。（完成"实践活动二""实践活动三"，"课堂学业质量评价2、3、4"，检测目标1）

（3）在教师的引导下自主探究流行音乐的创作特征。（完成"实践活动一""实践活动二"，检测目标2）

（4）认识到西方经典音乐对流行音乐的影响，围绕流行音乐与时代、社会的关系，进一步探讨融合西方经典音乐的流行音乐作品的艺术价值。理解流行与古典不是泾渭分明，而是相辅相成的，培养音乐的创新意识，树立多元音乐文化观。（完成"课堂学业质量评价4""课后拓展任务单"，检测目标3）

【实践活动建议】

活动一：自主探究与分享

1. 活动目的

在收集资料中了解流行音乐的基本概况，获取知识，锻炼自主探究和合作的能力，促进个性发展。

2. 活动过程

（1）以小组为单位，课前收集2—3首融合西方经典音乐的流行歌曲。各组整理好相关资料（图片、音频、视频），制作好演示文稿（8页以内）。

（2）课堂上各组派学生代表上台，进行创意展示与分享。

（3）小结，各组交流"我的收获感言"（约100字）。

3. 活动评价

表5-7-1

评价要求	完 成	基本完成	未完成
能主动与小组成员分工合作完成资料收集，演示文稿制作精致、清晰，语言表述精练流畅，展示方式具有创意			

活动二：华语流行歌曲中的西方经典音乐

1. 活动目的

以几首华语流行歌曲为例，探究、总结流行音乐融合西方经典音乐的方法和规律，能迁移运用，建立起对这一类音乐的学习方法；能理解流行与古典是相辅相成的。

2. 活动过程

（1）歌曲中直接借用西方经典音乐的旋律。

表5-7-2

歌 曲	融合的西方经典音乐
《琴伤》	柴可夫斯基《六月——船歌》
《蓝色风暴》	（格里高利圣咏）
《梦的启动》	拉赫玛尼诺夫《第二钢琴协奏曲》
《不能说的秘密》中斗琴片段	肖邦《黑键练习曲》《圆舞曲》
《知足》	《小星星》

（2）配器。

表5-7-3

歌 曲	配器手法
《我的地盘》	借鉴西洋乐器，如管弦乐组的提琴、木管乐器、欧洲竖琴、古典钢琴等
《夜的第七章》	弦乐器演奏形式，小提琴
《匆匆那年》	巴洛克时期宫廷音乐风格（古钢琴）

（3）改编

表5-7-4

创作手法	歌 曲	融合的西方经典音乐
变奏手法	《不想长大》	莫扎特《第四十交响曲》旋律的变奏
	《快乐很伟大》	《小星星》的变奏
Rap+旋律	《土耳其冰激凌》《夜曲》	莫扎特《土耳其进行曲》肖邦《夜曲》
和声进行	《不能说的秘密》	主属重复

（4）加入故事情境

如《最伟大的作品》，由一曲钢琴弹奏化身时空旅人，瞬移到20世纪20年代与艺术家们相遇，曲风融合古典、嘻哈、饶舌与流行，歌词中提到的艺术家和艺术作品，包括雷内·玛格利特（超现实主义画家）、达利（超现实主义画家）、常玉（中国近代画家）、莫奈（印象派画家）、徐志摩（诗人、作家）。

3. 活动评价

表5-7-5

评价要求	完　成	基本完成	未完成
能积极参与探究，快速捕捉到西方经典音乐元素信息，找到融合规律			

活动三："我有顺风耳"——寻找西方经典音乐

1. 活动目的

感受音乐的魅力，在聆听中举一反三，快速捕捉到歌曲中融合的西方经典音乐元素信息。

2. 活动过程

（1）聆听音乐，寻找流行音乐中暗藏的西方经典音乐，将提示中的作品序号填入表格中。

表5-7-6

曲　目	你找到了哪些西方经典音乐
《灵魂的共鸣》	
《野蜂飞舞》	
《我不会唱歌》	
《知足》	
《蓝色月光》	
《伴侣》	
《匆匆那年》	
《离人节》	
《一千零一个愿望》	
……	

提示：

① 尾声加入《蓝色多瑙河》；

② 李斯特《钟》；

③ 前奏旋律，肖邦练习曲《离别曲》；

④ 加入巴洛克时期的宫廷音乐风格；

⑤ 帕格尼尼《第24首随想曲》；

⑥ 巴赫《小步舞曲》；

⑦ 贝多芬《"月光"奏鸣曲》第一乐章；

⑧ 莫扎特《C大调小星星变奏曲》；

⑨ 里姆斯基·科萨科夫《野蜂飞舞》。

参考答案如下：

表5-7-7

曲 目	你找到了哪些西方经典音乐
《灵魂的共鸣》	⑤
《野蜂飞舞》	⑨
《我不会唱歌》	②
《知足》	⑧
《蓝色月光》	⑦
《伴侣》	①
《匆匆那年》	④
《离人节》	③
《一千零一个愿望》	⑥

（2）学唱其中一段你最喜欢的旋律。

3. 活动评价

表5-7-8

评价要求	完 成	基本完成	未完成
积极参与活动，在小组合作中快速、准确地捕捉到西方经典音乐			

【学后反思】

通过这节课的学习，你认为流行音乐与西方经典音乐有哪些融合方法？你还有什么好的经验跟大家分享？

【课堂学业质量评价单】

（1）请用自己的语言概括流行音乐和古典音乐的概念。

流行音乐——

古典音乐——

（2）聆听歌曲，寻找歌曲中暗藏的西方经典音乐，将提示中的作品序号填入表格中。（详见学历案"实践活动建议"活动三）

（3）聆听三首歌曲，（　　　）融合了西方经典音乐。

A. 第一首　　　　B. 第二首　　　　C. 第三首

（4）有人说，流行音乐与西方经典音乐的融合就是简单地将旋律挪用和改编。你认为是这样吗？说说你的看法。

【课后拓展任务单】

你能找到哪些流行音乐融合了巴赫的《小步舞曲》吗？

【拓展资源】

（1）音频：01《琴伤》、02《蓝色风暴》、03《梦的启动》、04《不能说的秘密》斗琴片段（肖邦《黑键练习曲》《圆舞曲》）、05《我的地盘》、06《夜的第七章》、07《逆鳞》、08《最后的战役》、09《不想长大》、10《土耳其冰激凌》、11《夜曲》、12《不能说的秘密》主属重复片段、13《最伟大的作品》、14《伴侣》、15《蓝色多瑙河》、16《我不会唱歌》、17李斯特《钟》、18《离人节》、19肖邦练习曲《离别曲》、20《灵魂的共鸣》、21帕格尼尼《第24首随想曲》、22《蓝色月光》、23贝多芬《"月光"奏鸣曲》第一乐章、24《一千零一个愿望》、25巴赫《小步舞曲》、26《知足》、27莫扎特《C大调小星星变奏曲》、28马克西姆《野蜂飞舞》、29里姆斯基·科萨科夫《野蜂飞舞》、30《匆匆那年》。

（2）视频：01《我不会唱歌》、02《钟》、03《灵魂的共鸣》、04帕格尼尼《第24首随想曲》、05《最伟大的作品》、06《那些借鉴古典音乐的华语流行歌曲》（第一期至第六期）。

【教学流程】

（一）导入

播放两首流行歌曲（《我不会唱歌》《灵魂的共鸣》）视频片段，引导学生找出两首歌曲的共同之处。

出示课题——融合西方经典的流行音乐。

设计意图：开门见山，直入主题，学会发现，找出关联，引出课题。

（二）新课内容

提问：什么是西方经典音乐？你还听过哪些融合西方经典的流行音乐呢？

设计意图：概念界定，把握西方经典音乐与流行音乐的区别。

游戏：我有顺风耳。

（1）选四首具有代表性的华语流行歌曲（如《快乐很伟大》《知足》《琴伤》《匆匆那年》），出示古典音乐作品，聆听后分别选出每一首流行歌曲融合的古典音乐作品。

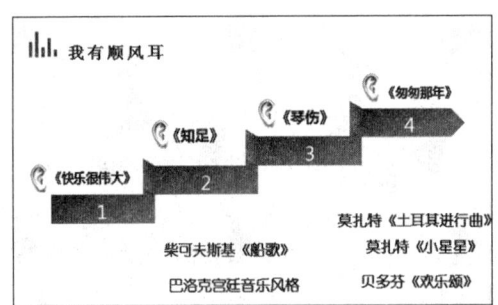

图 5-7-1

（2）思考并聆听。

① 想一想：刚才听过的四首流行歌曲是如何与西方古典音乐进行融合的？（方法）

方法1：直接模仿旋律。

方法2：作前奏、间奏、尾声。

方法3：借鉴乐曲与演奏形式。

方法4：改编旋律（变奏）。

设计意图：加深体验，在相同中找不同，培养自主探究能力。

② 聆听《最伟大的作品》。

提问：还有哪些融合的方法呢？同学们听完后说一说歌曲中借用了哪些西方经典艺术元素？

第一，小组讨论；

第二，分析《最伟大的作品》中的艺术手法；

第三，小结方法5，加入历史故事情境。

③ 连线题，将听到的流行歌曲与融合的古典音乐曲名用连线连起来。

《琴伤》　　　　　　　　《小星星》

《知足》　　　　　　　　帕格尼尼《第24首随想曲》

《我不会唱歌》　　　　　柴可夫斯基《船歌》

《灵魂的共鸣》　　　　　莫扎特《土耳其进行曲》

　　　　　　　　　　　　李斯特《钟》

设计意图：巩固与检测，在流行歌曲中记忆古典音乐旋律。

（三）拓展游戏——找一找

（1）教师播放以下流行音乐音频，用钢琴演奏古典音乐旋律，引导学生找出歌曲中融合的西方经典音乐，将相应提示词条的序号填入表格中。

表5-7-9

曲　目	西方经典音乐融合表达
《数字人生》	
《土耳其冰激凌》	
《夜的第七章》	
《蓝色风暴》	
《离人节》	

提示词条：

① 肖邦《黑键练习曲》《圆舞曲》；

② 故事情境；

③ 莫扎特《土耳其进行曲》Rap+旋律；

④ 借鉴西洋乐器，如管弦乐组的提琴、木管乐器、欧洲竖琴、古典钢琴等；

⑤ 巴赫《小步舞曲》；

⑥ 尾声加入《蓝色多瑙河》；

⑦ 前奏，肖邦练习曲《离别曲》；

⑧ 欧洲格里高利圣咏。

设计意图：举一反三，寻找关联和规律，通过聆听流行歌曲，学习古典音乐作品。

（2）谈一谈。

有人说，流行音乐与古典音乐的融合就是简单地挪用和改编，你认为是这样吗？说说你的想法。

设计意图：认识西方音乐对流行音乐的影响，能围绕流行音乐与时代、社会的关系，探讨融合西方经典音乐的流行音乐作品的艺术价值。

（3）课后作业：以小组为单位，课后收集融合巴赫《小步舞曲》的流行歌曲，跟同学们交流"我的收获感言"。

设计意图：积累学习经验，通过收集资料了解更多的古典音乐。

（四）总结

流行与古典并不是泾渭分明，而是相辅相成的。它们巧妙碰撞与渗透，使人类优秀的历史文化遗产得到认同、传承、创新和发扬。

设计意图：点明教学主旨。

（五）教学反思

这节课引导学生认识西方经典音乐对流行音乐的影响，围绕流行音乐与时代、社会的关系，进一步探讨融合西方经典音乐的流行音乐作品的艺术价值，理解流行音乐中不同古典元素的运用对流行音乐产生的深远影响，使其不断产生新的生命与活力，使流行音乐向着多元化发展；古典音乐与流行音乐巧妙地碰撞与渗透，才能使古典音乐不断获得新的呈现方式，使人类优秀的历史文化遗产得到认同、传承、创新和发扬。

撰写人简介：曾群，广东省韶关市第一中学教师。

后 记

呈献给读者的本书是首批广东省基础教育学科教研基地项目（韶关高中音乐）负责人带领基地成员共同努力研究的成果。

韶关市地处广东省的北部，属于山区城市，经济欠发达，高中音乐教育处于相对薄弱的地位。因此，在本基地项目建设过程中，基地项目负责人与基地成员克服重重困难，深入研究适用于山区高中学校的音乐鉴赏教学，以提升山区高中音乐教师的教育教学教研能力与水平，促进城乡教学质量均衡发展，培养学生的核心素养。

本书是根据人民音乐出版社出版的普通高中《音乐鉴赏》（2019年版）教材，将大单元主题教学内容整合后进行编写的学历案，分为中国民族民间音乐、外国民族民间音乐、中国音乐发展历程、外国音乐发展历程以及音乐与姊妹艺术五个单元。本书的编写旨在为一线高中音乐教师提供教学参考。

感谢基地项目所有成员在三年的项目建设过程中的努力付出和积极参与。三年的基地项目建设中，我看到有的基地成员获得了市级教学成果奖，有的获得了论文一、二等奖，有的获得了省、市级优秀课例一、二等奖，有的获得了荣誉称号等，备感欣慰。感谢成员们承担本书相关章节的撰写工作。特别感谢我的助手，韶关市高中音乐兼职教研员、韶关市第一中学音乐教师曾群老师帮我分担各项工作。

单 元	课 时	撰写人	单 位
第一单元 中国民族 民间音乐	第1课时　汉族民歌	刘　熠 邱　婷	广东省乐昌市第二中学 广东省韶关市始兴县始兴中学
	第2课时　少数民族民歌（第一课）	曾佩玲	广东省乐昌市第一中学
	第3课时　少数民族民歌（第二课）		
	第4课时　多彩的少数民族民歌	刘　熠	广东省乐昌市第二中学
	第5课时　鼓乐	杨文慧	广东省韶关市始兴县风度中学
	第6课时　丝竹乐		
	第7课时　流行民族风	邱　婷	广东省韶关市始兴县始兴中学
第二单元 外国民族 民间音乐	第1课时　印度与非洲民间音乐	徐婷婷	广东省韶关市第五中学
	第2课时　欧洲与印第安民间音乐		
第三单元 中国音乐 发展历程	第1课时　高山流水志家国	谭国兵	广东省韶关市田家炳中学
	第2课时　西出阳关无故人		
	第3课时　学堂乐歌	张丽雯	广东省韶关市仁化县第一中学
	第4课时　新音乐初放——人民音乐家	李琼丹	广东省韶关市田家炳中学
	第5课时　峥嵘岁月	黄　兰	广东省韶关市仁化县仁化中学
	第6课时　光荣与梦想		
第四单元 外国音乐 发展历程	第1课时　巴赫	蓝凤仪	广东省韶关市韶州中学
	第2课时　莫扎特		
	第3课时　贝多芬		
	第4课时　舒伯特	石　颖 邹丽怡	广东省韶关市乳源瑶族自治县 高级中学
	第5课时　柏辽兹	石　颖 邹丽怡 谭国兵	广东省韶关市乳源瑶族自治县 高级中学 广东省韶关市田家炳中学
	第6课时　肖邦	石　颖 邹丽怡	广东省韶关市乳源瑶族自治县 高级中学
	第7课时　民族乐派 　　　　——斯美塔那与西贝柳斯	李　文	广东省韶关市曲江中学
	第8课时　色彩斑斓的印象派	曾　群	广东省韶关市第一中学
	第9课时　传统风格的解体		

续表

单元	课时	撰写人	单位
第五单元 音乐与姊妹艺术	第1课时 京剧传统戏	杨 珂	广东省韶关市第一中学
	第2课时 京剧现代戏	杨 珂	广东省韶关市第一中学
	第3课时 中外影视音乐	吴光欣	广东省韶关市田家炳中学
	第4课时 中外民间舞蹈音乐	杨 珂	广东省韶关市第一中学
	第5课时 中外舞剧音乐		
	第6课时 爵士乐	张 亚	广东省韶关市韶州中学
	第7课时 融合西方经典的流行音乐	曾 群	广东省韶关市第一中学

感谢人民音乐出版社总编辑杜永寿，华南师范大学程建平教授，人民音乐出版社教材中心资源主管孙昆，广东省教研院音乐教研员杨健以及广东省各地级市音乐教研员给予我基地项目的支持与帮助。

感谢基地成员俞振发、郭莉芳、欧建有、程娟等老师给予本书的支持与帮助。感谢翁源县青少年宫主任黄海萍和曲江区教师发展中心音乐教研员潘英苗老师对基地项目的大力支持与帮助。

感谢韶关市教育科学研究院的同事们，韶关市各县、区音乐教研员，韶关市中小学音乐教师们，他们一直陪伴我成长，支持和帮助我开展音乐教研工作。

感恩我的家人和好朋友们一直默默支持我，一路陪伴，在生活中帮我排忧解难，让我能一路坚持下去。

我从事一线音乐教学二十载，从事音乐教研十四载，再有两年就要退休离开教研员岗位了，我热爱音乐教育事业，愿此书能给一线教师们一点儿指引、一点儿思索、一点儿感悟、一点儿收获。

由于本人才疏学浅，恳请各位音乐教育同行能对书中的疏漏和不足提出宝贵意见，便于日后进一步修订与完善。

做自己想做的和愿意做的事情是非常快乐的！

陈亿红

2023年2月